# 贵州农业产业科技发展报告

（第一辑）

*GUIZHOU NONGYE CHANYE KEJI FAZHAN BAOGAO*

贵州省农业科学院　编

贵州大學出版社
Guizhou University Press
·贵阳·

**图书在版编目（CIP）数据**

贵州农业产业科技发展报告．第一辑 / 贵州省农业科学院编．-- 贵阳 ：贵州大学出版社，2024. 6.

ISBN 978-7-5691-0887-3

Ⅰ．F327.73

中国国家版本馆 CIP 数据核字第 2024K5M667 号

# 贵州农业产业科技发展报告（第一辑）

编　　者：贵州省农业科学院

出 版 人：闵　军
责任编辑：但明天
装帧设计：陈　艺　方国进

出版发行：贵州大学出版社有限责任公司
　　　　　地址：贵阳市花溪区贵州大学东校区出版大楼
　　　　　邮编：550025　电话：0851-88291180
印　　刷：贵州思捷华彩印刷有限公司
开　　本：787毫米×1092毫米　1/16
印　　张：17.75
字　　数：335千字
版　　次：2024年6月第1版
印　　次：2024年6月第1次印刷

书　　号：ISBN 978-7-5691-0887-3
定　　价：88.00元

# 序

在新时代的浩荡春风中，贵州省农业产业正沐浴着科技革新的璀璨阳光，以时不我待的紧迫感和勇于担当的责任感，书写着农业现代化的新篇章。《贵州省农业产业科技发展报告（第一辑）》恰逢时代机遇诞生于这样一个承前启后的历史节点，旨在全面回顾与展望我省农业产业科技发展的壮阔图景，为推动乡村振兴、实现农业高质量发展提供坚实的理论支撑与实践导向。

近年来，党中央、国务院高度重视“三农”工作，明确提出实施乡村振兴战略，强调农业科技创新的重要地位。中共贵州省委、省人民政府积极响应国家号召，围绕“四新”主攻“四化”，将农业现代化置于全省经济社会发展的全局中精心谋划，尤其重视科技对农业产业的赋能作用。本书正是在这样的大背景下应运而生，它不仅是对我省农业科技创新实践的一次系统梳理，更是对如何利用科技手段破解农业发展难题、推动产业转型升级的深度思考。

贵州——一个拥有丰富自然资源和多元民族文化的地方，正逐步转变成全国重要的绿色农产品供应基地。从大数据与智慧农业的深度融合，到生物技术在家禽、生猪、肉牛等养殖业的应用；从特色农作物新品种的选育推广，到山地高效农业模式的创新实践，科技的力量正以前所未有的深度和广度，渗透到农业生产的每一个环节，助力贵州农业走出了一条科技含量高、经济效益好、资源消耗低、环境友好的新型发展道路。

本书不仅聚焦于技术层面的突破与应用，更深入探讨了科技创新体系的构建、产学研用协同机制的完善、农业科技人才的培养与引进等关键问题，力求为我省农业产业的长远发展提供一套系统性、前瞻性的解决方案。我们深知，农业产业的科技发展不是孤立的，它需要政府、企业、高校、研究机构以及社会各界的共同努力，形成合力，共筑农业科技高地，让科技成果真正惠及千家万户，助力农民增收，农村繁荣。

《贵州省农业产业科技发展报告（第一辑）》承载着期望与使命，旨在激发全社会对农业科技创新的关注与支持，促进知识交流与资源共享，推动形成更多有影响力的科技创新成果，为打造现代山地特色高效农业强省乃至加快全国的农业现代化进程贡献贵州智慧与力量。让我们携手并进，在科技的引领下，共创贵州农业产业更加辉煌灿烂的明天。

编者

2024 年 5 月 31 日

# 前　言

贵州省认真贯彻党的二十大精神和习近平总书记视察贵州的重要讲话精神，深入落实国发〔2022〕2号文件，按照省委十三届历次全会和省委经济工作会议部署，坚持以高质量发展统揽全局，坚定不移地围绕“四新”主攻“四化”、建设“四区一高地”，大力发展农业特色优势产业，推动高质量发展迈出坚实步伐。

贵州，这片古老而神奇的土地，自古以来便是中国西南地区的农业重镇，因其独特的地理环境和气候条件，孕育了丰富多样的农业资源。贵州农业历经沧桑，不断焕发出新的生机与活力。近年来，贵州省委、省人民政府高度重视农业产业发展，将农业科技创新作为推动农业现代化的重要抓手，通过政策引导、资金投入、人才培养等多方面的措施，为农业科技创新提供了强有力的支持。

贵州位于中国西南部，被誉为“山地王国”和“生态宝库”。在这片广袤而独特的土地上，农业产业发展历史悠久，农作物及农产品种类繁多，形成了独具地方特色的农业产业结构。为了全面梳理和展示贵州农业产业科技发展的新成果、新方向与新趋势，贵州省农业科学院组织编写了《贵州省农业产业科技发展报告（第一辑）》，以期为贵州农业产业的可持续发展提供科学指导和技术支撑，具体包括以下几个方面。

## 一、粮食作物方面

贵州粮食作物以水稻、玉米、小麦、高粱、甘薯、马铃薯等为主，其中水稻种植历史悠久，品种资源丰富。近年来，通过科技攻关和品种改良，贵州水稻产量稳步提高，品质不断优化。玉米和小麦等粮食作物也取得了显著的科技进展，为保障国家粮食安全做出了积极贡献。

## 二、经济作物方面

贵州经济作物种类繁多，包括茶叶、烟草、水果、油料作物等。其中，贵州茶叶以其独特的品质和口感闻名于世，成为全国重要的茶叶产区之一。烟草种植也是贵州的重要经济作物之一，其品质优良，深受消费者喜爱。此外，油料作物如油菜、花生等也在贵州得到了广泛种植和发展。

## 三、畜禽养殖方面

贵州畜禽养殖产业在各级政府部门的支持和引导下，通过优化产业布局、扩大养殖规模、提升技术水平、强化品牌建设等措施，实现了高质量发展。四肉（猪、牛、羊、鸡等）产量保持稳定增长，显示出良好的发展态势。畜牧业已成为贵州现代山地特色高效农业的重要支柱产业，贵州畜禽养殖产业将继续保持稳定增长的发展态势，其中贵州“稻香鱼”已成为全国知名品牌。

随着政策支持力度的加强、技术创新的推进和市场需求的增加，我省畜禽养殖产业将进一步提升规模化、标准化、品牌化水平。同时，贵州还将积极探索产业融合发展新模式，拓宽农民增收渠道，努力绘就一幅产业兴旺、生态宜居、乡风文明、治理有效、生活富裕的乡村振兴新画卷，为农民增收、农业增效和乡村振兴提供强有力的支持，进一步做出更大的贡献。

## 四、其他方面

贵州草资源丰富，具有发展草产业的独特优势。近年来，贵州积极推动草产业发展，培育了一批优质牧草品种，为畜牧业提供了充足的饲料来源。同时，绿肥和肥料科技也取得了显著进展，通过绿肥种植和肥料科技创新，有效提高了土壤肥力和农作物产量。

此外，贵州农业产业面临着多种病虫害的威胁。为了保障农作物的健康生长发育、质量的稳步提升及农产品质量安全，贵州加强了植物保护和病虫草害监测与保护技术的研发与应用。通过引进和培育抗病虫害品种、推广生物防治技术、建立病虫草害监测预警体系等措施，有效降低了病虫害对农业产业的危害程度。

总之，本书全面展示了贵州农业产业科技发展的新成果与新趋势。未来，我们将继续加大科技创新力度，推动贵州农业产业向更高水平迈进！

# 目　录

## 粮食作物



## 经济作物



## 畜禽养殖

## 其他

# 粮食作物

贵州主要粮食作物包括水稻、玉米、小麦、高粱、甘薯（红薯、白薯、紫薯等）、马铃薯等。这些作物在贵州省的粮食生产中均占有一定的地位。

贵州省粮食作物种植结构呈现出多样化的特点，为保障粮食安全提供了坚实的物质基础。

近年来，随着农业产业结构的调整和甘薯深加工技术的不断发展，贵州甘薯产业呈现出蓬勃发展的态势。省农科院积极引导农民种植优质甘薯品种，提高甘薯产量和品质；同时，加强甘薯深加工产品的研发和推广，拓展甘薯产业链条和市场空间。目前，贵州甘薯已逐渐成为农民增收致富的重要产业之一。

本次收集整理的贵州省粮食作物科技发展报告数据包括玉米、小麦、高粱、甘薯、马铃薯等方面，分别从产业发展概述（包括国内、国外及我省）、产业科技发展（亦包含国内外和贵州）、新品种新技术应用与贡献，以及贵州省粮食作物发展展望和对策等层次加以论述、总结。

贵州省粮食作物品种繁多，且各具特色。这些粮食作物不仅为农民带来了经济收益，也为我省农业科技发展和粮食产品出口做出了重要贡献。

# 贵州玉米产业科技发展报告

◆ 贵州省旱粮研究所

玉米（*Zea Mays* L.），又称玉蜀黍，是一种起源于中美洲的谷类植物，种植于大约9000年前，除作为主要粮食作物之外，还可用作制种原料、工业原料、生物燃料、食用油以及工业产品等，在人类历史中扮演着重要的角色，对整个人类社会的发展做出了巨大的贡献。玉米是世界上种植面积和产量最高的粮食作物，单位面积产量远超其他作物，具有适应能力强，种植范围广等特点。随着科技的进步和农业技术的发展，玉米的生产率也显著提高。玉米育种方面通过选择性育种和基因组改良等，开发出各种适应不同生态区需求的突破性品种。

## 一、玉米产业发展概述

从全球视野到地方实践，玉米产业的发展映射出农业科技的力量与地域特色的融合。在这一背景下，深入了解国内外玉米产业的总体态势，特别是聚焦贵州这一典型区域的种植环境、产量变化及产业特点，对于剖析玉米产业的发展路径与潜力至关重要。

### （一）国内外玉米产业发展概况

玉米作为重要的粮食、饲料和能源作物，是粮食安全的基础。在全球粮食产业链中，玉米产业占有相当重要的地位，全球总种植面积已超过1.6亿公顷，总产量超过10亿吨，其中美国、中国和巴西是全球三大玉米生产国。

#### 1. 全球玉米产业发展简述

全球玉米以南北半球分为两个生长期。北半球的播种期在4、5月份，南美（巴西、阿根廷）大概在9月到11月。南美洲玉米的收获期是每年的3～5月份，而地处北半球的美国、中国的玉米收获期是 9 ～ 10 月份。由于南美（巴西、阿根廷）玉米产量相对较少，玉米集中供应还是在 9 ～ 10 月份，因此玉米主要由北半球的美国和中国供应。

2022 年，全球玉米产量 11.48 亿吨，比上年减少 6850 万吨，降幅 5.63%。2022 年，全球玉米种植面积 2.01 亿公顷，比上年减少 5587 万公顷；平均单产 5701 千克 / 公顷，比上年下降 3.01%，如图 1 所示。

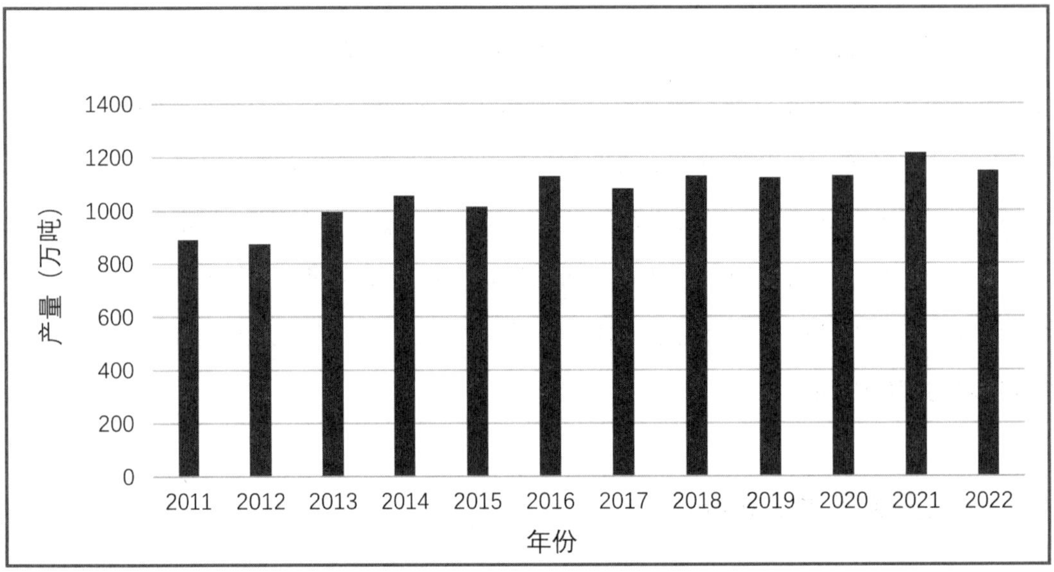


**图 1　全球玉米产量（2011—2022 年）**

数据来源：美国农业部

北美洲、亚洲、南美洲的玉米种植面积均较大，美国、中国、巴西、阿根廷是全球玉米产量最高的 4 个国家，2022 年占全球玉米产量的 68.93%。

美国是全球最大的玉米生产国，2022 年的玉米产量为 3.49 亿吨，同比下降 8.92%，占全球总产量的 30.39%。中国是全球第二大玉米主产国，2022 年的玉米产量为 2.77 亿吨，占 24.16%。

全球玉米分国别产量分布，如图 2 所示。

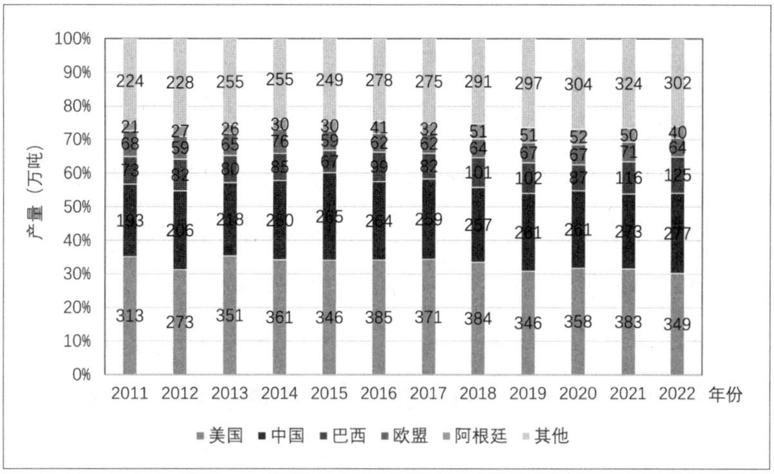

图 2　全国玉米产量发布（2011—2022 年）

数据来源：美国农业部

2. 国内玉米产业发展简述

我国是世界上粮食生产和消费大国，国内粮食产量占全球 23% 左右，需求量的 10% 靠进口。2022 年，我国粮食产量创历史新高，达到 6865.5 亿千克，粮食总产量连续 8 年保持在 0.65 万亿千克以上，粮食自给率超过 100%。不过国际局势变化，人民币贬值进口成本增加，粮食进口量仍维持在高位水平。2022 年，我国累计进口粮食 14687.2 万吨，同比降低 10.7%；累计进口大豆 9108.1 万吨，同比降低 5.6%；累计进口玉米 2061.85 万吨，同比减少 27.29%；累计进口大米 619 万吨，同比增长 24.8%，超进口配额 87 万吨。

中国玉米主要种植区有 6 个，分别为北方春播玉米区、黄海淮海平原夏播玉米区、西南山地玉米区、南方丘陵玉米区、西北灌溉玉米区和青藏高原玉米区。其中东北三省、内蒙古、宁夏种植面积 9750 万亩，占全国的 36%，总产 2700 多万吨，占全国的 40%。山东、河南种植面积 9000 多万亩，约占全国的 32%，总产约 2200 万吨，占全国 34%。四川、云南、贵州、重庆、广西、湖北西部、陕西和甘肃南部，常年种植面积 7500 万亩，占全国的 22%，总产占 18%。广东、福建、浙江、江西及我国台湾，种植面积为全国的 6%，总产不足 5%。新疆、甘肃部分地区，面积约占全国的 3.5%，总产约占 3%。青海、西藏，种植面积及总产都不足 1%。

（1）中国玉米产业发展情况分析

一是国际市场依赖度高。中国既是玉米生产大国，也是玉米消费与贸易大国，在国际玉米产业中位居前列。其中，玉米收获面积常年居全球首位，产量仅次于美国，常年位列全球第二位。总消费量位列全球第二位，全球比重超 1/4；饲用消费量居全球首位，全球比重近 1/3；进口量占全球的 10% 以上，出口量则不到全球的 1%，在供需两旺大背景下，国内缺口仍然较大，对国际市场的依赖度相对较高。

二是区域性生产能力差异大。中国玉米种植面积常年稳定在 4000 万公顷以上，2021—2022 年已连续两年保持在 4300 公顷以上；产量则常年在 2.5 亿吨左右，2021—2022 年已连续两年保持在 2.7 亿吨以上。生产规模相对较大的省份主要有黑龙江省、吉林省、内蒙古自治区、山东省、河南省、河北省、辽宁省等 7 个省份玉米种植面积常年保持在 267 万公顷以上，产量常年保持在 2000 万吨以上。其中，黑龙江省、吉林省、内蒙古自治区、辽宁省与同纬度上的美国玉米带、乌克兰玉米带齐名，并称为“全球三大黄金玉米带”。除此之外，西藏、广西、贵州等镰刀湾地区的玉米种植优势不强，产量较低。

三是国际贸易影响大。当前受逆全球化思潮影响，全产业链布局由“效率至上”转向“安全至上”，国际贸易不稳定性和不确定性加剧。2017 年以来，中国玉米进口规模波动增加，出口规模波动下降，国际市场占有率整体呈下降趋势，且进口规模远大于出口规模。主要进出口商品为“玉米”（种用除外）、“冷冻甜玉米”、“玉米淀粉”、“非醋方法制作或保藏的甜玉米”、“玉米细粉”、“种用玉米”。2022 年，进口量及进口金额最大的商品为“玉米”（种用除外），进口量为 2061.81 万吨，进口金额为 710 千万美元，各占当年玉米相关商品进口总量、进口总金额的 99.89% 和 99.57%，进口自美国的数量和金额比重分别高达 72.1%、74.44%，对部分市场的依赖性可能会加剧产业贸易风险；出口量及出口金额最大的商品为“玉米淀粉”，规模分别为 22.18 万吨，11.34 千万美元，分别占当年玉米相关商品出口总量、出口总金额的 77.46% 和 67.35%，主要出口至印度尼西亚、菲律宾。

（2）贵州玉米生产基本情况

一是土地质量不高。全省山地总面积已有 1087.4 万公顷，占全省国有土地总面积的 61.7%；丘陵地区总面积大约为 541.97 万公顷，占 31.1%；山间平坝区域面积 132.3

万公顷，占 7.5%。全省的石漠化面积占全国的四分之一左右。同时，坡耕地占比较大。全省 25 度以上山坡面积为 1256.67 万公顷，占总面积的 71.34%。

二是单产较低。国家统计局发布数据显示，2022 年全省玉米单产平均为 321 公斤 / 亩，与全国平均亩产的 429.1 公斤 / 亩[①]有较大差距；仅在 2009 年，我省玉米单产首次高于全国平均水平每亩 359.5 公斤，全国 350.6 公斤（见表 1），体现了我省玉米研究的重要贡献。但受政策等因素影响，2019 年贵州玉米平均亩产 291 公斤，比全国平均水平低 130 公斤，在全国 31 个省（市、区）中排名 27，与排名首位的新疆维吾尔自治区差异巨大（2019 年新疆玉米平均亩产达 574 公斤）。

表 1　贵州省不同年份玉米单产水平统计表

| 年份 | 2017 | 2018 | 2019 | 2020 | 2021 | 2022 |
|---|---|---|---|---|---|---|
| 贵州省平均亩产（公斤） | 292.3 | 286.7 | 291.9 | 293 | 311 | 321 |
| 全国平均亩产（公斤） | 407.4 | 407 | 421 | 421 | 419 | 429.1 |
| 贵州单产与全国单产之比（%） | 71.75 | 70.44 | 69.33 | 69.60 | 74.22 | 74.81 |

数据来源：国家统计局

国家统计局 12 月 12 日发布最新数据显示，2022 年贵州省玉米播种面积 933.3 万亩，同比增加 13.1%，玉米产量 299.8 万吨，同比增加 16.9%。

三是机械化水平低。我省农业机械研究滞后，加之受土地“碎片化”影响，大型机械进不了地，小型机械动力不足。玉米生产中机械化程度较低，距离全省提出的综合机械化率目标 46% 差距较远。

## 二、玉米产业科技发展

玉米产业作为粮食安全与农业经济的支柱，正经历着科技变革的洗礼。从基因编辑育种到智能化种植技术，科技创新已成为提升玉米产量、改善品质、增强抗性的关键。分析探究国内外玉米产业在科技投入与育种技术方面的发展，有助于对该产业当前的战

① 因国家统计数据中仍采用斤、公斤、亩等单位，由此本书所引统计数据不予更改。

略布局提供有益借鉴。

## （一）国内外玉米产业科技发展

### 1. 国外玉米产业科技发展

美国作为世界玉米生产第一大国，其科技发展是保持玉米产业全球竞争力的重要因素。一是科技投入高，原始创新足。就拜耳种业 2019 年的科技投入高达 109 亿而言，这是中国全部种业科技投入的 2.6 倍。二是全球种业市场占有率高。美国拜耳、拜迪华、巴斯夫、先正达等少数几家种子企业就占据了全球种业市场的 52%，而中国种业如隆平、大北垦丰等少数大公司的市场份额仅有 12%。三是机械化水平高，比较效应高。美国大规模的玉米田上万亩，却只由一两个农场主照管，而他们的帮手正是各种先进的农业机器。大型的玉米收割机一次可以收割 12 行玉米，一小时就能收割 330 吨玉米。尽管在 2016 年时中国的玉米机械播种率已经达到了 80%，但是机械收割率却只有 63%。

### 2. 国内玉米产业科技发展

中国作为世界玉米生产第二大国和消费第一大国，在一代代科学家、企业家的拓荒之下，玉米品种实现了 6 次大规模更新换代，目前第 7 代品种正在布局。一是优品优区结合，促进粮食增产。2022 年，全国 31 个省区市中，10 个省份通过优势品种、高效栽培技术大面积推广应用，跻身全国十大玉米高产区省份（见图 3）。

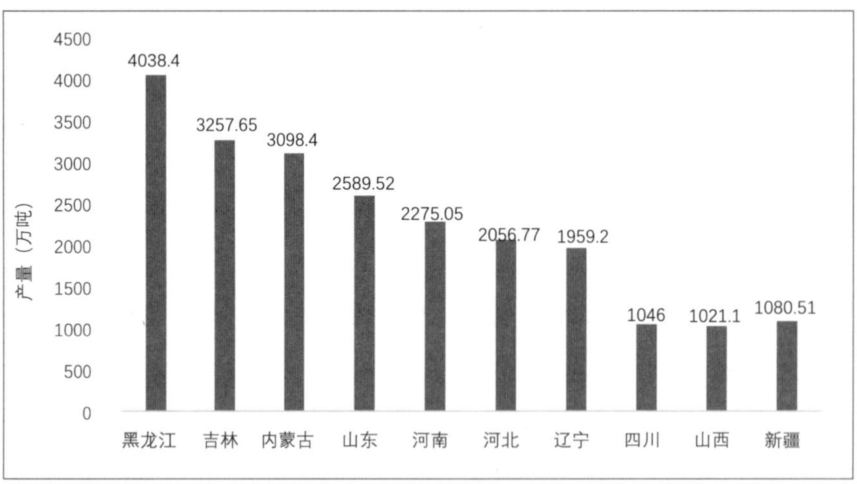


图 3　全国 2022 年玉米产量前十省份

二是育种工作不断进步。中国玉米育种工作起步于1925年，由中央大学农学院赵连芳率先开展了玉米自交系和杂交种选育工作，在内忧外患中开启了我国玉米育种之路。1949年，中华人民共和国成立后，进入了现代玉米育种时期，开启了杂交玉米之路。中央政府于1950年3月召开玉米工作座谈会，邀请吴绍骙、张连桂、李竞雄、刘泰、陈启文等专家参会并制订《全国玉米改良计划（草案）》，全国共搜集整理地方品种14000多份，评选出良种2000个，在生产上推广应用200多个，种植面积较大的有43个，占玉米总面积的85%以上。1957年2月，原农业部发布《关于进行玉米杂交种育种工作的意见》后，全国各地开展了玉米自交系间杂交育种工作，相继育成一批高产双交种，全国共育成双交种50多个。1965年，河南新乡农业科学研究所张庆吉等育成了我国第一个单交种"新单1号"，创造亩产608千克的纪录，并在十多个省（区）迅速推广，标志着中国玉米育种工作从选育双交种开始转向选育单交种。1980年以后，中国玉米进入产业发展新阶段。1983年启动了玉米育种国家科技攻关计划，开始了玉米育种有组织、有计划、每五年为一期的协作攻关阶段。此后玉米育种研究相继进入国家"863""973""科技支撑计划""转基因专项""重点研发计划"等，一批优良品种诞生。在近60年的时间里，我国玉米品种实现了6次大规模更新换代，第7代品种换代正在悄然进行。

## （二）贵州玉米产业科技发展

### 1. 贵州玉米产业科技发展

贵州作为重要的粮食产销平衡区，玉米常年播种面积1000万亩以上。20世纪80年代，贵州玉米生产仍以地方品种为主，平均亩产仅为全国的70%，高产优质抗病品种匮乏成为贵州玉米产业发展的瓶颈。针对此问题，育种专家聚焦高产优质抗病耐瘠玉米新品种选育方向，形成数量遗传理论指导玉米育种实践的有效方法和技术体系，育成一批突破性新品种，实现了玉米品种多次升级换代，为2009年全省玉米单产（359.5公斤 / 亩）赶上全国平均水平（350.6公斤 / 亩）做出了重要贡献，在保障粮食安全、畜牧业发展和助推乡村振兴中发挥了关键作用。

（1）育种技术不断创新

一是构建了优质蛋白玉米技术体系，在种质创新上实现了优质和抗病的统一，育成以黔单16为代表的系列高产抗病优质蛋白玉米突破性杂交种，获贵州省科技进步奖一等奖。构建了优质蛋白玉米技术体系，包括抗病优质蛋白玉米种质引进、鉴选和创新，分子标记开发及辅助选择技术，优质蛋白玉米杂优模式创建和配套栽培、畜牧养殖技术等，出版著作《优质蛋白玉米》。结合分子标记辅助选择和常规育种技术，创制出抗病性强的优质蛋白玉米自交系HLS171，育成优质蛋白杂交种黔单11、黔单16和黔单22，并大面积推广，产生了显著的社会经济效益。其中黔单16表现突出，连续12年作为贵州省区域试验对照种。“优质蛋白玉米自交系杂交种的选育与畜牧饲养研究与示范”经省科技厅成果鉴定，达国内领先水平，2005年获贵州省科技进步奖一等奖。

二是创建玉米耐瘠育种理论和技术体系，解决耐瘠种质精准鉴定的技术难题，取得高产与耐瘠结合的突破，育成高产耐瘠自交系和杂交种，获贵州省科技进步奖一等奖。创建了玉米耐瘠育种的技术体系，包括建立最佳选择指数，多养分逆境处理技术、栽培方法和评价指标，耐瘠杂优模式利用等，出版著作《耐瘠玉米的遗传与育种》。利用热带玉米Suwan1C11和耐瘠群体8328BN等，创建耐瘠性强的墨瑞和苏兰群体，创制耐低氮、低磷和低钾的自交系QB48，育成金单999等耐瘠玉米杂交种，并大面积推广，产生了显著的社会经济效益。“耐瘠玉米种质创制及杂交种的选育与应用”经省科技厅成果鉴定，达国际先进水平，2015年获贵州省科技进步奖一等奖。

三是建立热带玉米种质改良创新技术体系，创制一批优异玉米种质，育成系列突破性杂交种，推动了贵州玉米品种三次更新换代，产生显著社会经济效益。历经“七五”到“十一五”5个五年计划，引进和创新一批优良热带玉米种质，结合常规育种与分子标记技术，育成黔单18等100余个杂交种，在西南地区大面积推广。

（2）新材料、新品种取得突破

贵州省农科院玉米学科重点围绕全省农业产业高质量发展、科技创新等方面开展工作，本着“立足贵州、面向西南、走向全国”的发展方向，聚焦极端气候应对，强化温热玉米种质改良创新，凸显科技成果转化和培育。

一是首次创制应用苏兰和苏艾群体。在此基础上育成自交系及品种获得西南区广泛应用，在抗高温干旱方面有显著突破。

二是新品种不断涌现。贵州省农科院2022年审定玉米品种10个，其中国家级审定1个，贵州省审定8个，湖北省审定1个。

三是积极开展成果转化。2022年，贵州省农科院实现玉米成果转化收入242.5万元。并结合承担的项目在贵州全省以及西南区等地进行部分杂交种配套栽培技术的试验示范工作，对自育品种金玉818、金玉150、金玉579、金玉908、黔糯938、友玉876、友玉106、友玉109、北玉8298、北玉1264、北玉1507、黔玉1808等在各地大面积示范推广总计241万亩。

四是实现贵州省玉米品种挺进黄淮海主产区零的突破。贵州省农科院选育的玉米骨干自交系QB5725、QB5746等在黄淮海夏播区表现出抗南方锈病、耐高温热害强、品质优和配合力高等优势。

### 2. 玉米作物科研技术

（1）鲜食玉米周年生产技术研发与推广

一是针对贵州省鲜食玉米主产区生产中夏、秋播品种缺乏，配套栽培技术不完善，生产成本居高不下，品质良莠不齐等共性问题，研究形成了鲜食玉米周年生产技术。通过该技术，解决了鲜食玉米春提早、夏秋播品种缺乏，配套栽培技术不完善和全年鲜食玉米供应难等技术难题。通过鲜食玉米全年高效种植模式和优质安全生产技术的实施，使得每亩年平均收入超万元，为农业增效、农民增收提供了有效途径。该技术可重复利用第一季地膜种植一膜多季鲜食玉米，实现鲜食玉米全年生产，提高地膜利用率，减少化肥农药使用量，秸秆可以直接还田或用于畜牧养殖，减少环境污染，保证农副产品安全生产，促进鲜食玉米产业可持续健康发展，为鲜食玉米产业提质增效提供依据，为粮食安全提供技术支撑。二是开展鲜食玉米周年生产技术示范和推广。2021—2022年，该技术已在罗甸县和普定县等地推广使用。其中，2022年在罗甸筛选出适宜夏秋播种植的省内选育新品种（黔糯211、金彩糯2020、珍彩糯1号及新引进品种万鲜甜530）。春提早播每亩平均产量超过1400千克，亩产值5000元以上；夏、秋播每亩平均产量超过1000千克，实现亩产值6000元以上。该技术通过预测成熟上市时间，采取茬口错峰种植，科学选择播期，合理密植，期间结合土壤肥力科学施肥，实施病虫害绿色防控等技术强化田间管理，集成适合鲜食玉米春夏秋播种植的技术，为推动贵州省鲜食玉米产业的发展提供了技术参考。三是该技术实现玉米提质增效。该技术在第一季鲜食玉米收获后，可重复利用地膜种植夏、秋鲜食玉米，一方面提高地膜利用率和土地利用率，另一方面秸秆还田可保护耕地，减少化肥农药使用量，减少环境污染，保证农副产品安全生产。根据不同品种对当地环境的适应情况，筛选出适合当地种植、高抗高产的品种。在罗甸县对夏秋播鲜食玉米测产结果显示，京科糯2000产量为1373.2千克/亩，贵州省农科院旱粮研究所选育的黔糯211、金彩糯2020、真彩糯1号产量分别为1050千克/亩、1330.0千克/亩、1034.3千克/亩，新引进品种万鲜甜530产量达1384.3千克/亩。尽管夏秋播产量距离揭榜挂帅目标1500千克/亩还存在一定差距，但总体上与当年当地春播产量（1200千克/亩）基本持平，且目前当地市场价为8元/千克，实现亩产值8000元以上，亩产值比春播玉米（今年当地价格3元/千克）提高至少5000元，实现产量不减、产值显著增加。全年种植鲜食玉米，春季覆膜早播，夏秋播选用优势品种，实现错峰种植鲜食玉米增产增收，亩产值经济效益万元以上。

（2）大豆玉米带状复合种植模式化学除草技术

针对我省大豆玉米带状复合种植模式下控草难、控草效果差的难题，贵州省农科院旱粮研究所与贵州省植物保护研究所合作，采用室内生测结合田间试验，通过土壤喷雾处理方法调查除草剂对大豆玉米的安全性以及杂草防除效果，探究出异丙甲草胺、嗪草酮、噻吩磺隆、唑嘧磺草胺、氟噻草胺单剂或混用可用于大豆–玉米带状复合种植田块于播种后1～2天内进行土壤喷雾处理防除杂草，仿效较好。

**3. 贵州玉米产业发展趋势和机遇**

（1）用好政策支持

2022年1月，“中央一号文件”明确大力推进种源等农业关键核心技术攻关，全面实施种业振兴行动方案，实行“部省联动”等制度。3月，农业农村部、发改委颁布了《关于加快推进现代种业发展的意见》明确加强种质资源保护利用，建设现代制种基地等。8月，农业农村部印发《关于扶持国家种业阵型企业发展的通知》，深入实施种业振兴行动。2022年4月，贵州省农业农村厅印发《贵州省2022年特色优势产业巩固提升行动方案》，根据《中共贵州省委 贵州省人民政府关于做好2022年全面推进乡村振兴重点工作的实施意见》《贵州省发展特色产业五年行动方案》，坚持省领导领衔、专班化推进机制，加强主体培育和要素保障，推动重大项目落地投产，在稳定现有面积基础上，巩固提升特色优势产业发展成果，尤其是畜牧业大力发展，给玉米产业发展带来了巨大的市场潜力。贵州省地处亚热带，属于典型的亚热带高原气候，玉米种质资源丰富，尤其是热带玉米种质的改良利用具有明显的区位优势。因此，借助国家、省对农业产业发展高度重视的契机，充分发挥我省玉米种质资源方面的优势，用好政策支撑。

（2）提升成果市场竞争力

针对我省玉米单产低水平低、穗腐病、白斑病、草地贪夜蛾等病虫害发生严重、光周期敏感性强、收获时籽粒含水量高不宜机收以及抗除草剂品种缺乏等问题，在科研人员不断努力下，选育出的品种具有抗叶部病害能力强、适应性广、抗旱耐瘠薄等优点，能应对生产需求，表现出较强的市场竞争力。随着玉米种业竞争的日益激烈，跨国公司（如德美亚、先锋和孟山都等）以及省外大型种业公司（如大北农、隆平高科、湖北种业集团等）已经把贵州市场纳入他们的未来规划。像先玉 1171 等一批温带高产稳产型品种在贵州部分地区已经推广开，但受年际间气候和病虫害发生差异的影响，这些品种表现不稳定，给我省玉米产业稳步发展带来一定的风险。贵州省自育的优势品种表现出抗旱抗病和耐瘠薄土壤的优势，适应性广稳产和丰产性均较高，只要解决了这些品种的制种问题、宜机化问题，就能进一步提升我省自育优势品种的市场竞争力，将我省自育品种优势进一步转化为贡献我省农业高质量发展成果优势，是确保我省玉米高产优质的关键举措。

（3）做好秋冬种作物收后接茬，提高玉米种植面积

根据中共贵州省委、省人民政府关于印发《贵州省粮油生产能力提升行动方案（2022—2025）》的通知（黔委厅字〔2022〕39 号），贵州省 2022—2023 年油菜种植面积 837 万亩，2023—2024 年种植面积 860 万亩。按此计算，贵州两年油菜种植规模将超过 1600 万亩，也就是说，接茬玉米的种植面积可提升空间为 1600 万亩。加上 2022 年玉米种植面积 933 万余亩，预计我省玉米面积可实现年超 1300 万亩。利用油菜收获后水源条件较好的地块种植玉米，能够实现玉米增长后两年在 3000 万亩以上。因此，做好秋冬种作物接茬玉米品种培育及配套高效栽培技术集成和示范应用，是我省玉米产业提升的重要发展机遇。

## 三、新品种、新技术应用与贡献

省农科院玉米学科重点围绕全省农业产业高质量发展、科技创新等方面开展工作，本着“立足贵州、面向西南、走向全国”的发展方向，聚焦极端气候应对，强化温热玉

米种质改良创新，凸显了科技成果转化和培育。

一是首次创制应用苏兰群体，育成自交系及品种获西南区广泛应用，在抗高温干旱方面有显著突破。用已育成苏兰1—6号群体，从中育成具有抗（病）逆强、配合力高QB6231等一批优良父本自交系，培育一批品种在西南区广泛应用。其中QB5917、QB5910等组配的品种具有抗高温干旱突出的特点，QB5917育成的傲玉258已通过2022年审定，QB5910组配的黔玉2111、黔玉2116等一批优良组合国家级区试和生产试验中表现出抗高温干旱、抗病、品质优和适应性强的特点。2022年8月26日，经中国农业科学院黎裕研究员等国内相关专家在修文县六桶镇对傲玉258、黔玉2111和黔玉2116进行田间测产，最高达786.3公斤/亩、平均产量达740.9公斤/亩，分别较当地相关单位示范推广品种增产14.1%。专家组一致认为，这三个品种在今年极端高温干旱条件下，表现高产优质抗病、反映了品种抗逆性高产特性，综合表现明显优于当地大面积主推品种，建议进一步加大推广力度。

二是首次创制应用苏艾种质，育成自交系组配品种进入国内玉米主产区，实现零的突破。QB5725、QB5746等适宜在黄淮海夏播抗南方锈病、耐高温热害强、品质优和配合力高的父本自交系。以QB5725为父本组配的YD819、荟玉6525等12个杂交组合在黄淮海区试或生产试验中表现出抗高温干旱、高抗南方锈病、品质优和适应性强的特点；父本QB5746组配的康农玉8009已通过2022年湖北省审定，参与黄淮海国家续试和生试，同时组配的ZH2221等4个组合正在参加各级试验。其中，YD819在院党委、行政和省农业农村厅种业处关心下，于2022年3月14日与河南宝景农业科技有限公司签订转让协议，打造品牌为黄金棒819，在种业商务网、贵州省农经网、贵州日报、天眼等相关媒体报道，实现贵州杂交玉米品种进入全国玉米主产区黄淮海零的突破，成为南北种质融合育种典范。

省农科院玉米学科2022年审定玉米品种10个，其中国家级审定1个，贵州省审定8个，湖省审定1个，实现成果转化242.5万元。省农科院结合承担的项目在贵州全省以及西南其他省份进行部分杂交种配套栽培技术的试验示范工作，对自育品种金玉818、金玉150、金玉579、金玉908、黔糯938、友玉876、友玉106、友玉109、北玉8298、北玉1264、北玉1507、黔玉1808等在各地大面积示范推广，播种面积达241万亩。

## 四、贵州玉米产业发展对策

种质资源是种业创新的源头。唯有实现优良品种的自主可控，中国种业才能弥补软肋。贵州省农科院新建 3 万份保存容量的资源库，加上中央和地方作物种质资源人才支撑的政策体系不断完善，玉米种质资源的保护库存利用逐渐有保障。贵州省地处亚热带高原气候，是南北玉米种质驯化改良的优势区域，生态环境复杂多样，多年来形成的地方玉米种质资源特色明显，但可育种利用的则较少。比如，省内育种专家选育的优良自交系 5311、7031、热 67、XZ50612、GD927 和贵州省农科院旱粮所选育的 QB446、QR273 等具有籽粒品质优，适应性广等优势，在西南乃至全国广泛应用，近年来育成黔 9618、北玉 1567 等品种，具抗病性强，籽粒品质好，耐瘠薄、耐热等特点，已经在老挝等国家审定应用，实现我省玉米品种向“一带一路”国家的延伸。

贵州现有种质可以满足生产需求 5 ～ 10 年，但从玉米产业长期发展来看，需要从玉米起源中心中南美洲热带和亚热带高原地区、墨西哥和危地马拉不断引进新的资源，解决遗传基础狭窄，不断提升产量，应对极端天气创新对抗逆性品种等问题。欧美国家种质能在我国中亚热带到暖温带地区适应的品种很少，这些区域占全国玉米种植面积的 60%，但我们可以利用欧美种质的产量性状和籽粒脱水快的特性来解决宜机收的问题；两类种质结合现有资源，强化科技创新，以市场需求为导向，挖掘重要的种质资源所蕴藏的优势基因资源，培育优势品种，提高玉米单产对现代玉米产业高质量发展和可持续种质生产具有十分重要的意义。贵州玉米科技发展道路漫长，需要实现多方面的高效结合。

### （一）人才队伍建设

一是构建创新团队。聚焦产业需求，以创新团队为基本单元的科研组织模式，优化整合不同科研团队（课题组），杜绝散兵作战，建立首席负责下的创新人才团队，形成以学位方向为主导、以科研团队为主体、以科研任务为主责的一体化人才团队。二是实施英才计划。构建战略科学家、领军人才、青年英才、后备人才为梯次的“四纵”体系，发挥人才作用。三是营造良好的人才环境。持续优化人才引育、激励等机制，营造识才爱才敬才用才的良好环境。

## （二）科研平台建设

建立稳定性科研与竞争性项目相结合的科研投入机制和分期分级考评机制。通过创新团队建设和持续支持公益性、基础性、战略性科学研究，稳定学科方向，稳住科研队伍。院所职责定位更加清晰，目标任务更加聚焦，大幅度提升玉米科技力量的创新能力和水平。

## （三）体制机制建设

### 1. 发挥创新联盟作用

面向我省农业产业的难点问题，牵头组织全省各级农业科研机构、农业企业、涉农高校共同发起成立农业科技创新联盟。通过优势科研资源集聚、科学运行机制保障等，着力破解我省农业科技领域长期以来存在的“科技经济两张皮”等体制机制障碍。发挥联盟在创新运行机制、推动产业变革、解决重大问题等方面的作用，形成覆盖全省农业的联盟网络，推动产学研用深度融合。

### 2. 深化科研导向改革，创新完善科技评价机制

聚焦科技创新，树立正确科研导向，构建定性与定量相结合、符合院所发展、符合科研规律的研究所评价体系，依据评价结果进行院所两级资源配置，提高资金投入产出率；以创新人才分类评价为突破口，以创新能力、质量、实效、贡献为人才评价导向，分类制定考核指标，改进人才评价方式，打破论资排辈，建立职称青年通道和不拘一格的人才选拔通道，深入推进科研进展评价和代表性成果评价，助推更多优秀人才脱颖而出。

### 3. 强化科企合作，促进创新链产业链深度融合

成立科企融合发展联合体，完善开放合作、协同推进、利益共享机制，实施企业“出资出题”、院所“答题攻关”合作新模式，助推企业成为产业技术研发、中试熟化和成果转化的重要主体。与省内外企业开展紧密合作，共建创新平台，开展新品种、新技术、新模式研究，促进科技成果转化，提升科技成果的影响力。

执笔人：吴迅　郭向阳　王安贵　刘鹏飞　涂亮　祝云芳　王伟　杨锦越

# 贵州小麦产业科技发展报告

◆ 贵州省旱粮研究所

小麦（*Triticum aestivum L.*）是禾本科小麦属一年或越年生草本植物。小麦俗称麦子，其种植期有春冬之分，我国以冬小麦为主。

小麦经过长期的发展，已经成为世界上分布最广、面积最大、总产最高、贸易额最多、营养价值最高的粮食作物之一。小麦营养丰富、经济价值较高，小麦的颖果是人类的主食之一，小麦面粉可制作面包、馒头、饼干、面条等食物，发酵后可制成啤酒、乙醇、白酒（如伏特加）。面粉除供人类食用外，还可用来生产淀粉、乙醇、面筋等。小麦淀粉还有消炎、止疼、祛湿作用，可用作药物的基础剂；小麦面筋可制造味精。

## 一、小麦产业发展概述

全世界的 43 个国家中有 35% ～ 40% 的人口以小麦为主要粮食。2022 年，中国科学家找到了调控小麦种子休眠的关键基因 SD6 和 ICE2。小麦籽粒含有丰富的淀粉、较多的蛋白质、少量的脂肪，还有多种矿物质元素和维生素 B 族，其营养丰富、经济价值较高。

### （一）国内外小麦产业发展概况

2022 年，世界小麦的总体种植面积超过 2.3 亿公顷（34.5 亿亩）。美国、印度、加拿大、澳大利亚、中国和俄罗斯是全球小麦主产国。数据统计显示，2022 年中国、俄罗斯、巴基斯坦、巴西小麦产量均创历史新高，分别达到 1.38 亿吨、1.04 亿吨、2746 万吨、770 万吨，较 2021 年分别增加 77.7 万吨、1684 万吨、222 万吨和 145 万吨。我国小麦年产量为世界第一。

小麦是我国主要的粮食作物之一，总产约占粮食的 1/5，全国约 40% 的人口以小麦为主食。2022 年小麦产量 13772.34 万吨（2754.5 亿斤），比 2021 年增加约 78 万吨

（15.6 亿斤），增长 0.6%。2022 年全国小麦播种面积 3.53 亿亩，比上年减少 72.9 万亩，下降 0.2%，面积基本稳定。2022 年全国小麦单位面积产量 390.4 公斤 / 亩，每亩产量比上年增加 3 千克，增长 0.8%（数据来源于国家统计局）。中国的小麦种植面积在超过 1 亿亩的国家中排名第二，远高于印度、俄罗斯、美国、加拿大、澳大利亚等小麦主产国。据中国海关总署数据，2022 年我国累计进口小麦 996 万吨，同比增 19 万吨，增 1.9%，并连续第二年超出进口关税配额量。

### （二）贵州小麦产业发展概况

贵州小麦是位于水稻、玉米、马铃薯、大豆之后的第五大粮食作物，也是贵州主要的夏收粮食作物，对解决贵州夏、秋粮食空缺问题有重要作用。

根据生态条件及作物生产特性，贵州小麦种植区可分为黔西北高海拔冷凉中晚熟区，黔中、黔南中熟区，黔北、黔东北低热河谷早熟区，黔西南低纬度早、中熟区。黔西北高海拔冷凉中晚熟区主要是毕节市大方县、纳雍县、织金县、赫章县等，以及六盘水市大部分地区；黔中、黔南中熟区主要为贵阳市大部、安顺市大部、黔南惠水与长顺、毕节市黔西市等；黔北、黔东北低热河谷早熟区主要为遵义市仁怀市、习水县、赤水市，以及铜仁市思南县、沿河县等地；黔西南低纬度早、中熟区主要为黔西南布依族苗族自治州大部分地区。

贵州小麦种植方式分为净作和套作，以人工播种为主，少量坝区采用机播方式。黔西北高海拔冷凉中晚熟区以小麦 / 烤烟（玉米、绿肥、蔬菜等）分带间套作种植模式为主，黔中、黔南中熟区以稻茬麦净作和麦 / 玉间套作为主，黔北、黔东北低热河谷早熟区可以净作或小麦 / 烤烟（玉米、绿肥、高粱等）分带间套作，黔西南低纬度早、中熟区以旱地净作为主。

2022 年，贵州省小麦播种面积 171.4 万亩，同比减少 15.6%。小麦产量 28.9 万吨，同比减少 13.2%，全省小麦单位面积产量 168.4 公斤 / 亩，同比上涨 2.8%。其中，播种面积较大的小麦品种有贵农 19 号、贵农 29 号、贵农麦 31 号、黔麦 16 号、黔麦 18 号、黔麦 22 号、丰优 5 号、丰优 7 号、丰优 8 号、内麦 836、川麦 42 等。

## 二、小麦产业科技发展

当前国内外小麦产业在科研投入、先进育种技术及智能化生产等方面的发展态势强劲，也影响着贵州省如何在政策引导、机制创新与具体措施等方面发力。小麦产业科技进步，将有助于克服地域限制，实现产业现代化与可持续发展目标。

### （一）国内外小麦产业科技发展

小麦作为世界第二大粮食作物，同时也是我国主要粮食作物之一，对于粮食安全至关重要。小麦遗传育种始于19世纪中叶，早期主要侧重于自然变异的选择育种，经过不断发展形成了以杂交育种为主，以远缘杂交、诱变育种、倍性育种、优势利用、转基因技术、基因编辑技术分子标记辅助选择以及分子设计育种等相结合的多种育种途径，选育出了许多高产、稳产的优质品种，对小麦产量的提高起到了重要的作用。

我国小麦育种大致经历了抗病稳产、矮化高产、高产优质并进三个阶段，特别是目前小麦育种在产量、品质与抗病抗逆性的改良方面取得了不错的成绩。在黄淮麦区、长江中下游麦区、长江上游麦区、北方冬麦区和东北春麦区等育成一批高产优质多抗广适的新品种及新种质。以常规育种为基础，综合运用不同的育种技术，如双单倍体（DH）、核辐射诱变、甲基磺酸乙酯（EMS）诱变、远缘杂交等技术对小麦育种做出了很大贡献。随着分子生物学、生物信息学等的发展，分子育种技术研究取得了重要进展。分子标记辅助选择（MAS）技术开始在小麦育种中广泛应用，转基因技术以及基因编辑技术在抗旱、抗病、抗穗发芽等研究方面也取得了较好进展。尽管我国小麦育种取得了很大的成绩，但仍然存在一些较为突出的“卡脖子”问题：遗传基础狭窄，品种同质化严重；优异种质资源匮乏；原创性分子育种技术缺乏；精准的表型鉴定困难。这些问题严重制约着我国小麦产业的发展。

### （二）贵州小麦产业科技发展

#### 1. 贵州小麦品种的选育

在贵州省有关部门的大力支持下，贵州小麦“九五”以来被列为科技攻关项目，投入项目经费1000万元以上。通过贵州省旱粮研究所、贵州大学农学院，黔西南布依族苗族自治州、毕节市、安顺市等农科所小麦科研人员的协作攻关，共选育出生产上可利用的小麦新品种 30 余个，其中有代表性的品种有贵农 15 号、贵农 16 号、贵农 19 号、贵农 29 号、贵农麦 31 号，黔麦 15 号、黔麦 16 号、黔麦 17 号、黔麦 18 号、黔麦 19 号、黔麦 22 号，丰优 2 号、丰优 7 号、丰优 8 号、丰优 9 号、丰优 10 号，安麦 4 号、安麦 5 号，毕麦 5 号、毕麦 6 号、毕麦 13 号、毕麦 26 号、毕麦 10 号和毕麦 11 号等。这些品种和成果在贵州省小麦生产上利用后创造出较好的社会经济效益，为贵州粮食生产做出了积极的贡献。

2. 小麦抗病种质的创制

贵州地处云贵高原东斜面上，属亚热带季风气候湿润地区，地形地貌复杂，自然条件差异大，具有明显立体农业生态的特点。耕地分布在海拔 200 ～ 2600 米的山地。小麦生长期光照偏少，湿度大，易于小麦病害的发生。为了解决小麦生产上面临的严重病害问题，以贵州农学院张庆勤教授为代表的科研工作者，自 20 世纪 80 年代就开始了小麦抗病种质的创制工作。1987 年，以二倍体类型的簇毛麦为母本，硬粒小麦品种 Sauwne20 为父本，进行远缘杂交，采用一年两代的育种方法，根据抗病性、丰产性、籽粒饱满度进行选择，F4 代就选择到抗病性一致，遗传性基本稳定的株系，被命名为贵农 21 和贵农 22；利用小黑麦作母本与光稃野燕麦杂交，杂交后代分离类型多样，从这个组合中选育出贵农 11、贵农 19、和贵农 20 等种质，经鉴定这种种质对条锈病、白粉病表现为高抗到免疫，对叶锈病表现为中抗到高抗；通过“节节麦与光稃野燕麦、偏凸山羊草与硬粒小麦”复合远缘杂交，从后代中选育出非黑色芒和护颖的白色籽粒类型且对条锈病、叶锈病、白粉病、全蚀病及叶枯病都有较好抗性的种质资源贵农 24、贵农 25 和贵农 35。

3. 小麦抗病基因的发掘与利用

贵州、四川等西南麦区是我国小麦条锈病、白粉病等病害的重发区，这些麦区的地方品种或选育的小麦品种抗性水平明显优于我国北方麦区的小麦品种，这些麦区的小麦品种中蕴含了大量小麦抗病基因，有待于进一步发掘和利用。

贵州省旱粮研究、贵州大学等单位的小麦分子育种团队开展了小麦抗病基因发掘与利用研究。为调查西南地区小麦条锈病抗性、抗病基因位点及其组合多样性，陈天青等对西南地区 140 份小麦品种（系）进行了成株期、苗期条锈病抗病性鉴定和抗病基因标记扫描，鉴定出表现为抗病的品种（系）共有 50 份，西南地区小麦 Yr26 的使用频率最高，Yr10、Yr15、Yr18 使用频率较低。程斌等人采用 90K 小麦 SNP 芯片技术对西南地区 120 分小麦品种条锈病抗性进行全基因组关联分析，发掘到 16 个与抗性显著关联的 SNP 位点，其中三个 SNP 位点可能与新毒性小种 V26 抗性相关。徐熙等对 29 份抗条锈小麦种质材料进行了抗条锈基因分子检测，检测结果显示，分别有 1、4、16 份材料可能含有 Yr10、Yr15 和 Yr26，其中小黑麦、贵农 19 同时含两种抗条锈病基因。陈天青等对 135 份贵州小麦地方品种开展了赤霉病抗性鉴定和赤霉病抗病基因分子检测，结果表明 135 份供试品种中抗病品种有 70 份，Fhb1、Fhb2、Fhb4、Fhb5 在地方品种中出现频率分别为 24.4%、22.2%、14.1%、33.3%，携带 Fhb1 的品种比未携带的品种的抗扩展能力更强。杨雪敏等对 258 份贵州小麦品种（系）中慢锈抗性基因 Lr34/Yr18 的等位变异进行了分子检测，结果显示 5 份材料可能含有 Lr34/Yr18 基因。程斌等对贵州自育小麦新品系贵协 3 号条锈病抗性进行了遗传分析与 QTL 定位研究，苗期抗性鉴定结果显示，贵协 3 号对 V26 小种的抗性由 1 对显性抗条锈病基因控制，成株期抗性 QTL 定位共获得了 19 个 QTL 位点，分布在小麦的 12 条染色体上，其中位于染色体 2AS 和 6AL 上的两个 QTL 是较为可靠的抗性位点，2AS 上的 QTL 位点对增加条锈病成株期抗性最为关键。

#### 4. 贵州小麦产业发展趋势与机遇

小麦生产对品种抗病性具有较高要求。贵州属亚热带温湿季风气候区，阴天多，日照少，常年相对湿度在 70% 以上，独特的气候条件有利于小麦条锈菌和白粉病菌的生存、扩展、蔓延乃至变异，导致条锈病和白粉病等病害连年发生。选育和推广抗病品种是贵州省控制小麦病害最经济、有效且环境安全的重要措施。

贵州土面条产业蓬勃发展。毕节市纳雍县百兴镇、曙光镇，赫章县六曲河镇，六盘水市岩脚镇等地的“土面条”产业发展迅速，群众喜好种植小麦，以本土种植小麦为原料经过传统工艺加工而成的面条，具有耐煮、不浑汤，韧劲足、嚼劲好，麦香味浓等特点，深受消费者喜爱，产品销往北京、上海、广东、福建等地。

酱香型白酒制曲专用小麦需求量大。当前，贵州白酒产业在全国占有重要位置，贵州 2022 年白酒产量占全国的 4.3%，利润占 43.9%，产量 28.9 万千升，同比增长 38.7%，完成产值 1204.4 亿元。贵州白酒以酱香型酒为主，小麦是制曲的主要原料，酿造 1 斤酱香型白酒需要 2.6 斤曲用小麦，用量高于高粱（2.4 斤）。2022 年，贵州省规模以上酱香型白酒产量 28.9 万千升，需要制曲小麦 75.14 万吨。曲用小麦对品质具有特殊要求，普通小麦品种无法满足白酒企业的制曲需要。

## 三、新品种、新技术应用与贡献

2014 年以来，省农科院共审定小麦新品种 4 个，分别为黔麦 20 号、黔麦 21 号、黔麦 22 号和黔麦 23 号，其中小麦品种黔麦 20 号、黔麦 21 号、黔麦 22 号在省内进行了推广应用，黔麦 23 号为最新审定的品种（2023 年贵州省审定）。现将黔麦 20 号、黔麦 21 号和黔麦 22 号的推广应用情况做进一步介绍。

2014 年，通过贵州省农作物品种审定委员会审定的黔麦 20 号于 2014—2021 年度在黔西南、毕节等地推广面积约 33.5 万亩（图 1），主要种植方式为小麦 / 玉米套作、小麦 / 烤烟套作、稻田净作等，平均亩产 235.15 千克，较当地平均亩产 197.01 千克的品种增产 38.14 千克，累计生产黔麦 20 号 7877.53 万千克，累计为麦区农户增收小麦 1277.69 万千克。

图 1　黔麦 20 号

2017 年，通过贵州省农作物品种审定委员会审定的黔麦 21 号于 2017—2021 年度在黔西南、毕节、黔中等地推广面积约 20.28 万亩（图 2），主要种植方式为小麦 / 玉米套作、稻田净作等，平均亩产 231.47 千克，较当地平均亩产 188.95 千克的品种增产 42.52 千克，累计生产黔麦 21 号 4694.21 万千克，累计为麦区农户增收小麦 862.31 万千克。

图 2　黔麦 21 号

2017 年，通过贵州省农作物品种审定委员会审定的黔麦 22 号于 2017—2021 年度在黔西南、黔西北、黔北、黔中等地推广面积约 31.55 万亩（图 3），主要种植方式为小麦 / 玉米套作、稻田净作等，平均亩产 241.45 千克，较当地平均亩产 195.88 千克的品种增产 45.57 千克，累计生产黔麦 22 号 7617.75 万千克，累计为麦区农户增收小麦 1437.73 万千克。

图 3　黔麦 22 号

黔麦 23 号为半冬性中熟小麦品种（图 4）。生育期 191 天，亩穗数 23.2 万，穗粒数 38.9 粒，千粒重 40.8 克，株高 85 厘米。幼苗半直立，分蘖力较强，熟相中等，穗层较整齐，纺锤穗、白壳、长芒、红粒、半硬粒，籽粒较饱满，不易落粒。对条锈病、叶锈病、赤霉病、白粉病表现均为中抗以上，抗寒能力强。高抗白粉病、中抗条锈病和叶锈病。容重 772 克 / 升，蛋白质含量 12.1%，湿面筋含量 26.8%，沉降值 20.8 毫升，面团稳定时间 1.6 分钟，属弱筋小麦。生产试验平均亩产 293.1 千克，比对照增产 21.38%。

图 4　黔麦 23 号

## 四、贵州小麦产业发展对策

深入贯彻落实“藏粮于地、藏粮于技”战略，强化科技创新与人才培养，深入实施种业振兴行动，大力推进贵州小麦关键核心技术攻关及应用，推动小麦单产稳步增长，促进农民增收、农业增效，助力贵州农业高质量发展。

### 1. 强化科技支撑，解决产业发展瓶颈

近年来，我省小麦种业科技创新为促进小麦产业发展提供了重要科技支撑。迈向小麦产业高质量发展新征程，我们仍然面临多方面的挑战。例如，缺少优质专用品种、病虫危害逐年加重等因素制约了我省小麦产业高质量发展。需要不断增强科技创新能力，发掘优异资源、培育重大自主品种并实现产业化应用，推动小麦产业优化升级。一是加

大抗病优质小麦种质资源的创新与利用。运用分子育种、远缘杂交、诱变育种等新型生物技术，围绕实际生产问题，创制抗病优质小麦新种质。二是面向产业发展需求，利用新一代育种技术，加快酱香白酒曲用小麦、优质中筋面条小麦等优质专用小麦新品种的选育与推广，通过推广先进的种植技术和优良品种，提高小麦产量与抗逆性，降低生产成本，提升小麦商用价值。充分发挥科技在小麦产业提质增效中的作用。

2. 培养优秀人才，推进队伍建设

优秀人才队伍是助力贵州小麦产业高质量发展的重要依托，必须加大培养力度，特别是要注重青年科技人才的培养。一是院校联合培养高水平人才队伍。加强科技人才自主培养力度，制定人才培养计划，发挥高校人才培养主体作用，联合贵州大学等高校，围绕我省小麦产业发展需求，选派青年科技工作者继续学习深造，探索建立订单式科技人才培养模式。二是建设小麦高水平人才团队。充分发挥省管专家、科技领军人才等高水平人才“头雁”作用，择优组建高水平人才队伍，以贵州小麦重大发展需求为导向，凝练重大科技任务，制定技术攻关实施方案，完成关键核心技术攻关。实现“以才育才”“以才引才”“以才聚才”，不断壮大贵州小麦人才队伍，形成青年科技人才成长梯队。三是引进紧缺人才。围绕贵州小麦科研短板，如种质创新、抗逆育种等方面，制定引才、留才计划方案，积极引进国内外具有一定影响力的优秀科技人才。

3. 多方合作构建贵州小麦快速育种平台

一是构建贵州小麦新品系鉴定技术平台。与贵州各州、市农业科学院合作，充分发挥科研系统人才和地理条件优势，根据贵州小麦育种需要，建立小麦抗寒性、抗病性、区域适应性鉴定体系，积极探索并实施小麦育种材料生物技术加代、异地鉴定系统，提高育种效率，为实现小麦育种新突破提供强有力的技术和平台支撑。二是创建小麦种质材料创制及分子标记辅助育种平台。以种质材料创制、分子育种、快速加代技术为重点，加大与中国农业科学院等高水平科研院校的合作，引进吸收国内外的新技术、新理念，加速小麦新品种新技术的产出与应用，推动贵州小麦科研向更高水平发展。

4. 多措并举推进科研体制机制创新

一是构建产学研相结合的创新模式。目前，我省小麦科研存在产学研脱节的现象，导致解决小麦生产需求不及时、科研成果见效慢等问题，产学研相结合的模式有助于专业人才的培养及成果的产出，可以大大加快科研成果的转化进程，提高资源的利用效率。二是创建科研单位、高校合作共享机制。目前，各科研单位、高校之间缺乏深层次的合作，导致资金、设备、人才分布不均，先进大型科研仪器使用率低，科研成果转化范围小、转化效率低等问题。建立健全全省范围的农业科研人才、资产、科研成果网络化管理体系，高效利用政府科技投入形成的科技资产，调动全省科研资源共享，发挥整体优势，推进农业科研创新。三是优化科研人员考评机制。目前，科研评价大多注重项目与论文，存在注重数量轻质量、追求短期效果、重理论成果轻实践产出等现象，在一定程度上造成研究目标和方向与市场和需求存在偏差。在科技人才评价体系方面，要实行差别化评价，鼓励科技人才在不同领域、不同岗位做出成果。应注重评价人才对贵州农业产业发展的贡献，建立并实施有利于科技人才潜心研究和解决农业生产实际问题的评价制度。

执笔人：王伟　隋建枢　陈天青　罗永露　吴文强

# 贵州马铃薯产业科技发展报告

◆ 贵州省生物技术研究所

马铃薯因其外形酷似马铃铛而得名，此称呼可见于康熙年间的《松溪县志·食货》。马铃薯（*Solanum tuberosum* L.）是茄科茄属的一年生草本植物，又名土豆、洋芋。其地上茎横截面呈菱形或圆形，有毛。转基因土豆表面光滑。

## 一、马铃薯产业发展概述

马铃薯原产热带美洲的山地，16 世纪传到印度，继而传到中国，现广泛种植于全球温带地区。我国东北、河北称土豆，华北称山药蛋，西北和两湖地区称洋芋，江浙一带称洋番芋或洋山芋，广东称薯仔，粤东一带称荷兰薯，闽东地区则称为番仔薯。

人工栽培可追溯到公元前 8000 年到公元前 5000 年。美国的研究确定马铃薯起源于秘鲁南部，后逐渐向南美北部和南部传播。而马铃薯具体何时、何地传入中国，尚难确定。根据明朝的著述记载，大致认为马铃薯在 16 世纪的明朝万历年间传入中国。

### （一）国内外马铃薯产业发展概况

马铃薯喜冷凉、干燥的气候，适应性较强，以疏松肥沃沙质土为宜，生长周期短而产量高。近年来，全球马铃薯播种面积呈波动下降趋势，从 2011 年的 18699.49 千公顷减少至 2020 年的 16494.81 千公顷，减少量达 2204.68 千公顷，主要减少国家有俄罗斯、中国以及波兰，减幅为 11.79%；年间同比波动较为平稳，同比增速绝对值均维持在 5% 以内。我国马铃薯播种面积在全球所占的比重常年维持在 24.5% 以上。2011 年至 2020 年间，全球鲜食马铃薯产量呈小幅度下滑趋势，从 2011 年的 36898.39 万吨波动下滑至 35907.14 万吨，10 年间减少了 991.25 万吨，降幅约 4.16%。而我国鲜食马铃薯产量在全球所占的比重维持在 21% ～ 25%。

近年来，我国的马铃薯播种面积和产量均呈缓速增长态势；2022 年，中国马铃薯播种面积为 4558 千公顷，同比下降 1%。2022 年中国马铃薯产量为 1851.6 万吨。我国马铃薯产量排名前五的省份中，四川、贵州、云南均位于西南区域，2020 年，三省产量合计在全国所占的比重达 40.62%。其中，四川省占比为 16.06%，贵州省占比为 15%，云南省占比为 9.56%。

### （二）贵州马铃薯产业发展概况

#### 1. 种植面积与产量水平

贵州省立体气候特征突出，马铃薯可实现周年种植，是西南地区主要的马铃薯产区之一。马铃薯产品用途由粮食和饲用为主向菜用、加工转变，少量加工成淀粉、粉条和其他粗加工产品。生产类型由自产自用向商品生产过渡，以外销为主的专用商品薯生产逐步向规模化、标准化迈进，全省冬作稻田马铃薯种植面积逐步扩大。

#### 2. 缺乏优良品种，种薯供应能力不足

马铃薯产业发展需要品种作为种业“芯片”，种质资源引进评价、创新利用需要持续进行。我省马铃薯品种基本上是菜用型，绝大部分是中晚熟品种，缺乏中早熟品种及主食化加工、薯条、薯片加工品种。随着脱毒种薯得到大面积推广应用，全省脱毒种薯普及率大幅度提高。费乌瑞它、威芋 7 号、青薯 9 号等马铃薯品种的种植面积占比不断加大，但种薯更新换代缓慢、专用型品种少、品种结构单一，适应市场需求的品种商品量不高，品质、价格好的商品量占总量不足 20%。脱毒种薯扩繁基地布局分散，规模不大，不稳定，扩繁能力不足，质量参差不齐，不能满足本地种薯需求。

#### 3. 晚疫病高发，技术及防控意识不足

我省各马铃薯产区属于晚疫病的高发区，每年六七月多雨、湿度大、温度高，适宜晚疫病发生，加之农户普遍缺乏防控意识，防控技术普及不到位，很多农户待发病后才喷药或者根本不喷药防治晚疫病，导致晚疫病高发的年份减产严重，严重时可减产 50% 以上，甚至绝收。我省大部分尤其是边远落后的山区农民群众，经济基础薄弱，思想观念落后，人均耕地相对较多，对马铃薯生产重视不够，商品意识不强，栽培管理粗放，投入不足，更换品种比例低，配套技术应用差，施肥管理水平滞后，导致单产水平低，生产效益得不到提高，马铃薯平均单产长期低于全国平均水平。

#### 4. 农业机械使用率低

贵州省地形多山，坡耕地多，耕地分散，生产马铃薯无法使用大型耕作机械，适宜本地条件的中小型农机缺乏，导致当前马铃薯生产仍然以手工操作为主，劳动强度大。马铃薯多种植于山坡上，不适合使用大型机械。当前马铃薯生产使用田间管理机等小型机械，实现机械化种植和收获，大大减轻了劳动强度，但农业机械使用还未普及。当前马铃薯生产成本中，人工投入占到40%左右；随着农村劳动力减少，劳动力成本将继续增加。

## 二、马铃薯产业科技发展

全球马铃薯产业科技进步的大背景下，贵州省紧抓机遇，融合国内外先进科技，致力于马铃薯品种改良、病虫害绿色防控、智能化栽培及深加工技术的创新与应用，力图在保障粮食安全、促进农民增收、推动乡村振兴等方面走出一条科技兴薯的新路径。

### （一）国内外马铃薯产业科技发展

目前国内外围绕马铃薯主要开展品种改良、抗病性、耐旱性、生物学特性等方面的研究，同时马铃薯的基因组学、转基因技术、农业可持续性等方面的研究也不断深入。

#### 1. 分子标记广泛应用于新品种选育

目前，世界范围内育成的马铃薯品种中，绝大多数是依靠传统育种技术育成的品种，传统育种技术是马铃薯育种技术的基础。马铃薯传统育种技术是在双亲杂交产生的子代基础上，进行多代无性世代性状评价和选择，进而培育出优良品系和品种的过程。在无性世代的评价过程中，由于选择压力增大，育种群体规模逐渐缩小，但入选的每个品系植株数量却不断增加，所以育成一个马铃薯新品种通常需要10年左右的时间。

随着分子遗传学和分子生物学研究的进步，标记辅助育种技术成为加快育种进程的重要手段，目前已开发可用于马铃薯标记辅助选择的成熟分子标记30个。标记辅助选择主要针对少数基因控制的简单性状，而对微效多基因控制的复杂性状无能为力。随着新一代测序技术的不断改进和完善及生物信息学平台的丰富，数以万计的以SNP为主的分子标记不断地被开发出来，可检测全基因组范围的所有分子标记。目前，马铃薯全基因组 SNP 芯片已经应用于马铃薯种质资源遗传多样性、简单性状和复杂性状的基因定位和 QTL 作图。

### 2. 基因编辑技术使马铃薯种子取代种薯，改变制种技术

马铃薯是最重要的块茎类粮食作物，由于传统栽培马铃薯是同源四倍体，基因组复杂，导致育种进程十分缓慢；此外，薯块无性繁殖还面临着繁殖系数低、储运成本高、易携带病虫害等问题。为解决上述难题，中国农科院黄三文团队联合国内外优势单位发起了“优薯计划”，旨在用二倍体马铃薯替代四倍体、用种子繁殖替代薯块繁殖、用基因组学和合成生物学指导马铃薯育种，彻底变革马铃薯的育种繁殖方式。利用比较基因组学方法，结合基因组编辑技术敲除了马铃薯 S-RNase 基因，获得自交亲和的马铃薯种质。运用基因组设计理论和方法体系培育杂交马铃薯，用二倍体育种替代四倍体育种，实现了用杂交种子繁殖替代薯块繁殖，创制了马铃薯杂交种“优薯 1 号”，推动马铃薯育种跨入“种子”时代。

### 3. 马铃薯晚疫病抗性基因研究

每年因病虫害使全球马铃薯减产约 17%。由卵菌病原体致病疫霉（*Phytophthora infestans*）引起的马铃薯晚疫病在 19 世纪 40 年代引发了爱尔兰饥荒，此病害至今仍是危害全球马铃薯生产最大的病害。

植物免疫取决于细胞表面模式识别受体（PRRs）和细胞内免疫受体对病原体的识别。国外研究人员已从马铃薯野生近缘种中克隆出许多抗致病疫霉的 R 基因（Rpi 基因），如来自 *Solanum demissum*、*Solanum bulbocastanum* 和 *Solanum venturii* 的 R2、R3a、R8、Rpi-blb1、Rpi-blb2 和 Rpi-vnt1。然而，大多数克隆的 Rpi 基因都被快速进化的病原体攻克而失去免疫能力。

二倍体 *Solanum americanum* 是马铃薯和番茄（*Solanum lycopersicon*）的亲缘植物，分布于全球各地，大多数品种具有很强的抗晚疫病能力。科研人员从几种抗性 *S. americanum* 株系中克隆了 Rpi-amr1 和 Rpi-amr3 及其同源效应蛋白 AVRamr1 和 AVRamr3。

科研人员生成了 4 个 *S. americanum* 株系的高质量参考基因组，对 52 个株系进行了重新测序，并定义了 *S. americanum* 免疫受体基因的泛 NLR 组。并进一步筛选了 52 个 *S. americanum* 株系中 315 个致病疫霉 RXLR 效应蛋白的识别变异。同时利用这些基因组和表型数据，克隆了 3 个 NLR 编码基因 Rpi-amr4、R02860 和 R04373，它们

能识别同源的P. infestansRXLR 效应蛋白 PITG_22825（AVRamr4）、PITG_02860 和 PITG_04373。这些基因组资源和方法将有助于设计出具有持久抗晚疫病能力的马铃薯。

#### 4. 马铃薯智慧农业应用研究

围绕“感知－分析－决策－示范”创新链条，建立智慧农业中心，通过卫星、无人机和地面传感网将辖区内马铃薯种植面积、农机保有量等数据上传到中心服务平台，并在智慧感知、智慧生产、智慧植保和智慧服务 4 个功能模块建立数据库，形成生产要素管理“一张网”。在田间建立田间气象站、虫情检测灯、孢子捕捉仪等智能装备，链接智慧农业指挥中心，一键了解田间作物长势、气象预警信息和农机作业轨迹，对马铃薯长势及病害情况进行分析诊断和科学决策，及时作出病虫害防治指令、制定精准的栽培措施，形成分析决策“一键通”。

### （二）贵州马铃薯产业科技发展

#### 1. 马铃薯新品种选育

2000 年，我省成立了马铃薯品种审定委员会。2002 年，威宁县农科所引用黑龙江克山农科所马铃薯“克疫”品种的实生籽后代经系统选育而成的威芋 3 号通过审定。同年，原贵州省扶贫开发办公室引进的费乌瑞它通过我省审定，该品种生育期短，商品性好，至今仍是冬作区种植面积最大的品种。2010 年，贵州省生物技术研究所选育的黔芋 7 号通过省级审定；2015 年，通过国家审定，是我省第一个国审马铃薯品种；2021 年，贵州省生物技术（马铃薯）研究所选育的黔芋 8 号、黔芋 9 号和黔芋 10 号通过农业农村部品种登记，是我省首批获得非主要农作物品种登记证书的马铃薯新品种。

#### 2. 马铃薯基因挖掘

在马铃薯优异基因挖掘、定位及基因功能验证方面，构建了马铃薯抗寒相关基因 StMKK7 基因过表达和基因编辑技术，通过抗寒性鉴定验证其参与调控马铃薯低温胁迫；构建四倍体马铃薯抗褐变品种“云薯 902”和易褐变品种“CIP54”构建的 F1 分离群体，通过 QTL-seq 技术对抗褐变性状进行初定位。开展马铃薯细胞质甘油醛 -3- 磷酸脱氢酶调控块茎顶端优势机理研究，明确单独抑制 StGAPCs 的表达，会造成块茎休眠期缩短，但不能导致马铃薯块茎顶端优势丧失；抑制 StGAPCs 表达与散射光处理的共同作用可导致 AC142 块茎顶端优势丧失。开展甘油醛 -3- 磷酸脱氢酶影响马铃薯产量机理的初步研究，明确各材料的总生育期（块茎到块茎）变化为Ri-4<（Ri-6、Ri-8）<AC142；Ri-6、Ri-8产量较AC142减少22.6%～43.71%，而Ri-4产量较AC142增加43.59%～53.91%。初步确定，AC142、Ri-4、Ri-6、Ri-8在叶绿素含量、叶片净光合速率方面无显著差异。

### 3. 马铃薯产业发展趋势与机遇

（1）马铃薯产业发展趋势

一是充分利用分子标记手段，加强基础和应用基础研究，建立起快速准确的育种材料评价体系，并建立完善的种薯繁育体系，加快马铃薯育种进程，形成系统的新品种推广体系。二是近年来我省极端天气频发，冻害、干旱等导致马铃薯生产受到极大影响。为了保障我省粮食安全，聚焦马铃薯生产防灾、减灾及灾后恢复，调整马铃薯栽培模式，研发马铃薯抗旱节水、打洞栽培、绿肥聚垄覆膜、小型机械化收获等技术，减少因自然灾害造成的影响。三是贵州独特气候条件以及由此引发的马铃薯晚疫病连年暴发，成为制约贵州马铃薯产业发展的关键因素。针对不同生态区、多种种植制度的马铃薯晚疫病发生情况，建立绿色精准防控体系，提高我省不同耕作区晚疫病防控技术水平，降低气候因素导致病害发生的影响，充分发挥立体农业优势。提升单产水平和效益，有利于促进马铃薯产业的提质增效。

（2）马铃薯产业发展机遇

一是马铃薯品种选育和优异种质创制利用自然资源丰富。贵州的气候资源与马铃薯原产地中南美洲的热带高地气候相似，加强与各科研院所、高校等在种质资源创新方面合作，引进资源材料在贵州地区种质资源研究和创新工作有独特气候优势。尤其是野生种质资源里存在很多抗病、抗虫的抗性基因，利用生物技术，进行种质资源创新，发掘资源的有利性状，筛选一批骨干亲本。对亲本进行配合力测定，选用配合力高的亲本进入常规育种序列。根据不同季节确定不同的育种目标：大春要求品种抗晚疫病、抗旱、中晚熟，高产、耐贮运，多用途（兼用型），休眠期较长（成熟后50～70天），耐土传病害，抗青枯病；小春要求品种早熟、抗霜冻、薯形好、芽眼浅，偏好椭圆、黄肉，抗虫；秋作要求品种结薯早、抗晚疫病、耐霜冻和耐涝；冬作要求品种抗晚疫病、结薯早、高产，大薯率高、薯形好、表皮光滑、芽眼浅、畸形少，耐贮运，休眠期长，抗青枯病。

二是马铃薯脱毒种薯供应市场前景好。据统计，贵州马铃薯常年种植面积超过1000万亩，年需马铃薯脱毒种薯95万吨左右；其中低海拔（800米以下）马铃薯冬作区面积约200万亩，年需求种薯量约35万吨；中海拔（800～1500米）马铃薯小春作区面积约200万亩，按两年换种一次，年需求种薯量约20万吨；高海拔（1700米以上）马铃薯大春作区面积600万亩以上，按三年换种一次，年需种薯量40万吨以上。目前，我省脱毒种薯的生产供应与生产需求差距巨大，无法满足全省马铃薯种薯需求，种薯供应多被省外种薯企业抢占，建立贵州马铃薯脱毒种薯繁育体系，重点围绕贵州自主选育品种开展种薯繁育，具有广阔的市场应用前景。

三是推广应用合格脱毒种薯单产提升空间大。贵州马铃薯常年种植面积在1000万亩以上，播种面积位列全国前三，但单产仅有1000公斤/亩左右，仅为全国平均水平的85%，单产提升潜力巨大。

四是冬种马铃薯发展潜力大。我省具有典型的立体农业特征，得天独厚的生态条件、丰富多样的耕作制度和秋冬春季的空闲田，发展不同播期优质品种选育，可选育适宜不同生态区、多种种植制度的马铃薯新品种，挖掘秋冬种马铃薯潜力，有利于促进马铃薯产业高质量发展，增加马铃薯产能，提高粮食自给率，保障粮食安全。

## 三、马铃薯新品种、新技术应用与贡献

省农科院现有国家马铃薯改良中心贵州分中心、贵州省马铃薯工程技术研究中心等马铃薯研发平台两个，是贵州马铃薯产业技术体系技术依托单位。在马铃薯研发上，围绕种质资源创新保存、新品种选育、高效高产栽培技术及产业贮藏加工等开展研究。近10年来，收集资源共计300余份，资源创制37份，共保存337份资源，审定（登记）马铃薯新品种8个，其中黔芋7号是贵州首个自主选育的国审马铃薯新品种，黔芋8号入选2023年贵州省十大农业主导品种和国家农作物优良品种推广目录（马铃薯苗头型品种）；制定马铃薯地方标准21项，冬作马铃薯高效轻简化栽培技术和马铃薯小型机械化生产技术分别入选贵州省2021年和2022年十大农业主推技术。

在马铃薯脱毒种薯繁育研究方面，承担了全省马铃薯核心种苗的保存工作，为全省马铃薯原种生产企业提供脱毒基础苗。在马铃薯脱毒种薯扩繁体系建设方面取得积极的

成效，一是马铃薯微型薯高效低成本繁殖技术有效降低微型薯繁殖成本，二是马铃薯脱毒种薯生产优化技术支撑了全省马铃薯种薯繁育技术体系建立。

### 1. 马铃薯品种选育助力产业发展

据统计，截至 2022 年，我省育种单位累计审定（登记）马铃薯 46 个，其中审定品种 43 个，登记品种 3 个；省农科院主持选育马铃薯新品种 19 个，占审定品种 41.3%。其中，黔芋 7 号是贵州首个自主选育的国审马铃薯新品种，黔芋 8 号入选 2023 年贵州省十大农业主导品种和国家农作物优良品种推广目录（马铃薯苗头型品种）。从 2012 年到 2022 年，黔芋 7 号推广面积从 0.2 万亩增至 35.6 万亩，直接经济效益由 520 万元增至 13528 万元。黔芋 8 号新品种 2022 年推广面积约 52.41 万亩，助农增收 13932 万元。

### 2. 马铃薯高产栽培技术集成应用取得突破

针对我省威宁地区马铃薯播种早期遇干旱致使出苗不齐，幼苗不健壮，后期雨水丰沛，容易在田间形成涝灾，大面积暴发晚疫病，以及春作马铃薯产量低的问题开展栽培技术攻关。2020 年，在贵州省威宁县麻乍镇箐岩村进行小范围示范，“云薯 108”大面积测产亩产达到 5014.65 千克，“青薯 9 号”平均亩产 5371.41 千克，为目前贵州马铃薯单产最高纪录。2021 年 8 月 19 日，威宁县法地村示范基地国审马铃薯新品种黔芋 7 号马铃薯产量达到 4000 千克；2022 年 11 月 8 日，威宁县麻乍镇马铃薯高产示范项目黔芋 7 号折算亩产达 5225.6 千克，产量再创新高；黔芋 7 号栽培产量逐年增加，表明我省马铃薯种植水平进一步提高。

### 3. 马铃薯配套新技术推广赋新能

在马铃薯新技术推广应用上，通过自主种源控制、水肥规范管理、山地农机应用等配套新技术的集成，建立种薯生产标准化体系，为大面积种薯原种生产提供了技术保障。2022 年，马铃薯新品种“黔芋 10 号”原种繁种平均单产达 3182.62 千克；通过马铃薯种薯生产新技术的应用和标准体系的建立实现了马铃薯原种生产实现跨越式发展，马铃薯原种生产由亩产不足 2000 千克提升到 3000 千克以上，保障了产业发展的“种子量”。同时，围绕冬作马铃薯生产需求，积极推广应用膜上覆土、深播高垄、晚疫病预警等冬作马铃薯生产新技术的应用，2022 年贵州冬作马铃薯在遭受长期低温冷冻极端天气的影响下仍然获得亩产近 3000 千克的产量。

4. 科技创新促进产业增产增收

贵州马铃薯种植面积和产量均居全国前列，大部分地区单产水平和效益低，亩产在1500千克左右。贵州冬作早熟马铃薯以“薯－稻”轮作种植模式为技术支撑，在前一年的11月、12月播种马铃薯，次年的4月、5月收获后，可以接茬种植水稻，提高土地利用率，增加农民收入。从品种、技术、田间水肥管理等环节熟化以往种植模式，集成一系列先进适用、高产稳产的马铃薯栽培管理技术，“薯－稻”轮作运用高效栽培技术，既提高单产又开发了冬闲田，助推马铃薯产业高质量发展。

2022年，我省出现长期持续低温阴雨的极端天气，对冬作马铃薯造成严重影响，长期低温天气，对马铃薯正常生长造成很大影响，与历年同期相比，马铃薯出苗时间由常年的45天左右延长到了75～80天，烂种、苗弱、苗不齐等现象十分普遍，马铃薯养分积累少，薯块膨大非常缓慢，形成产量需要付出很大努力。为了克服不利天气影响，示范基地成立技术服务队，深入一线，发动群众防范应对寒冷天气，分类指导开展技术服务，组织群众防灾减灾和灾害补救工作，取得了显著的效果。

5. 集成高效生产技术建立标准化生产体系

省农科院牵头和参与制（修）订贵州省马铃薯生产技术标准22项，为马铃薯产业标准化提供技术支持。通过技术研究、示范和集成，形成马铃薯标准生产技术体系含4类（种薯繁育、大田生产、采后处理和质量追溯），产业支撑作用显著增强，特别是全膜覆盖生产技术、半机械化播种技术、晚疫病综合防治等新技术得到大面积应用。

6. 低脂马铃薯膨化食品研发助力麻辣休闲食品开发

开发健康低脂是当前食品行业的研究热点，研究发现，酸处理后油炸土豆片的表面渗透油脂含量降低20%以上，效果显著，这为加工生产低油脂、更健康的马铃薯产品提供了开发思路，通过研发，鲜切马铃薯片，也能达到像马铃薯全粉所生产的复合型薯片产品效果，具有较低的含油量且厚薄均匀。低油脂鲜切马铃薯片在贵州千里绿食品有限公司进行转化应用，新产品“田大孃”薯片，在多家线上购物平台上架后，消费者不停下单，销量上涨，产品极其吸引消费者。

## 四、贵州马铃薯产业发展对策

围绕提升科技对产业发展的贡献和作用、科技支撑产业发展的情况等，从科技创新、人才团队建设、平台建设、体制机制等方面提出科技支撑产业的方案和对策。

### 1. 科技创新方面

一是加强马铃薯种质资源系统收集与评价。整理现有马铃薯种质资源，系统开展种质资源调查、收集及鉴定评价，建立较为完善的贵州马铃薯种质资源库。开展不同马铃薯种质资源抗晚疫病、耐旱、耐寒和高干物质含量等品质表型与基因型精准鉴定评价，利用全基因组重测序技术开展重要性状 QTL 定位，开发重要性状功能性标记及综合利用、候选基因克隆和功能研究，为我省马铃薯种质资源的创新和利用奠定基础。

二是完善马铃薯杂交育种体系，加强育种新技术应用。在现有育种工作基础上，进一步研究和完善马铃薯杂交育种体系，结合分子育种、基因编辑育种等新技术，逐渐实现马铃薯育种方式的多元化，选育出适合我省气候特征的抗病、耐旱、耐寒、优质、高产的马铃薯鲜食、饲用和加工专业型新品种。

三是加强马铃薯脱毒种薯扩繁技术研发。围绕脱毒试管薯诱导技术研究，以贵州主栽马铃薯品种的脱毒苗为材料，探索光照强度、培养温度、培养湿度、激素种类和含量等诱导因素对马铃薯脱毒试管薯结薯数量、结薯率、结薯大小、结薯时间等的影响，研究不同品种脱毒试管薯最适的诱导条件，缩短种薯制种周期，节约成本。围绕马铃薯微型薯雾培技术熟化和污染防治研究，探究不同光照、温度、营养液成分配比、营养液浓度、喷雾频率等因素对贵州主栽马铃薯品种原种数量和品质的影响，筛选组合最优的生产条件，为不同品种马铃薯原种生产提供技术支持。围绕马铃薯脱毒种薯原种繁育关键技术开展研究，以不同品种马铃薯为材料，研究土壤微环境、培养技术、管理方式等因素对脱毒原种数量和品质的影响。针对贵州马铃薯脱毒种薯市场占比不高的问题，利用威宁气候优势，研发马铃薯脱毒种薯原种繁育关键技术，争取马铃薯种薯市场。

### 2. 人才团队建设方面

一是加强人才培养与管理。制定、修订贵州省科研成效评价办法，以激励广大科技人员不断深造、刻苦学习，进一步充实自己。相关单位在职称评聘、提拔重用、评奖评优时，优先考虑对产业工作有重要贡献科研人员，增强科研人员的工作热情。定期聘请国内外相关领域专家举办马铃薯产业研讨会，传授工作经验、帮助团队分析存在的问题，明确发展方向，为科技创新打下坚实的基础。

二是加强国内科研单位科技合作。在巩固和发展已有的与我省马铃薯产业体系建设依托单位、中国农科院蔬菜花卉研究所、华中农业大学、云南省农科院经济作物研究所、定西马铃薯研究所等单位合作的基础上，积极开拓与国际马铃薯中心、甘薯农业大学、黑龙江农科院克山分院合作新渠道，根据我省对马铃薯科研人才的需求，有目的地培养和输送科技人员到国内外高校、科研院所培训或开展合作研究。

### 3. 平台建设方面

一是充分利用省农科院现有国家马铃薯改良中心贵州分中心、贵州省马铃薯工程技术研究中心及贵州马铃薯产业技术体系现有平台，整合资源，组建专业研究队伍，进一步加强平台建设和产业应用体系建设。

二是落实各项政策和财政支持。争取省财政设立贵州马铃薯产业发展专项经费，加强试验基地设备机具维护、设施修缮和实验室设备更新、添置等运维支持。

### 4. 体制机制方面

一是形成“重点方向、重点人才、重点经费”三位一体的支持机制。一个成熟的马铃薯新品种选育周期在 8 ～ 12 年，现有经费支持多以独立科技项目资助，存在资助力度不大、周期短的问题。应对具有明确学科研究方向、良好工作基础和科研创新能力与发展潜能的科研团队，在项目申报、科研与试验条件配置等方面给予长期、稳定、重点支持。

二是设立科技专项，设立马铃薯科技专项，针对不同自然地理条件和市场需求，持续开展马铃薯专用品种选育攻关，促进品种结构优化；围绕各级种薯生产技术瓶颈问题，开展种薯生产关键技术攻关，加快种薯生产技术体系构建；围绕原种、生产种和商品薯生产，着力开展全程机械化、病虫害防控绿色化、栽培管理信息化智能化等高效生产技术攻关，提高种薯和商品薯单产水平，确保产品质量。

三是加大政策扶持力度，推动马铃薯产业高质量发展。研究制定对原种、原种繁育企业的持续补贴政策，设立省级专项，重点扶持马铃薯种薯生产，提高种薯企业生产积极性，最大限度实现全省种薯自供。统一全省马铃薯品种布局，引导各生产区域专业化、市场化方向定位，带动全省马铃薯产业高质量发展。在不同生态区建立省级生产示范基地，加快新品种新技术应用，加大技术培训和技术服务力度，提升从业人员生产管理能力，示范引领马铃薯产业提质增效。积极培育新型经营主体，协调和引导龙头企业与基地农户通过购销合作等方式，加快利益对接步伐，形成风险共担、利益均沾的一体化关系。

执笔人：邓禄军　范士杰　甘建阳　刘怒安　阳腾　周帅　叶夕苗

# 贵州高粱产业科技发展报告

◆ 贵州省旱粮研究所

高粱（*Sorghum bicolor* L.）喜温、喜光，生育期间所需温度比玉米高，并有一定的耐高温特性，全生育期适宜温度 20 ～ 30℃。

## 一、高粱产业发展概述

高粱原产于非洲，从印度传入中国，主要分布在亚洲、非洲、美洲和大洋洲。早在 3000 年前，中国黄河流域等地就有栽培高粱的历史，在《食物本草》中对高粱有“五符之精百谷之长”的盛誉。高粱的收获面积和总产量仅次于小麦、水稻、玉米，是世界五大谷类作物之一。

### （一）国内外高粱产业发展概况

高粱富含多种营养物质，主要用于酿酒，做食品、饲料。中医认为，高粱性味甘平，微寒，具有凉血、解毒之功，可入药，用于防治多种疾病。高粱为粗粮，口感不好，含有单宁，便秘者应少食或不食。高粱分布于全世界热带、亚热带和温带地区，主要种植于非洲、美洲、亚洲和大洋洲的国家，我国南北各省区均有栽培。高粱用途广泛，可用于食用、酿造、饲用、工业加工等方面。按照种子可分为饲草高粱、粒用高粱和甜高粱，但以粒用高粱生产为主。根据联合国粮农组织数据，2022 年全球高粱产量排名前 10 位的国家分别是美国、尼日利亚、印度、墨西哥、埃塞俄比亚、苏丹、阿根廷、中国、巴西、澳大利亚。美国、阿根廷、澳大利亚是全球前三大高粱出口国，这三个国家的高粱出口量分别占到全球高粱出口总量的 61.23%、20.14% 和 15.31%。

中国是全球最大的高粱消费国，高粱国内消费量占全球国内消费量比重为 21.70%，远高于第二大消费国尼日利亚的占比 10.69%。2021 年中国分别向美国、阿根廷、澳大利亚进口高粱约 654.7 万吨、182.9 万吨、103.5 万吨。根据中国海关总署的统计数据，2022 年中国进口了 1014 万吨高粱，进口高粱数量创 2016 年以来新高。进口高粱主要进入国内饲料加工领域及酿造业。

中国高粱生产主要集中在东北、华北和西南三个地区，国家统计局的数据显示，2022 年我国高粱种植面积约 1093.7 万亩，产量约为 332.36 万吨。内蒙古、吉林、贵州、黑龙江、辽宁、四川、山西、河南、重庆等省份为高粱主要产区。

我国用高粱酿酒、酿醋的历史源远流长，品种繁多，比较有名的茅台、五粮液、汾酒等名酒所采用的酿造原料都有高粱，而以高粱作为原料酿造白酒的企业占到了酒业的 80% 左右。随着近年来白酒行业的快速发展，行业需求也将持续走高，持续推动我国高粱种植产业的发展。

### （二）贵州高粱产业发展概况

我省高粱产业一直稳健发展，有力地支撑了下游酿造产业的发展壮大。据省农业农村厅统计报告，2022 年省内酒用高粱种植面积为 252 万亩，平均单产约为 287 公斤 / 亩，全年总产量为 72.32 万吨。2022 年，贵州省主要酒用高粱品种为红缨子、红珍珠等。

2022 年，据农业推广行业统计，全省订单种植高粱 196.76 万亩，占全省种植面积的 78%。茅台集团订单价格 11.2 元 / 千克，其他白酒企业订单 7 元 / 千克以上。红粱（茅台镇一种有机糯高粱）种植户亩均收入 2350 元以上。茅台集团每年收储省内有机红粱 15 万吨左右，全省 400 余家酱香白酒企业收储省内外红粱 95 万吨左右，茅台集团红高粱本地自给率 95% 以上，地方白酒生产企业红高粱本地自给率 50% 以上。

## 二、高粱产业科技发展

### （一）国内外高粱产业科技发展

2021 年 10 月 13 日，美国加利福尼亚州埃梅里维尔联合生物能源研究所的 Tallyta 等人在 *Journal of Experimental Botany* 上发表了名为 *Progress and challenges in sorghum biotechnology, a multipurpose feedstock for the bioeconomy* 的研究论文，认为高粱遗传转化能力有限是现阶段高粱作为模式植物和经济作物的主要障碍。以现有技术，高粱转化极具挑战性，转化过程相对昂贵且耗时，并且遗传转化仅限于少数基因型。因此，高粱遗传转化效率的提升是目前急需解决的问题。普渡大学的 Sanghun Lee 和同事在 *The Plant Cell* 在线发表了题为 *Broad-spectrum fungal resistance in sorghum is conferred through the complex regulation of an immune receptor gene embedded in a natural antisense transcript* 的研究论文，他们的研究发现一个不同寻常的免疫受体位点，该位点对真菌病原体具有较强的广谱抗性。该抗性基因 ARG1（ANTHRACNOSE RESISTANCE GENES1）是高粱抗炭疽病的重要基因，ARG1 对不同的炭疽病真菌和其他几种病原体都具有抗性。研究显示，该基因的表达需要插入一个微小的可移动的 DNA 片段（即转座子）。此外，ARG1 被嵌入到另一个基因中，其表达抑制了 ARG1 的表达。这种反义干扰的调控模式表明，在高粱中，存在着以前未被探索的调控抗性基因的途径。

2022 年 8 月，山西农业大学高粱研究所研究员、国家谷子高粱现代产业体系岗位专家平俊爱选育的高粱品种“汾酒高粱 30”命名为“汾粱 30”，作为汾酒集团的酿造专用品种。与汾酒技术中心联合酿造试验表明该品种出酒率高，通过在汾酒原粮基地种植试验证明该品种商品性好、产量高、抗病性强并拥有极高的耐瘠性。山西省近 5 年来推广面积 10 万亩以上的选育品种有晋杂 22、晋糯 3 号、晋杂 12、晋中 405、晋杂 18 等。其推广种植面积最大的品种是晋杂 22 号，年推广面积 40 万亩左右，其次是晋糯 3 号，年推广面积有 18 万亩，晋杂 18 号、晋中 405 和晋杂 12 号的年推广面积在 15 万亩左右。山西高粱主要用于酿酒和酿醋，国家统计局公布数据显示，2022 年全省白酒产量 26.32 万千升，食醋产量 100 万吨，其中白酒酿造使用高粱 45 万～ 60 万吨，老陈醋酿造消耗高粱 25 万～ 35 万吨。高粱是一种耐干旱、耐贫瘠的 C4 作物。由于长期种植在贫瘠土壤中，易受到土壤养分对其影响，而氮是土壤中重要的营养元素，对其生长发育过程起着举足轻重的作用。

## （二）贵州高粱产业科技发展

近年来，随着贵州省白酒千亿级产业的发展，高粱作为白酒原料，高粱产业科技发展势头良好。以贵州省农科院旱粮研究所、贵州大学农学院、红缨子公司等为代表的科研院所和企业，抢抓产业发展机遇，从高粱基础研究到推广应用，开展了大量的科技研究。贵州省高粱产业科技发展势头良好，但仍然存在科技水平和机械化薄弱、宜机化等品种缺乏及基础研究有待进一步提升等科技问题。

贵州高粱仍以酒用种植为主导，随着贵州酿酒行业的高速发展，高粱种植也将被带动发展。因此，由贵州省旱粮研究所依托国家自然科学基金、贵州省科技支撑计划、贵州省自然科学基金等项目支持，开展了酒用高粱新品种选育、绿色高效栽培、遗传机理及抗病机理等研究。

#### 1. 高粱产业市场销售及品牌建设

目前，贵州高粱种植主要由各县（市、区）围绕省市级计划统筹属地发展，各高粱供应（收购）主体采取订单方式发展种植。主要销售渠道，一是酒企基地认购。酒企根据红粱需求计划与供应商定制发展高粱种植基地，协议认购专属基地高粱产出品。二是依靠市场采购。由各种植主体及红粱供应商自行发展高粱种植，待酒企以定价收购方式再予供货。

红粱仓储主要有遵义红粱原料集散中心和各产区临时租用周转仓储设施，以及茅台基地县（市、区）协调整合茅台物流公司等平台，已建设大型仓储设施 27 个，小型 7 个，年储存红粱约 36.43 万吨；正在建设的大型仓储设施 6 个，约 3.45 万吨。全省红粱运输没有独立的物流运输体系，大型企业通过招投标、小型企业通过指定合作等社会化方式选择运输公司或运输个体进行红粱运输。

“红缨子”是全国首个通过有机认证的红粱种子品牌，红粱优质原料助推遵义酱香白酒区域品牌享誉中外。仁怀市获“仁怀市酱香酒”地理标志，并享有“中国酒都”美誉；贵州茅台酒、鸭溪窖酒、仁怀糯高粱等获国家地理标志产品保护，“国台”为中国驰名商标。遵义市创建了 3 个知名品牌示范区，在区域品牌价值评价中，“仁怀市酱香白酒”区域品牌价值 722.19 亿元，位列全国 119 个区域品牌示范区之首。

#### 2. 酒用高粱绿色高效栽培技术

在高粱产业链中，贵州省没有规模以上或者知名的饲料加工企业、食品加工企业及相应的科学技术支撑、引领高粱产业向多元化发展。近年来，贵州白酒产量、工业总产值和增加值稳步提升，主要经济指标增速均处于全国领先地位。根据《贵州省赤水河流域酱香白酒产区保护规划》《贵州省“十四五”酱香白酒产业集群规划》要求，全省酱香白酒将形成“四区多点”生态功能空间布局，以打造世界酱香白酒核心产区。

酒用高粱新品种的选育。收集保存了高粱种质资源 300 余份，完成了 200 余份两系、三系糯高粱杂交组合评价鉴定，并筛选出50个优异组合。围绕贵州酒用高粱酿酒工艺要求以及“双减”目标等，创制、筛选抗病性强、适应性强及营养高效吸收的资源与育种材料。通过系统选育和杂交育种等方式，选育了一批符合酱香型白酒生产工艺要求的高粱新品种，黔高9号、黔高10号、红谷2号、红粱丰1号、茅粱糯2号已完成转让，其中红粱丰1号入选贵州省主推品种。

针对贵州酒用高粱连年单作导致地力下降、病虫害频发等问题，我省开展了酒用高粱与大豆、花生、红薯及辣椒等作物间作模式研究，筛选出大豆为最佳间作作物。以单作酒用高粱和单作大豆为对照，研究不同行比和带宽配置下酒用高粱光合性能、干物质积累、养分积累、产量及根际生理生态的变化，探究出不同行比和带宽配置对酒用高粱生理生态的影响机制，筛选最适行比和带宽配置，为酒用高粱高效栽培技术推广应用提供理论依据。相关研究结果已在 *Field Crops Research*、*Frontiers in Plant Science* 等期刊上发表。为探究高粱 / 大豆间作模式下高产生理生态机制和高粱氮素高效利用机理，我省开展了高粱 / 大豆间作地上及根际生理生态响应机制研究；以贵州省新老两代酒用糯高粱品种（系）为研究对象，分析其产量、干物质及氮素积累转运、氮肥利用率等差异，开展了不同施氮时间、用量和比例对高粱产量和氮肥利用率等的影响，相关研究结果已在《中国土壤与肥料》《植物营养与肥料学报》等期刊上发表。为有效提高土地利用率，协调冬季作物与正季高粱更科学地接茬，我省开展了高粱和油菜、豌豆等作物周年轮作技术研究、示范，取得了较好的经济效益。“贵州高粱－大豆带状复合种植技术”“高粱油菜周年轮作绿色高效栽培技术”入选贵州省主推技术。“一种高粱－油菜绿色高效分带轮作种植方法”和“一种酒用高粱－榨菜周年轮作高效生产栽培方法”获得发明专利。酒用高粱绿色高效栽培技术研究成果为贵州高粱产业高质量发展起到了较好的助推作用。

### 3. 高粱抗病机理和基因

酒用高粱的绿色安全生产，对我省白酒工业可持续发展具有重要意义。高粱炭疽病是影响我省高粱生产的主要病害，能够造成产量与品质下降，甚至导致高粱绝收。我省对257份高粱种质资源进行抗炭疽病鉴定和筛选，结合全基因组关联分析和多组合技术，挖掘高粱抗炭疽病基因，为进一步解析高粱炭疽病的抗性遗传机制和高粱抗炭疽病育种提供科学依据。通过连续两年田间抗病鉴定高粱叶部炭疽病发病特点，筛选出两份有稳定高抗性的贵州地方抗炭疽病高粱资源。其中，高抗材料 F41 和高感材料 B57 进行杂交，构建分离群体，利用高通量测序技术与集团分离分析法相结合的方法进行全基因组重测序和关联分析，定位和抗性性状相关的基因组区段。通过 SNP-index 及 InDel-index 方法进行关联分析并对候选区域进行基因注释，共注释到基因 143 个，其中非同义突变基因 49 个，移码突变基因 16 个，研究结果为高粱抗炭疽病分子机制及抗性相关基因的克隆奠定了理论基础。

高粱籽粒物理性状是影响酒用高粱酿造工艺的关键因素，定位影响这些性状的 QTL/ 基因，对酒用高粱的遗传改良具有重要意义。贵州省旱粮研究所团队对来源于 654 与 LTR108 的 244 个家系的重组自交系群体（RIL）开展基因分析，构建了包含 3418 个 Bin 标记的高密度连锁遗传图谱。在 7 条染色体（1 ～ 5、8、10）上共检测到 25 个 QTLs 与 7 个性状（外果皮厚度、中果皮厚度、果皮厚度、种皮厚度、籽实皮厚度、外果皮颜色和种皮颜色）相关。在位于 2 号染色体的一个位点附近发现了 3 个候选基因（Sobic.002G204200、Sobic.002G206700 和 Sobic.002G206750），与其他作物中编码泛素家族蛋白和多胺合成代谢相关蛋白的基因同源，参与调控种子大小形成。对 BTx623× 红缨子的 205 个家系的重组自交系（RIL）群体开展基因分型，构建了包含 1 910 个单核苷酸多态性标记（SNP）的连锁图谱。在高粱的 1 ～ 9 号染色体上检测到 9、7、11、5 和 3 个 QTL 分别与总淀粉含量、支链淀粉含量、单宁含量、籽粒硬度和籽粒颜色相关，共涉及 35 个不同的 QTL，其中 15 个 QTL 与前人定位结果一致。株高、节间数及穗部性状是影响高粱株型和产量的关键因素，以美国籽粒高粱品种 BTx623 和红缨子构建的包含 205 个家系的 RIL 群体为试验材料，在贵州贵阳、安顺和海南乐东的 5 个环境下，开展了株高、节间数和 5 个穗型性状（穗长、穗柄长、穗轴节数、一级枝梗数和最长一级枝梗长）的调查。结果表明，在第 1、3、4、8、9 染色体上共检测到 18 个 QTL。其中，与株高和节间数相关的 QTL 分别为 7 和 11 个，与穗长、穗柄长、穗轴节数、一级枝梗数和最长一级枝梗长相关 QTL 分别为 14、10、8、11 和 18 个，并在其中 12 个 QTL 位点置信区间或附近确定了 13 个候选基因，它们与控制水稻穗型的基因同源（DEP1、RGN1、OsPID、OsSPL7 和 WTG1 等），为进一步克隆和功能验证这些候选基因提供了依据。

### 4. 贵州高粱产业发展趋势与机遇

鉴于高粱具有抗旱、耐涝、耐盐碱、耐瘠薄等多重抗逆性，在全国范围内，高粱种植区域逐渐由生产条件较好的平肥地向生产条件较差的干旱、半干旱、盐碱、瘠薄地区发展。我省酒用高粱原料的种植区域已经形成以仁怀市、习水县、遵义播州区、金沙县为核心种植区，逐渐向周围市（县、区）域辐射扩展的趋势。此外，2022 年，黔西南布依族苗族自治州的义龙新区酒用高粱种植面积 6 万亩以上。

全省酒用高粱种植面积将稳中有升。据省农业农村厅统计，2022 年省内酒用高粱种植面积为 252 万亩，略低于 2021 年。2023 年的统计面积还未得出，但是根据前期调研情况，省内 4 个核心种植区域及义龙新区的面积都大于 2022 年。加之下游白酒产业的稳健发展对高粱原料的有力支撑，全省酒用高粱种植面积将保持稳中有升的趋势。

全程机械化程度和水平将进一步提高。全国范围内，随着品种选育目标、栽培技术的提高，加之劳动力减少，种植公司、合作社、种植大户管理土地的集约化、规模化程度更高。高粱生产的全程机械化水平会进一步提高，全国范围内，高标准农田的建设，将有助于高粱生产成本的进一步降低。

酿酒专用、订单化生产规模进一步扩大。2022—2023 年，依托茅台、习酒、国台、金沙酒等酒企，我省酒用高粱订单化生产规模进一步扩大。据农业推广行业统计，2022 年，全省订单种植高粱 196.76 万亩，占全省种植面积的 78%。

在国家层面上，随着全国统一大市场的加快建设，为高粱产业、白酒产业发展带来广阔的市场空间。国发〔2022〕2 号文件明确赤水河流域作为酱香白酒原产地和主产区，支持打造全国重要白酒生产基地。“十四五”时期，我省瞄准高质量发展主攻方向，大力推进农业现代化，同时《贵州省“十四五”现代山地特色高效农业发展规划》发布，这些指导性政策都为我省高粱产业的综合发展带来了巨大机遇。

## 三、新品种、新技术应用与贡献

贵州省旱粮研究所经过多年高粱新品种选育和高效栽培技术研究，选育了一批符合酱香型白酒生产工艺要求的高粱新品种，集成了酒用高粱绿色高效栽培技术体系，高粱新品种和栽培新技术在产业发展中发挥了重要的作用。我省具备自主知识产权的高粱新品种 9 个，分别为黔高系列 6 个，红粱丰系列 5 个，同时与企业合作育成高粱新品种 3 个。其中，红粱丰 1 号 2022 年被列为贵州省高粱主导品种。其中，黔高 9 号、黔高 10 号、红谷 2 号、红粱丰 1 号、茅粱糯 2 号已转让给种子企业进行推广种植，红粱丰 1 号入选贵州省主推品种。“贵州高粱－大豆带状复合种植技术”“高粱油菜周年轮作绿色高效栽培技术”入选贵州省主推技术，高效栽培技术有效提高了土地利用率、提升地力、减少病害，助推贵州酒用高粱产业高质量发展。

依托国家高粱产业技术体系，“十三五”期间，结合贵州高粱产业高质量发展要求，创新推出“高粱＋”高效种植模式，通过高粱＋冬季绿肥、油菜、蔬菜来增加复种指数，同时起到培肥地力的效果。主要包括高粱－大豆带状复合种植技术、高粱－油菜分带轮作高效生产技术、高粱－油菜周年绿色高效生产技术，三大技术入选 2022—2023 贵州省主推技术行列。同时结合示范县实际，开展高粱绿色高效技术的集成与示范，主要包括高粱－冬季蔬菜（榨菜、马铃薯、豌豆苗、青菜）周年绿色高效生产技术、再生高粱－油菜薹周年绿色高效生产技术。

与茅台集团开展的横向项目“茅台酒专用酿酒高粱新品种选育”已完成中期检查，与茅台集团合作选育的中熟、中早熟两个糯高粱品种 DUS 测试通过，与遵义市鑫盛弘种业有限公司签订黔高 9 号品种生产经营权转协议，与仁怀市红谷种业科技有限公司签订黔高 10 号（红谷 1 号）、红谷 2 号品种生产经营权转让协议。

黔高 7 号品种转让技术服务。积极帮助酱香型白酒专用糯高粱品种黔高 7 号转让开发企业贵阳市农投集团旗下子公司贵州现代种业集团开展建立良种繁育基地、原料订单生产基地，目前已在贵阳息烽县完成黔高 7 号良种繁育 40 亩，生产良种 1.2 万余千克。

红粱丰 1 号品种合作开发。积极支持酱香型白酒专用糯高粱红粱丰 1 号合作开发企业贵州新中一种业股份有限公司建立良种繁育基地和良种推广，提供科技支撑和申报贵州省成果推广项目，已在遵义凤冈蜂岩镇建立红粱丰 1 号良种繁育基地 300 亩。2022 年，中央引导地方科技发展资金项目——“酒用糯高粱新品种‘红粱丰 1 号’良种繁育及配套生产技术应用与示范”的相关工作已完成。

红粱丰 1 号酱香型白酒工艺酿造试验研究。积极支持贵州佳悦农业发展有限责任公司和贵州新中一种业股份有限公司共同承担的为遵义北大荒川义农业发展公司与贵州金沙窖酒业有限公司 200 吨酿造试验红粱丰 1 号有机高粱原料基地建设，已完成在金沙县

900余亩的原料订单生产。

## 四、贵州高粱产业发展对策

科技是第一生产力，生产力要从科技中去要。现阶段贵州省高粱产业要充分做好省内白酒酿造产业的原料的工作。在产业链条中，围绕栽培环节全程机械化的发展趋势与要求，围绕以茅台酒的“9次蒸煮、8次发酵和7次取酒”及省内其他酱香酒企的酿造工艺，及生产中的绿色高效三大要求，高粱产业要在上游基础理论研究、应用与技术研究、品种选育等方面开展科技创新、联合攻关等工作。

### 1. 科技创新方面

高粱抗除草剂材料创制及品种选育。高粱生产中有时会存在对土壤前茬作物除草剂残留较为敏感的问题，此外高粱大豆复合种植、高粱大面积高效种植过程中都需要抗专用除草剂的品种。因此现阶段抗除草剂材料的创制，是高粱育种和生产需要急迫攻克的难题。筛选抗除草剂的高粱资源及抗性机制研究、通过转基因或者基因编辑技术方法进行抗除草剂材料创制势在必行。

高粱的基因编辑及转基因技术发展。因为高粱特性导致其转化效率低，而且受基因型的限制，高粱的遗传转化技术、基因编辑与转基因技术发展及成效现阶段明显落后于水稻、玉米。基因编辑技术已经逐渐发展为生命科学研究与产品开发中的普遍性技术方法，因此对高粱的基因编辑技术的创新性研究是迫在眉睫的目标。

围绕绿色高效生产要求的创新。从茅台集团开展“高粱有机生产基地认证”开始，其已经引领了有机、绿色高效生产的潮流。随着国家提出作物生产中“双减”的目标要求，减少化肥、农药，对环境更加友好的绿色生产方式已经成为今后高粱产业科技发展的方向。围绕相关目标要求，需要从以下方面开展科技创新工作。

种质资源创新与选育材料的创制。围绕“双减”要求，筛选、创制对生产区主要病虫害具有抗性，适应生态环境，能进行营养高效吸收的资源与育种材料，用于机制研究与品种选育，从品种材料方面逐步提高绿色高效生产水平。

绿色农药的研究研制。围绕“双减”要求，研究生产区的主要病虫害对高粱的危害作用机制，研究病害与高粱宿主的互作机制，研制绿色高效农药用于生产。

绿色高效栽培方法的研究。围绕“双减”要求及生产区的生态条件特征，包括土壤、光照、温度、雨水特征，结合种质资源创制与肥料创制，开展高效栽培方法的研究。逐步扩大高粱在省内的种植区域与面积，提高省内酒用高粱的生产力。

### 2. 人才团队建设

一是要引进培养一批酒用高粱科技创新高层次人才团队。加强高层次人才引进和培养力度，完善酒用高粱研究科技创新高层次人才的科研激励政策；注重本领域酒用高粱科技创新人才的培养；完善科技创新高层次人才的科研客座制度，充分利用省外酒用高粱科技资源与人才优势，打造有特长、懂技术、善钻研、能攻关的包括核心专家、省优青、百千层次人才的高质量科技创新团队 2 ～ 3 支。

二是要培养一批酒用高粱科技服务人才队伍服务酒用高粱全产业。不断强化科技特派员队伍培训，促进其业务水平提升；强化与高粱种子企业合作，加强种子繁育基地建设和质量认证与管理；加强与知名酒企业及原料企业高粱原料订单基地的建设；强化对高粱基地经济组织建设、管理人才及家庭产业工人的培训。

### 3. 科研平台建设

由于省内高粱产业具有为下游白酒酿造产业服务的特征，因此在自身科技创新、发展过程中，与上游基础理论研究团队、下游种植主体、白酒企业联合开展工作是十分重要的。品种选育、技术创新过程中许多问题需要通过应用研究，乃至基础理论研究加以解决。如高粱产业中现在急需解决的两个技术发展瓶颈——抗高粱除草剂材料创制、高粱基因编辑技术都需要基础理论研究的进一步突破。

一是建立酒用高粱种质遗传改良重点实验室。通过建立酒用高粱遗传改良重点实验室，规模化发掘贵州省高粱种质中控制特定目标性状的关键遗传区段和基因，开发出相应的分子标记，有效揭示优质酒用高粱种质形成的遗传机制，同时为基于分子设计的快速酒用高粱新种质创制和新品种培育提供支撑。

二是建立贵州酒用高粱栽培生理生化重点实验室。对贵州省的优势品种进行生理生化指标测定，有效指导新品种开发。

三是建立酒用高粱品质检测重点实验室。通过建立优质粮油品质检测重点实验室，快速检测贵州省优异粮油种质及相关加工产品所含的特定元素，分析功能性成分，对提升产品价值发挥较好的支撑作用。

四是建立高通量作物表型平台。借助大数据平台，对酒用高粱重要材料进行高通量的表型评价，为优质新品种培育、配套高效栽培及加工技术提供精准数据支持。

五是建立数字化育种平台及酒用全产业链平台。整合分子生物学新技术，建立粮油作物种质及育种资源的遗传及分子信息，开展优异性状基因及位点的挖掘和分子设计育种，促进强优势酒用高粱新品种的培育；基于大数据技术，采用生物信息学策略挖掘功能性粮油作物优异基因，辅助选育酒用高粱新品种，提高酒用高粱产品附加值；充分利用大数据信息，为酒用高粱的发展规划提供决策指导。

**4. 体制机制建设**

“双减”目标中所涉及的材料创制、绿色农药生产除了应用研究外，也需要基础研究对相关机制的认识。因此，产业科技发展对产学研结合的要求进一步加强。此外，高粱产业的科技创新与发展越来越需要多学科的交叉融合，如“双减”目标所涉及的资源与植物病理、土壤科学、植物生理科学的结合，只有多学科结合才能有效促进科技创新与发展。因此，高粱产业科技发展中需要建立产业上下游、相关学科间进一步交流、合作的工作平台与工作机制。

开展酒用高粱种质资源的挖掘与利用研究，加快酒用高粱新品种培育及相关技术研究并建立统一的品种标准、质量标准、技术标准及检验标准。贵州省重点打造以茅台酒为主的千亿级白酒产业，根据白酒酿造工艺、企业原料需求、白酒品质、商品等级等要求不同，有针对性地选育新品种，制定不同的品种、质量、技术及检验等标准。以单宁含量指标为例，根据单宁含量高低，有针对性地分段制定不同范围的高粱品种标准，同时建立可溯的质量控制技术体系，实现标准化、规模化生产。

通过建立现代科技示范园等，对培育的新品种、新组合、新栽培技术和加工技术进行示范展示，为生产推广提供支撑。如以茅台集团等重点名酒企业带头建设高标准有机高粱示范基地，陆续带动其他原料企业建立相对稳定的新品种、新技术示范基地。构建从培育、创建、提升到打造典型的示范基地体系，充分发挥示范基地的支撑引领带动作用，从而促进高粱产业集聚区规范发展和提质增效。

依托贵州省相关科研单位以及行业中的优质企业，开展新品种、新技术研究。以科技为支撑，以社会化服务创新为纽带，以价值链、产业链延伸为着力点，组织联合攻关，通过政、产、学、研协同，探索酒用高粱产业集约化、标准化、规模化、机械化、科技化、高端化、品牌化、景观化发展的新模式新技术，破解当前制约酒用高粱产业发展的关键问题。

执笔人：邵明波　张立异　周棱波　汪灿　高杰　彭方丽　张国兵　赵强

# 贵州甘薯产业科技发展报告

◆ 贵州省生物技术研究所

甘薯（*Ipomoea batatas* (L.) Lam.）是旋花科（convolvulaceae）甘薯属（*Ipomea*）植物，俗称红薯、山芋、红苕、番薯、地瓜、白薯、白芋等，具有高产稳产、适应性强，营养丰富等特点，目前已是世界重要的粮食、饲料和工业原料作物。我们的研究对象“甘薯”实指旋花科甘薯属栽培作物，拉丁学名为“*Ipomoea batatas*(L.) Lam.”“甘薯 *Dioscorea esculenta* (Lour.) Burkill”这一作物不是我们的研究对象。

## 一、甘薯产业发展概述

甘薯起源于中南美洲，性喜温，不耐寒，是喜光的短日照作物，具有高产稳产、适应性强、营养丰富等特点。除了淀粉、类胡萝卜素、花青素外，甘薯还富含蛋白质、膳食纤维、多酚类物质、维生素、矿质元素等多种营养成分。甘薯用途十分广泛，可做鲜食、淀粉加工、食品加工、叶菜用和观赏等。目前，甘薯已是世界重要的粮食、饲料、工业原料作物，广泛种植于世界 100 多个国家和地区。我国自明朝晚期引入甘薯后，很快在国内广泛传播，现我国已是世界上最大的甘薯生产国，近年来我国甘薯种植面积稳定在 400 万公顷左右，鲜薯产量约 1 亿吨（马代夫等，2021）。

近年来，我省甘薯种植面积有所下降，为 23.3 万公顷左右，主要分布在遵义、铜仁、黔东南、黔南、黔西南、安顺、贵阳等海拔偏低、气候偏热区域。

### （一）国内外甘薯产业发展概况

#### 1. 国外甘薯产业发展简述

世界上 100 多个国家种植甘薯，主要分布地有中国、越南、印度尼西亚、日本、印度、菲律宾、乌干达、肯尼亚、马达加斯加、布隆迪、坦桑尼亚、巴西、古巴、海地、巴布亚新几内亚等。据统计，目前世界甘薯种植面积大约有 1.4 亿亩，平均产量 1500 公斤 / 亩。

2. 国内甘薯产业发展简述

中国是世界上最大的甘薯生产国。中国幅员辽阔，地形复杂，自然条件差异较大，但甘薯适应性强，在中国广泛种植，从北纬 18º 左右的海南至北纬 48º 的克山，从海拔较低的沿海平原至海拔较高的云贵高原均有种植，在海拔 2000 米的云南新平鲜薯产量仍可达 22 吨 / 公顷。甘薯是一种高产稳产的作物，也是环境友好的低碳作物，其抗旱、耐瘠、耐盐特性突出，在土壤相对含水量 35% 的干旱条件下，鲜薯产量仍能达到 18.4 吨 / 公顷，且抗重金属和抗农药残留污染（李强等，2022）。

### （二）贵州甘薯产业发展概况

1. 贵州省种植面积、单产、总产情况

据调研，2022 年贵州省甘薯种植面积 340 万亩，较 2021 年减少 4.23%；单产平均 1620 公斤 / 亩；总产 550.08 万吨，面积、单产、总产与去年相比分别减少 4.23%、10% 和 13.8%（国家甘薯产业技术体系统计数据）。5—6 月持续降雨和 7 月后的持续高温干旱对贵州省产业的影响幅度较大。

贵州甘薯种植面积最大的是遵义市，主要种植鲜食型品种，其主要用途除了传统的蒸、煮、烤等鲜食及饲用外，也促成以鲜食甘薯为加工原料的加工用途，如习水苕丝糖。铜仁市甘薯种植面积次于遵义市，主要种植淀粉型甘薯，黔东南、黔南也是以种植淀粉型甘薯为主，因种植习惯促使铜仁、黔东南、黔南等地形成了较多的家庭式甘薯淀粉加工小作坊。甘薯的藤蔓多以饲用为主，块根多用于加工甘薯淀粉，甘薯淀粉进一步加工成粉丝或粉条。近十年来诞生了一些规模稍大的甘薯加工企业，均是以甘薯淀粉及其衍生产品为主的加工企业。安顺市甘薯种植面积不大，但有全省唯一的甘薯类国家地理标志产品——紫云红心红薯，也有目前全省加工规模前二的甘薯淀粉生产企业——贵州绿薯青山农业发展有限公司，甘薯淀粉加工企业成立时间较短，但紫云红心红薯种植历史很长。根据国家甘薯产业技术体系通过形态鉴定和分子标记鉴定结果，紫云红心红薯应为美国甘薯品种“南瑞苕”在紫云县长期种植驯化而来，已成为贵州省的特色甘薯品种，目前在沿海城市具有一定的品牌影响力。贵阳、黔西南也是传统的甘薯主产区，但是面积较小，主要种植鲜食型甘薯。毕节市、六盘水市不是传统的甘薯主产区，但也有种植甘薯的习惯。茎尖菜用是随着甘薯保健功能被人们认识到而形成的甘薯食用的热门方向，虽然很多区域有食用甘薯茎尖的传统，但没有形成专用甘薯品种和产业，随着贵州省甘薯产业的发展，目前也选育出了专用的菜用型甘薯品种，在黔东南和清镇等地也出现了以种植菜用甘薯为主的企业。

### 2. 贵州省甘薯品种和技术推广应用

据国家甘薯产业技术体系专家调研和固定点调查资料分析，贵州省淀粉型主栽品种有商薯 19、黔薯 6 号、黔薯 11 号，食用主栽品种主要有黔紫薯 1 号、普薯 32、紫云红心薯，菜薯主栽品种主要是黔菜 1 号。贵州省主推品种主要有黔薯 6 号、黔薯 11 号、商薯 19、紫云红心薯、普薯 32 号，国外品种推广主要有红瑶（国家甘薯产业技术体系统计数据）。

2022 年贵州省主要推广山地小型农机利用技术、淀粉品种配套栽培技术、病虫害综合防控技术。

### 3. 政府出台相关政策支持甘薯产业发展

为应对农资价格上涨对实际种粮农民增支影响方面推动农业机械化向全程全面高质高效转型升级，贵州省、市、县各级在薯类种植和农机购买方面出台了补贴政策，包括贵州省农业农村厅、贵州省财政厅印发的《关于印发 2022 年实际种粮农民一次性补贴资金发放实施方案》，贵州省农业农村厅、贵州省财政厅印发的《贵州省 2021—2023 年农机购置补贴实施方案》《贵阳市贵安新区 2021—2023 年农机购置补贴实施方案》等。

### 4. 贵州省甘薯市场消费情况

2022 年，贵州省供给加工甘薯淀粉 1.1 万吨，产值 8000 万元，占甘薯加工总产值的 57%；粉丝加工 0.65 万吨，产值 5500 万元，占加工总产值的 40%，其余加工产品有苕丝糖、苕汤圆、红薯干等。2022 年，贵州省食用甘薯价格与去年同期持平，一般甘薯 2 元 / 千克，甘薯淀粉 8000 元 / 吨；粉丝价格波动较大，为 8 ～ 14 元 / 斤（国家甘薯产业技术体系统计数据）。

### 5. 甘薯生产中的主要问题

一是生产成本增加，主要是农资（尤其是化肥）价格和劳动力成本增加导致的。二是适宜贵州山地黏土、坡地、小型地块的耕种机械及配套技术缺乏，导致生产效率低、生产成本高，这也间接导致加工企业成本居高不下。三是自然灾害影响不容忽视。近年来极端天气发生越来越频繁，在农业设施匹配度低的贵州山地区域仅依靠经验性的预防和临时性的抢救效果比较欠缺。四是植保问题进一步严重。甘薯小象甲在贵州省一些地方发生愈加严重，甘薯叶甲、蛴螬、未知病害、草害问题也需要更高效的防治技术进行产业保驾护航。

## 二、甘薯产业科技发展

目前，贵州省依托独特生态优势，大力推进甘薯品种改良、栽培技术革新与产后加工升级，积极探索产业现代化道路。以下内容将具体展现国内外甘薯产业的科技进展及贵州省如何在这一浪潮中脱颖而出，实现产业提质增效。

### （一）国内外甘薯产业科技发展

甘薯原产于中美洲、南美洲，明朝万历年间由菲律宾和越南等多条途径传播至我国。就种植历史和种质资源而言，与东南亚各国、美国、秘鲁等相比，我国甘薯种植历史短，种质资源量少。在生产技术方面，美、日等国实现更高程度的机械化，而我国复杂的地形地貌和土质等耕种条件使得甘薯机械化程度差异很大。北方平原地区和沿海砂质土壤区甘薯生产的机械化程度更高，西南、西北等丘陵山地和土质黏重地区机械化程度较低。在栽培品种方面，作为甘薯种植面积最大的国家，我国曾大面积种植国外甘薯品种，如美国的南瑞苕、日本红瑶和冲绳百号等品种，在我国甘薯育种专家努力下，现在我国甘薯主要栽培品种均是自主选育而来。

**1. 我国甘薯种植业**

我国甘薯种植业的发展历程与国家经济政策的调整和市场需求密切相关，近年来种植面积略有减少，产量水平逐步提高。

随着人民生活水平的提高和饮食结构的改变，红薯主粮地位逐渐被其他粮食所替代。2022 年，红薯产量降至 4706.5 万吨，红薯的表观消费量也下滑为 4704.36 万吨。

进出口方面，2022 年我国红薯的出口量达到 2.18 万吨，而进口量仅有 0.04 万吨。这表明我国红薯在国际市场上仍具有一定的影响力，还有进一步发展的空间。

从消费领域看，2022 年我国红薯行业主要集中在鲜食、种用领域和加工全粉领域，二者合计消费占比高达 94.5%。这表明红薯在食品加工和鲜食领域具有广泛的应用。

从区域分布看，红薯的消费市场主要集中在我国中南部地区。2022 年华东地区红薯消费量最高，占比达到 33.84%。这可能与该地区的饮食习惯和市场需求有关。

价格方面，近年来我国红薯产品的收购价格呈逐年增长态势，反映在市场对红薯品质和口感的需求方面。

我国红薯行业面临着市场需求变化和种植结构调整的挑战。要应对这些挑战，就需要加强科研投入、推广优质品种、提高种植技术和管理水平，以满足市场对红薯多元化、高品质的需求。同时，进一步拓展红薯的加工利用途径，开发新产品，提高附加值，以推动我国红薯产业可持续发展。

总之，甘薯栽培科研应围绕“提质增效、绿色轻简化”的生产目标，攻克关键技术，配套栽培技术，形成日益完善的甘薯栽培技术体系，为甘薯种植业发展提供重要保障。

**2. 我国甘薯加工业**

近年来，甘薯加工业得到一定发展，加工产品种类日益丰富。目前，甘薯加工产品种类主要有淀粉、粉条（粉丝）、全粉、休闲食品（薯干、薯脯、薯片、冰烤薯等）、主食产品（面条、馒头等）等。

近年来，消费者对食品安全及健康的认知日益提高，以红薯代替传统油腻食物成为新的饮食潮流，形成了红薯深加工业的市场空间，使得行业发展进入一个新阶段。

营销方面，加工行业通过新媒体等营销方式，强力推广红薯多元化加工产品，让更多消费者了解红薯深加工食品，使得红薯深加工业呈现出稳步增长的态势。

技术方面，近年来冷冻红薯、蒸煮红薯、压制红薯等新列工艺与技术的应用，调制、制造出高营养、可口的食品，更好地满足消费者的口味和品质要求，提高了行业竞争力和商业价值，进一步完善消费者需求，形成经济效益。

品牌建设方面，红薯深加工企业应根据市场需求，合理发挥自身品牌优势，大力推进红薯深加工产品品牌建设，提高消费者信任度，有利于企业稳定红薯深加工发展趋势。

## （二）贵州甘薯产业科技发展

### 1. 贵州甘薯种植业

在贵州省传统农业中，甘薯主要是鲜食或蒸煮食用，用于加工的比例很小，种植效益较低，虽然在遵义、铜仁、黔东南等海拔较低的区域种植面积较大，但是一直未得到很好的发展。

据国家甘薯产业技术体系调查，在栽培品种方面，贵州省20世纪的红薯栽培品种从省外引入，如南薯88、南瑞苕等。根据国家甘薯产业技术体系利用分子标记检测的结果，贵州特色甘薯品种紫云红心薯为原美国品种南瑞苕在本地经过长期驯化而来。21世纪以来，随着甘薯的营养价值逐渐被人们熟知，贵州省自主开展新品种选育，目前贵州省审定的甘薯品种有铜薯2号、紫云红心薯、黔薯1号、黔薯2号、黔薯3号、黔紫薯1号、黔紫薯2号、黔薯5号、黔薯6号、黔薯7号等，其中铜薯2号由铜仁地区种子管理站申请通过省级审定，紫云红心薯为提纯复壮紫云本地品种后通过贵州省农作物品种审定委员会审定，其余品种为贵州省农科院生物技术研究所选育通过贵州省农作物品种审定委员会审定。实行非主要农作物新品种登记政策后，贵州省登记了黔薯9号、黔薯10号，另有一批自主选育的甘薯新品种正在申请登记。近年来，贵州省甘薯产业与省外市场对接和流通愈加频繁，主栽甘薯品种更丰富，其中淀粉甘薯品种以商薯19栽培面积最大，黔薯6号次之。鲜食甘薯品种有黔紫薯1号、普薯32、紫云红心薯等。贵州省主栽甘薯品种出现了专用的菜用甘薯，如黔菜1号、福7-6等。

贵州甘薯栽培技术相对落后于四川、湖北等地，套种模式有烟薯套种、甘薯与辣椒套种、甘薯与玉米套种等。由于贵州省地块小、坡度陡、土质不均匀，传统甘薯种植以人工精耕细作为主。“十一五”以来，贵州省甘薯栽培技术得到较大发展。一是随着小型机械的推广应用，目前整地起垄基本实现全机械化，部分砂质土、面积较大的地块以机械收获，同时，部分企业通过机械覆膜生产，大大降低了甘薯生产的人工成本。二是薯苗质量控制、栽插密度控制、栽插方式控制、垄作方式控制等甘薯农艺技术得到快速发展，贵州省广泛吸收省外技术，并结合贵州省实际耕种条件进行优化改良。三是形成一批适宜贵州的高效栽培技术。近年来，贵州自主研发集成了甘薯健康种苗繁育技术、丘陵山地甘薯轻简化栽培技术、丘陵山地鲜食甘薯周年供给技术、地下害虫绿色防控技术、连作障碍缓解技术等高效栽培技术。

新品种和新技术的推广应用大大促进了贵州甘薯产业发展，贵州种植业的发展为贵州甘薯加工业的发展打下了基础。

### 2. 贵州甘薯加工业

贵州甘薯传统加工产品主要有甘薯淀粉、粉丝、粉条、薯干等，通过手工制作，以家庭式和作坊式生产，还有一些加工产品，如习水苕丝糖、民间油炸薯饼、腌制菜中添加鲜薯、甘薯馒头、甘薯面条等。随着市场和技术发展，贵州甘薯加工产品种类得到丰富，出现甘薯色素提取、紫甘薯丁等休闲食品。加工设备和加工技术也迅速发展，尤其是甘薯淀粉、粉丝、薯干加工，已经应用自动化程度较高的甘薯淀粉加工生产线，每小时可加工甘薯 50 吨，年综合生产能力 6.8 万吨以上。

### 3. 贵州甘薯产业发展趋势与机遇

贵州省甘薯产业发展相对滞后，在生产技术、商业化程度、效益方面与河南、四川、重庆等省市有一定差距。“十一五”以来，国家甘薯产业技术体系贵阳综合试验站获得资助建设后，贵州甘薯产业与全国频繁联系和合作，尤其是大量引进新品种、新技术进行示范推广，促使贵州甘薯与国内甘薯产业差距缩小，以贵州地理标志产品“紫云红心薯”品牌发展为例，国家甘薯产业技术体系贵阳综合试验站自建立以来一直在紫云县推广甘薯栽培技术，经过推广短藤平栽技术、健康种苗繁育技术、轻简化栽培技术等，有效助力紫云甘薯产业快速发展。

根据国家甘薯产业技术体系多年对服务产业的调研，预计贵州省甘薯种植面积会保持稳定甚至有小幅度增加，主要是淀粉加工企业的兴起，可能会促进企业扩大订单种植规模。另外，高寒山区种植技术集成推广、套种技术的推广以及全球气候变暖导致适宜甘薯种植区域扩大会对种植面积的增加产生积极影响。市场方面，鲜食甘薯价格预计会保持稳定甚至有微涨，淀粉加工甘薯价格随种植面积增加和生产技术的提升会有小幅度的降低。

同时，贵州甘薯产业也面临难题。一是病虫害会呈现发生面加大、发生程度加重的趋势，主要是气候变化和频繁的省际调运种薯种苗所致。二是劳动人口老龄化，未来机械化、数字化、智能化等农业技术需求愈加凸显。三是精深加工技术需求更加急迫。目前市场加工产品种类较为传统，缺乏对消费者的吸引力，需要创新的精深加工技术支撑才能产生新产品以刺激甘薯加工产品市场。

此外，贵州省因独特的气候和地理条件，也可能有一些产业发展机遇。一是在健康种薯种苗繁育中具有独特的地理优势，目前种薯种苗企业集中于河南、山东等北方地区，但北方甘薯三大病害（甘薯黑斑病、甘薯茎线虫病、甘薯根腐病）、SPVD、烟粉虱等发生很严重，近年联合新疆地区开展的“西苗东种”成效并不十分理想。贵州因独特的气候条件，没有上述病虫害或极轻微发生，而相似地理位置的川、桂、渝、滇等地或因气候条件、病虫害发生情况、运输成本等因素影响，在健康种薯种苗繁育上不具备优势。二是发展健康生态农产品方面也有一定优势。如前所述，贵州省病虫害发生情况相对很轻，发展健康生态农产品既符合甘薯营养保健的产品特性，又是促进产业增值的有效途径。

## 三、新品种、新技术应用与贡献

### 1. 新品种培育推广

目前贵州省审定的甘薯品种有铜薯 2 号、紫云红心红薯、黔薯 1 号、黔薯 2 号、黔薯 3 号、黔紫薯 1 号、黔紫薯 2 号、黔薯 5 号、黔薯 6 号、黔薯 7 号，其中铜薯 2 号由铜仁地区种子管理站申请通过审定，紫云红心薯为安顺市农科院提纯复壮紫云本地品种后通过贵州省农作物品种审定委员会审定，其余品种为贵州省生物技术研究所选育。在实行非主要农作物新品种登记政策后，贵州省登记了黔薯 9 号、黔薯 10 号。

近年来，贵州省甘薯产业与省外市场对接和流通频繁，加之贵州绿薯青山农业发展有限公司、贵州佳里佳农业发展有限公司等较大的甘薯淀粉加工企业需求，使得贵州省主栽甘薯品种更加丰富。贵州省主栽品种面积最大的是从北方引进的淀粉甘薯品种商薯 19，我院自主选育的淀粉型甘薯新品种黔薯 6 号在省内也有一定种植面积，主要是贵州绿薯青山农业有限公司生产基地主栽，其基地建于西秀区、丹寨县等地，该品种产量和淀粉含量均较高。另外，黔薯 11 号平均产量 3706.8 千克 / 亩，淀粉率 24.17%（国家甘薯产业技术体系贵阳综合试验站测产数据），高于省内地区种植的商薯 19（平均产量 2300 千克 / 亩，淀粉率 22.17%。贵州省生物技术研究所甘薯栽培研究室提供数据），也是贵州绿薯青山农业有限公司主要种植品种。此外，贵州省生物技术研究所自主选育的鲜食甘薯品种黔紫薯 1 号、黔薯 3 号、黔薯 7 号及配套栽培技术在贵州、四川、云南、河南广泛应用，取得了显著的经济、社会效益，其中在贵州推广应用最高年份占贵州甘薯总面积的 49.7%（贵州省生物技术研究所甘薯应用证明数据）。

**2. 种植最新技术研发与推广**

与北方省份相比，贵州甘薯发展起步晚，栽培技术也相对落后，套种模式有烤烟 / 甘薯套种、甘薯 / 辣椒套种、甘薯 / 玉米套种等。由于贵州省地块小、坡度陡、土质不均匀，传统甘薯种植以人工精耕细作为主，“十一五”以来，贵州省甘薯栽培技术得到较大发展。一是随着小型机械的推广应用，目前整地起垄基本实现全机械化，部分砂质土、面积较大的地块均以机械收获。同时，部分企业通过机械覆膜生产，大大降低了甘薯生产的人工成本。二是薯苗质量控制、栽插密度控制、栽插方式控制、垄作方式控制等甘薯农艺技术得到快速发展，主要是我院和生产企业吸收省外技术，结合贵州省实际耕种条件进行优化改良而来。三是形成一批适宜贵州省的高效栽培技术。近年来，我院自主研发集成了甘薯健康种苗繁育技术、丘陵山地甘薯轻简化栽培技术、丘陵山地鲜食甘薯周年供给技术、地下害虫绿色防控技术，以及以配方施肥为主的连作障碍缓解技术等高效栽培技术。

甘薯健康种苗繁育技术通过优化选择适宜大小的种薯、优化排种密度和排种方式、利用地膜和拱棚膜增温、优化水肥管理并进行低温炼苗，与传统育苗方式相比，利用该技术甘薯种苗繁育出苗快、苗量大、苗质好。

基于甘薯健康种苗繁育技术，充分利用贵州立体海拔气候特点，在低热河谷区的 12 月～ 1 月，在大棚内采用种薯消毒、催芽、苗床均匀撒施多杀菌素或绿僵菌、覆膜、控制土壤湿度等方法，在贵州实现 3 月份栽苗、7 月份收获上市，较传统 10 月份集中上市提早了 3 个月。通过提早栽插、分批栽插、延长收获期、优化贮藏条件等方式，在贵州省实现鲜食甘薯周年供给，形成丘陵山地鲜食甘薯周年供给技术。

丘陵山地甘薯轻简化栽培技术，是依据贵州的气候环境、地形地貌条件，通过筛选优质的甘薯新品种、覆盖黑膜、机械化应用等，形成适合贵州推广应用的一项甘薯轻简化栽培技术。该技术可提高单位面积产量 24% 以上，节省劳动力成本 10% 以上，在全省范围内均可推广。应用该项技术解决了丘陵山地因地块破碎而耕作困难，人工成本高等问题，在提高单产的同时，还可以提升高甘薯品质，降低劳动力成本，实现增产增效。

此外，在全球气候变暖背景下，极端气候发生频率加大，贵州省农科院生物技术研究所针对贮藏期低温预防、苗期低温预防、涝灾 / 旱灾预防等方面开展技术措施的整理和发布，提醒相关生产企业和种植户增强预防意识。

3. 绿色防控技术

贵州的甘薯病虫害种类相对较少、危害也相对较轻，对甘薯生产造成为害最严重的是甘薯小象甲，其次有甘薯叶甲、蛴螬等害虫。近年来，由于产业发展，较多企业从省外调运种薯种苗，导致贵州甘薯上病毒病发生面积增加，也出现一些新病害。

甘薯小象甲因耐高温、耐饥饿的极强抗逆性和整个生育期均可繁殖危害的特性，加上其危害很隐蔽，药剂难以递送，导致其危害重，近几年更是在贵州出现危害范围扩散、为害程度加重的趋势。对此，贵州省生物技术研究所结合贵州甘薯生产特点、气候变化和甘薯小象甲的发生为害特点，制定以种薯选择、苗期重点防治为主，辅以植物检疫、清洁田园、轮作、中耕培土、适时早收、性诱剂诱集等防治技术，可以有效降低甘薯小象甲危害。针对甘薯叶甲、蛴螬危害问题，我院还集成推广黑光灯诱杀、毒饵诱杀、趋避植物种植等绿色防控技术。针对甘薯病毒病危害，推广种薯检测、拔除销毁带毒病株、媒介昆虫防治等防治方法。

贵州甘薯发展起步晚，病虫害相对较少、发生相对轻，但随着产业发展，与省外交流愈加密切频繁，越来越多的病虫害通过种薯种苗的引进带入贵州，并随着省内市场流动使其为害范围扩大，为害程度也逐步加重。改变贵州甘薯病虫害加重的趋势需要政府的检疫政策和生产者预防意识提升配合，更大限度杜绝新病虫害进入贵州。同时，为了保住贵州农业绿色生态优势，需要生产中保持绿色防控意识，避免化学药剂超范围、超剂量使用，以此保障贵州甘薯产业的良性发展。

4. 加工技术

甘薯新品种和栽培新技术的推广应用大大促进了贵州省甘薯产业发展，甘薯种植业的发展为甘薯加工业的发展壮大提供了原料基础。贵州省甘薯传统加工产品主要有甘薯淀粉、粉丝、粉条、薯干等，通过手工制作，以家庭式和作坊式生产，还有一些加工产品，如刁水苕丝糖、民间油炸薯饼、腌制菜中添加鲜薯、甘薯馒头、甘薯面条等。随着市场和技术发展，贵州省甘薯加工产品种类得到丰富，出现甘薯色素提取、紫甘薯丁等休闲食品，加工设备和加工技术也迅速发展，尤其是甘薯淀粉、粉丝、薯干加工，已经应用自动化程度较高的甘薯淀粉加工生产线，每小时可加工甘薯 50 吨，年综合生产能力 6.8 万吨以上（贵州绿薯青山农业发展有限公司生产数据）。

近年来，我院通过联合研发和从省外引进加工技术方式，助力贵州甘薯加工业发展。一是引进低油甘薯薯片的制作技术，在贵州开展成果转化应用。二是与中国农科院联合开展甘薯淀粉加工薯渣高值化利用关键技术研究与产业化研究，通过研究薯渣在加工过程中色泽、风味、理化特性、加工特性、营养功能组分稳定性等变化规律，创建甘薯高纤复配粉加工关键技术。

### 5. 贮运销技术

甘薯安全贮藏需要从收获时做好预防措施，否则很容易导致贮藏期甘薯软腐病、黑斑病、干腐病等病害发生，严重时导致烂窖。针对贮藏期甘薯病害防治、水分损失等问题，集成了以晴天收获、晾晒愈合伤口、窖内消毒、贮藏期温湿气管理等为主的甘薯安全贮藏技术，并在服务甘薯生产企业过程中推广应用。在服务于贵州绿薯青山农业发展有限公司时，国家甘薯产业技术体系贵阳综合试验站团队从甘薯贮藏窖设计建设开始参与规划，参与种薯生产、收获、冬季贮藏管理，全程为企业提供技术支持，帮助企业从建立初期的依靠省外调运种薯到现在完全自留种薯，节约了企业种薯成本。

### 6. 市场推广及品牌建设

贵州甘薯发展起步晚，与省外市场接触少，国家甘薯产业技术体系贵阳综合试验站利用体系平台，为贵州甘薯企业沟通链接省外市场，如带领参加全国企业展销会、博览会，参观北方企业甘薯贮藏窖设计，建立贵州甘薯产业交流群，邀请省内外甘薯企业入驻，虽然涉及企业体量和数量均有限，但也促成了一些省内外企业联系合作。

## 四、贵州甘薯产业发展对策

产业健康发展离不开科技助力，科技进步最终必须回归、服务于产业发展。在国际贸易战造成粮食流通不畅和气候变化等加剧粮食危机的环境下，甘薯作为我国保障粮食安全的底线作物，需要依靠科技力量，攻克产业发展难题，为人们提高农业生产效益、改善膳食纤维和助力乡村振兴发挥作用。

### 1. 人才队伍建设

贵州的甘薯研究非常欠缺，需要构建一支结构合理、技术全面的科研队伍，从新品种选育、栽培技术研发集成、病虫害防治、轻简化生产、加工产品开发、功能基因挖掘与利用等方面开展更加深入的研究，才能紧跟国内甘薯科研和市场需求，在未来甘薯领域占据一席之地。科技是第一生产力、人才是第一资源、创新是第一动力，要促进产业高质量发展，人才队伍建设必不可少，创建架构合理、分工协作的团队，使团队成员发挥专业特长优势，并且在专业优势领域内能持续深入开展工作，以人才创新科技，以科技支撑产业发展，打通上游（种植）、中游（加工）、下游（流通销售）环节的堵点，推进甘薯产业链的优化升级，推动形成更具多样性和活力的甘薯消费市场。

在新品种选育方面，商薯 19、徐薯 22、龙薯 9 号、广薯 87、烟薯 25、济薯 26 等优质品种的育成，使甘薯产量维持在一个较高水平的同时，品质、抗性得到进一步提升。甘薯是无性繁殖作物，遗传背景特别复杂，从选择的亲本间杂交所产生的大量基因型中鉴定出优良的新基因型极为困难，未来需要针对更复杂的种植环境和加工需求，长期坚持开展育种工作，选育出更具有特色和品质更优的甘薯新品种。

在栽培技术研发集成方面，过去研发的测土配方施肥、地膜覆盖、化学调控、水肥一体化等高产栽培新技术，取得了良好的效果，将甘薯从不敢想象的单季亩产薯干超吨变为了现实，未来需要持续针对产业的老痛点和新难题，研发针对性的栽培技术以满足人们向大地要产量的需求。

在病虫害防治方面，在全球变暖的大环境下，气候变化导致病虫草害的为害成为威胁作物生产的一大难题，需要从病原鉴定、病虫草害发生流行规律、致病机理等方面开展系统性的工作，降低甘薯生产过程中的病虫草害风险，为高产、稳产、安全生产提供技术保障。

在轻简化生产方面，我国虽然是甘薯生产大国，但机械化生产技术及作业机具的专用化、系列化、高效化程度与美国和日本等国家有较大差距，尤其是贵州省的山地耕种条件对机械化生产的限制更大，未来需要研发改良更多适宜各种耕种环境的农机装备及其配套技术，通过农机农艺融合提高甘薯生产效率，以应对劳动力的减少和生产成本。

研发优化加工技术、开发新产品以增加产业效益是促进甘薯种植业发展的有效途径，甘薯加工副产物的高值化利用，甘薯高档、多元化、功能化加工产品研发，均是实现甘薯产业提质增效的方向。此外，随着分子生物学技术发展和我国转基因政策的调整，功能基因挖掘与利用未来必是产业发展的重要手段。

2. 科研平台建设

科研平台是科研人才发挥专业特长的基础，在硬件设施建设方面，建设甘薯育种、栽培技术研发、功能基因挖掘与利用等基础设施，整合资源，建立室内分子与生理生化检测、环境相对可控的人工气候温室、可完成品种选育与栽培技术试验的大田试验基地，形成仪器条件完善、设施设备健全的硬件设施平台。

科研成果的产出需要科研经费的持续投入，无论是甘薯新品种选育、栽培技术研发集成还是功能基因挖掘与利用，都需要长期坚持投入，包括科研人员的投入和经费投入。在贵州省甘薯作为规模较大的杂粮作物，省级项目投入相对较少，没有持续经费投入。一方面，应积极争取各级项目资金支持；另一方面，建议有关部门投入持续、稳定的经费支持，以促进贵州省甘薯科研成果的持续产出。

此外，应在后备人才培养方面发力，与省外科研院所及企业开展进一步交流合作，尤其是针对年轻科技人员，提供外出交流学习机会，促使我院甘薯科研团队持续进步，让贵州甘薯有持续稳定的科研队伍助力产业健康发展。

3. 体制机制建设

在组织实施机制方面，明确合理的目标任务，制定可行的时间计划，明确各部门职责权限，建立有效的沟通、监督和评估机制，并在实施过程中及时改进创新，以提升组织协调性和执行力，有效促进目标实现完成。

在人才激励机制方面，建立健全团队内部晋升通道与激励机制，着重畅通优秀科研人才及青年人才的晋升通道，在职称评审、岗位聘用、资源配置等方面建立以创新能力为核心的晋升机制，让真正有能力的科研人才脱颖而出，避免干多干少、干好干坏差距不大，再努力、再苦干、再做贡献也没有发展空间的现象。

在成果转化机制方面，健全科研成果转化的平台运行机制，合理分配成果转化收益。一方面平衡单位和科研人员收益分配，既让科研人员有开展科技成果产出的动力，也需保证单位提供基础保障的收入合理性。另一方面，简化受理程序，让科研人员把更多的精力投入科研，而不是投入各种会议和材料上报中。

总之，产业健康发展离不开科技助力，科技进步最终必须回归、服务于产业发展。

在国际贸易战造成粮食流通不畅和气候变化等加剧粮食危机的环境下，甘薯作为我国保障粮食安全的底线作物，需要依靠科技力量，攻克产业发展难题，为人们提高农业生产效益、改善膳食纤维和助力乡村振兴发挥积极作用。

执笔人：杨航　李云

# 经济作物

贵州省农业资源丰富，多样的气候和地理条件为各种经济作物的种植提供了良好的环境。贵州主要的经济农作物包括茶叶、辣椒、烤烟、中药材、马铃薯、油菜以及特色水果（如猕猴桃、草莓、桃、李等）。

本次收集整理的贵州省农业经济作物科技发展报告数据包括辣椒、茶叶、水果、牧草等方面，分别从产业发展概述（包括国内、国外及我省）、产业科技发展（亦包含国内外和贵州）、新品种新技术应用与贡献，以及贵州省经济作物发展展望和对策等层次加以论述、总结。

贵州省经济作物种类繁多，各具特色。这些经济作物不仅为当地农民带来了经济收益，也为贵州省农业科技发展和农产品出口做出了重要贡献。

# 贵州辣椒产业科技发展报告

◆ 贵州省农科院辣椒研究所

辣椒（*Capsicum annuum* L.）是日常生活中重要的蔬菜和调味品，其加工产品多，产业链长，附加值高，也是重要的工业原料。中国辣椒常年种植面积 3200 多万亩，其中露地面积 2400 多万亩，保护地面积 800 多万亩，占全国蔬菜种植面积的 10% 左右，种植面积和产量均居世界首位。

## 一、辣椒产业发展概述

### （一）国内外辣椒产业发展概况

#### 1. 全球辣椒产业发展简述

辣椒是全球第三大蔬菜作物。根据联合国粮食与农业组织（Food and Agriculture Organization of the United Nations，FAO）统计，辣椒是世界上仅次于豆类、番茄的第三大蔬菜作物和调味品作物。近年来，全球辣椒收获面积基本保持稳定，辣椒产量持续小幅度增长。2022 年，全球辣椒收获面积 207.71 万公顷，产量约为 3679.8 万吨。

多年来，中国、墨西哥、印度尼西亚一直是全球辣椒的主要生产国，在国际辣椒产业中占据主导地位。2022 年，中国辣椒种植面积及产量均位列全球第一，与排名第二的印度尼西亚相比，种植面积比重占 39.32%，产量比重占 52.24%，连续多年实现正增长。全球 2/3 的国家 / 地区种植和食用辣椒，食辣人口已超过 30 亿，年交易额 300 余亿美元。亚洲是辣椒的主产区也是最大的消费区，中国每年辣椒产量的 60% 以上用于国内消费。

#### 2. 全国辣椒产业发展简述

我国是世界上最大的辣椒生产国和消费国，辣椒的播种面积、产值和效益居蔬菜作物首位。据行业调查，2022 年我国辣椒种植面积 1261 万亩，产量 2053 万吨，占蔬菜总产量的6.7%，是许多地区农民增收致富的支柱产业，形成了六大产区和八大流通集散地，其中鲜食占50%、加工45%、出口5%。从种植面积分布来看，全国有28个省份种植辣椒较多，形成了贵州、河南、云南、湖南、江苏、山东等10个辣椒主产区。

全国辣椒加工业年产值超过700亿元，加工产品主要以辣椒干、辣椒粉、辣椒酱、泡辣椒、剁辣椒为主，精深加工的有辣椒碱、辣椒精、辣椒红色素等，广泛分布于各省（市、区）。其中，贵州以油辣椒为主，占据全国70%市场；湖南辣椒以剁辣椒、辣椒酱为主；江西以泡辣椒、剁辣椒为主；四川以豆瓣酱、泡辣椒为主；山东、云南等以辣椒红色素、辣椒碱等精深加工产品为主。

## （二）贵州辣椒产业发展概况

火红的辣椒，彰显了贵州人火红的幸福生活。贵州是我国干制、加工和鲜食兼用型特色辣椒生产优势区，品种资源十分丰富，不同产区辣椒产业化开发潜力大。随着农业产业结构调整和产业化发展，贵州辣椒生产及加工规模有了大幅度的增长，辣椒产品或制品远销美国、墨西哥、俄罗斯、日本、德国、韩国、新加坡、印度、斯里兰卡、马来西亚、缅甸等国家，为贵州经济发展做出了最大贡献。

### 1.辣椒产业的特色与发展历史

贵州省辣椒种植已有400多年的历史，贵州省独特的生态、气候和环境优势，孕育了贵州辣椒“香辣协调•品味温醇”的优异品质。近年来，全省上下紧紧围绕“从‘辣椒大省’向‘辣椒强省’纵深迈进”总目标，全产业链谋篇布局、全方位精准推进、全要素强化保障，努力构建以区域化布局、规模化种植、标准化生产、市场化经营为一体的辣椒产业发展格局，逐步打通了瓶颈制约，使得辣椒产业发展基础不断夯实、抵御市场风险能力不断增强、农业经营主体规模和实力不断壮大、科技支撑引领作用不断提升；“小辣椒”逐渐变成“大产业”，实现种植面积、产量、加工、销售规模均位居全国第一。2022年，全省辣椒种植面积543万亩（合36.2万公顷）、产量751万吨、产值306亿元，种植面积、总产量和总产值均居全国第一。贵州省建设规模化、标准化基地210万亩（合14万公顷），基地良种覆盖率在95%以上，集中育苗点1394个。全省重点加工企业311家，其中规模以上企业105家，加工产值已突破160亿元。

表1对贵州省2022年辣椒产业发展情况做了初步统计。

表1　2022年全省辣椒产业发展情况

| 市（州） | 面积（万亩） | 产量（万吨） | 种植产值（亿元） | 加工产值（亿元） |
|---|---|---|---|---|
| 遵义 | 213.7 | 250.0 | 106.3 | 51.0 |
| 毕节 | 86.7 | 130.9 | 55.9 | 12.3 |
| 黔南 | 75.4 | 122.9 | 48.9 | 11.0 |
| 铜仁 | 54.3 | 70.3 | 27.9 | 14.5 |
| 黔东南 | 36.0 | 53.3 | 20.7 | 7.2 |
| 安顺 | 31.3 | 55.8 | 18.9 | 12.2 |
| 黔西南 | 20.5 | 29.6 | 11.0 | 0.5 |
| 贵阳 | 16.1 | 26.9 | 12.4 | 50.2 |
| 六盘水 | 9.2 | 11.6 | 4.4 | 1.5 |

数据来源：贵州省辣椒产业工作专班提供

### 2. 产业集群布局

立足贵州辣椒产业基础和自然资源禀赋，以市场为导向、科技为支撑，围绕“两带、三中心”产业布局，稳规模、提质量、强龙头、创品牌、带农户、促增收，形成全国辣椒优势产业集群。

（1）种植基地布局

北部加工型辣椒产业带：主要布局在杭瑞高速沿线及辐射区，种植面积约300万亩，主要种植加工型朝天椒及线椒品种。

黔北－黔东北加工型朝天辣椒产区（250万亩）：重点布局在播州、绥阳、汇川、新蒲、湄潭、凤冈、余庆、正安、道真、务川、习水、桐梓、沿河、石阡、松桃、思南、德江、印江18个县（区），主要推广黔辣、辣研、遵辣、遵椒、艳椒等系列朝天椒品种。

黔西北加工型线辣椒产区（50万亩）：重点布局在大方、金沙、黔西、七星关、纳雍 5 个县（市、区），主要推广大方皱椒、毕节线椒等系列线辣、条辣品种。

南部鲜食辣椒产业带：主要布局在沪昆－兰海高速沿线及辐射区，种植面积约 200 万亩，主要种植特色线辣、条辣品种。

黔南－黔东南干鲜两用辣椒产区（80 万亩）：主要布局在瓮安、福泉、平塘、都匀、独山、长顺、贵定、麻江、黄平、镇远、锦屏 11 个县（市），主要推广黄平、独山等本地线辣、长辣、湘研等系列辣椒品种。

黔中鲜红辣椒产区（70 万亩）：主要布局在开阳、修文、清镇、花溪、西秀、平坝、紫云等 7 个县（市、区），主要推广花溪、平坝等本地小辣椒和川椒、黔椒系列线辣、条辣品种。

南部低热河谷鲜食青辣椒产区（50 万亩）：重点布局在罗甸、三都、荔波、册亨、望谟、关岭、镇宁等 7 个县，主要推广辣丰、长辣、湘研等青辣椒品种。

（2）加工集群布局

建成黔北－黔西北干制辣椒加工中心、黔中调味品辣椒加工中心和黔南－黔东南发酵辣椒加工中心，打造全国辣椒优势产业集群。

黔北－黔西北干制辣椒加工中心：新蒲、湄潭、播州、凤冈、大方、黔西、金沙等 7 个县（市、区），重点发展辣椒面、辣椒干、辣椒脆等干辣椒制品及休闲食品。

黔中调味品辣椒加工中心：贵定、西秀、花溪、清镇等 4 个县（市、区），重点发展油辣椒、辣椒酱、火锅底料等调味制品。

黔南－黔东南发酵辣椒加工中心：凯里、麻江、黄平、瓮安、福泉等 5 个县（市），重点发展辣酸汤、糟辣椒、泡椒等发酵辣椒制品。

### 3. 辣椒产业的国内竞争优势

（1）具有规模优势

贵州是全国辣椒产业核心区，有着“世界辣椒看中国，中国辣椒看贵州”的美誉。在种植方面，贵州是我国目前播种面积最大省份。近年来，贵州省辣椒种植面积年均超过 500 万亩，占全国的 1/6、世界的 1/10，是全国唯一超过 500 万亩的省份，其中有 35 个县（市、区）辣椒种植面积超过 5 万亩，形成了北部加工辣椒产业带和南部鲜食辣椒产业带“两带”布局。在加工方面，形成了颇具优势的产业链。

（2）具有资源优势

贵州省辣椒种植已有400多年历史，贵州是全国种植辣椒最早的省份。贵州省独特的生态、气候和环境优势，孕育了贵州辣椒“香辣协调·品味温醇”的优异品质。我省拥有“黔辣”“黔椒”等系列辣椒新品种183个，提纯复壮认定地方优良品种31个，引进筛选品种120余个。贵州省建设有辣椒产业技术研究院、辣椒加工工程技术中心、辣椒发酵制品工程技术研究中心、贵州辣椒种质资源库等。

（3）具有品牌优势

连续成功举办七届“贵州　遵义国际辣椒博览会”，每届吸引来自全球重要行业组织、重量级企业和专家学者参会，已成为全国乃至世界最具影响力的辣椒产业盛会。“生态贵椒˙香辣天下”在央视、《人民日报》等平台广为宣传，发布“遵义朝天椒”“大方皱椒”“花溪辣椒”等区域公共品牌，“香辣协调、品味温醇”的品质优势被越来越多的人所熟知。拥有遵义朝天椒、绥阳子弹头、花溪辣椒等10个国家地理标志保护品种，是全国最多的省份。遵义市被世界辣椒联盟授予“世界辣椒之都”，新蒲新区虾子镇被授予“世界辣椒特色小镇”。

（4）具有政策优势

贵州省委、省政府结合贵州特色优势产业实际，把辣椒作为12个农业特色优势产业之一重点发展，采取超常规举措，创新实施省领导领衔、专班化推进制度，全省上下牢固树立“一盘棋”思想，坚持上下联动，大力发展辣椒产业，推动形成了政策高度集中、资源高度聚集、力量高度聚合的优势。全省建立农业现代化基金支持特色产业发展，设立“贵椒贷”金融支农资金池，缓解企业发展融资难、融资贵的问题。同时，新国发2号文件（《关于支持贵州在新时代西部大开发上闯新路的意见》）赋予贵州发展农业特色优势产业的红利，为辣椒产业高质量发展提供了前所未有的政策保障和发展机遇。

## 二、辣椒产业科技发展

在全球农业科技迅猛发展的背景下，贵州省辣椒产业紧抓科技创新的契机，不仅吸收国外先进技术，还自主研发新品种、新工艺，奋力书写着从传统种植到现代化、智能化生产的华丽篇章。以下是国内外及贵州省辣椒产业科技发展的详尽对比与分析。

## （一）国内外辣椒产业科技发展

### 1. 辣椒良种繁育

辣椒育种技术：中国辣椒产业发展报告统计显示，自“六五”以来，辣椒育种技术经历了杂种优势利用育种、抗病及品质育种、生物技术与航天育种等几个主要阶段。国家加大对科研的支持力度，使得辣椒种质创新与品种选育得以迅速发展，满足了辣椒产业的发展需求，同时也推动了辣椒育种技术的进步。我国从事辣椒育种的科研单位143个（其中国家级1个、省级33个、地市级109个）、高等院校36个，专注于辣椒育种工作的科研人员2000余人。辣椒种子市场在我国农作物种子市场中表现尤为活跃，年用种量达1100吨，总产值超过20亿元，辣椒种子生产企业数量超过1000家，为辣椒产业的持续发展提供了有力支持。

辣椒种质资源收集与利用：我国辣椒种质资源极为丰富，自20世纪80年代起，辣椒品种资源的搜集和研究被纳入国家重点科技项目。截至目前，西南地区已搜集到7400多份国内外辣椒原始种质资源，其中云南3200多份、四川2000多份、重庆1400余份、贵州2780多份、西藏27份，这些种质资源涵盖了辣椒的5个栽培种，充分展现了我国辣椒种质的多样性。经过评价鉴定，筛选出200多份优质种质资源，包括干制型、朝天椒型、泡椒型和雄性不育系等多种类型，以及抗病性强、辣素含量高、红色素丰富的材料。利用这些宝贵的资源，科研人员成功创制了上百个优良品系，为我国辣椒产业的持续发展奠定了坚实基础。

### 2. 辣椒栽培技术

中国辣椒产业发展报告统计显示，20世纪90年代以来，辣椒的种植技术得到了极大的发展，通过南方春季提早栽培、秋季延后栽培、北方日光温室栽培、高海拔栽培、热带冬季栽培技术的研发，辣椒的亩产量得到了显著提升，实现了辣椒周年均衡供应。农作物间作是一种有效的种植方式，通过将高大的喜阳植物与矮小的喜阴植物间种，可以充分利用光能和土地资源，提高作物的产量和效益。辣椒间作的形式多样，包括辣椒间作大蒜、洋葱、小麦和玉米等。

### 3. 辣椒病虫害防控

中国辣椒产业发展报告统计显示，辣椒种植中常见的有害生物有700多种，需要进行防治的有30-50种。近年来，各类病虫害对辣椒产量的影响日益严重，尤其在传统产区，由于病害和虫害的大规模暴发，导致种植户减少种植面积或者加大化学药品的使用，对辣椒的供给产生了显著的影响。为有效应对辣椒病虫害，应重视辣椒种子处理，选择具有较强抗病能力的品种，并在播种前对种子进行消毒处理，以降低种子携带的病菌和虫卵对种子的影响。对于常见的辣椒病害，如青枯病、疫病、病毒病、炭疽病等，需要采取综合防治措施，通过轮作、深翻改土、施入石灰和草木灰等碱性肥料，以及施入有机肥来改善土壤条件，促进根系健壮生长，从而提高辣椒植株的抗病能力。针对辣椒虫害，如蚜虫、蠕虫、烟粉虱、蓟马、烟青虫、棉铃虫等，需要采取不同的防治措施。根据国家特色蔬菜产业体系2019年度对全国17个省份辣椒病害的调查结果，不同地区的烟粉虱对吡虫啉、溴氰虫酰胺等药剂产生了较高的抗药性，建议与其他药剂合理轮换使用，以避免烟粉虱对阿维菌素产生较强的抗药性。

#### 4. 辣椒加工技术

中国辣椒产业发展报告统计显示，辣椒富含辣椒碱、辣椒红素、维生素C和核黄素、苹果酸等，辣椒全身是宝，副产物功能成分的提取与分离技术以及辣椒功能油脂、膳食纤维等功能食品的开发成为未来辣椒加工的发展方向。辣椒产地初加工是对辣椒进行机械采收、分级、包装，以及预冷贮藏保鲜和干制、腌制等初加工环节，这些步骤为后续的精深加工提供了基础和保障。多样化精深加工技术更加注重对辣椒原料的加工特性、营养品质与安全性的评价，通过这些评价，可以确定产品的类型和加工技术，进而生产出辣椒汁、辣椒红素、辣椒碱等精深加工产品，这不仅延长了辣椒的产业链条，还促进了辣椒加工业的整体进步。

### （二）贵州辣椒产业科技发展

立足贵州辣椒产业发展实际需求，大力开展产学研技术研发，建设完善保存能力1万份的贵州辣椒种质资源中期库，贵州省辣椒产业技术体系、贵州辣椒育种与栽培技术研究中心、贵州省辣椒发酵制品工程技术研究中心、贵州省辣椒加工工程技术中心等，为产业发展提供技术支撑保障。大力实施“良种工程”，选育“辣研”“黔辣”“黔椒”“遵辣”“遵椒”“卓椒”系列辣椒新品种183个，提纯复壮认定地方优良品种31个，引进筛选品种120余个。2020年换种面积超过4万亩公顷，良种覆盖率达95%，集中育苗率超过 60%，重点产区主推品种占比在 80% 以上。研发推广漂盘（穴盘）育苗、间套轮作、轻简化栽培、配方施肥、水肥一体化、绿色防控、机械化耕种等绿色高质高效生产技术和“菜–椒–菜”“椒–稻–菜”“菜–椒–菌”接茬模式。开展“两品一标”认证，建立产地准出和市场准入制度，有效提升贵州辣椒产量与质量，确保贵州辣椒绿色、生态和优质。制定和修订辣椒系列标准 149 项，完善标准化生产体系，推动辣椒产业高质量发展。

### 1. 贵州辣椒加工业

全国辣椒加工业年产值超过 700 亿元，加工产品主要以辣椒干、辣椒粉、辣椒酱、泡辣椒、剁辣椒为主，精深加工产业以辣椒碱、辣椒精、辣椒红色素等为辅，广泛分布于各省市。其中，贵州以油辣椒为主，占据全国 70% 市场；湖南辣椒以剁辣椒、辣椒酱为主；江西以泡辣椒、剁辣椒为主；四川以豆瓣酱、泡辣椒加工为主；山东、云南等以辣椒红色素、辣椒碱等精深加工为主。目前，贵州省有重点加工企业 311 家，其中农业产业化国家级龙头企业 8 家（占全省国家级龙头企业 50 家的 16%）、省级龙头企业 57 家、市级龙头企业 97 家，辣椒加工 9 大系列 70 多种产品，加工产值达 160 亿元，位居全国第一，加工转化率达 77%。贵州朝天椒获批全国首批 50 个优势特色产业集群项目之一，也是截至目前辣椒行业唯一的集群项目，通过项目建设，延伸加工产业链，全省加工业得到快速发展，初步形成了北部辣椒调味品加工产业中心、黔中辣椒食品加工产业中心和黔南–黔东南酸汤系列辣椒加工产业中心“三中心”格局。对贵州辣椒产业来说，当前最大的短板在于加工环节较为薄弱，不能有效整合带动全产业链提质升级。虽然近几年贵州省辣椒加工业发展势头迅猛，产值逐年增长，企业逐渐向多元化方向发展，但整体加工基础不强，规模以上企业 105 家，仅占全省重点企业 311 家的 33.8%，大部分为小微企业，主要以初级加工产品为主，品种比较单一，加工水平不高，产业链条短、带动能力不强。通过大力培育龙头企业，做强辣椒精深加工，能够有效带一产、促三产，实现一二三产融合发展，是贵州辣椒产业未来发展的重点。

图 1 所示为 2017—2022 年贵州辣椒加工产业产值情况统计图，表 2 为贵州辣椒产业规模以上企业统计数据。

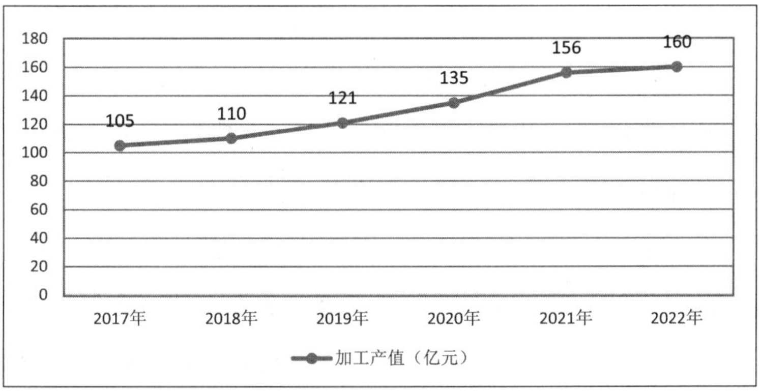


图 1　2017—2022 年全省辣椒加工产值情况

表 2　2022 年全省辣椒规模以上企业

| 产值 | 企业数 |
|---|---|
| 50 亿元以上 | 1 家（老干妈 53 亿元） |
| 2 亿～ 50 亿元 | 1 家（遵义红满坡 2.7 亿元） |
| 1 亿～ 2 亿元 | 7 家 |
| 5000 万元～ 1 亿元 | 37 家 |
| 2000 万～ 5000 万元 | 59 家 |
| 合计 | 105 家 |

数据来源：省辣椒产业工作专班提供

## 2. 贵州辣椒产业市场及品牌

全省以全国唯一的国家级辣椒市场遵义“中国辣椒城”为中心，建设全国辣椒信息发布中心、价格形成中心和产品交易中心，推动线上交易，仓单质押，发布运行中国干辣椒系列价格指数。全省形成以播州、新蒲、绥阳、湄潭、凤冈、余庆、正安、大方、威宁、瓮安、金沙等县（区）的重要产地乡镇集市为纽带的干（鲜）辣椒集散市场，贵阳地利农产品物流园（石板镇）、贵阳北部农产品物流园（扎佐）、黔匀和农产品物流园、黔西北农产品物流园等为核心的辣椒物流交易专业市场。正在推进贵州辣椒品种以自报升贴水形式参与期货交易，中国辣椒城已具备辣椒期货交割库的条件。油辣椒占据国内 70% 市场，糟辣椒、泡椒成为贵州辣椒新的增长点，辣椒产品远销海内外 108 个国家和地区。其中全国最大辣椒制品加工企业“老干妈”年产值53亿元，有华人的地方就有“老干妈”。本省及周边省份均为主要食辣区，其中贵州食辣人口约占75%，年人均消费29.7千克，高出全国平均水平38.6%；以辣椒酱为主的干辣椒年消费量占全国的18%，成为全国辣椒消费大省。积极创建省级公共品牌，“生态贵椒·香辣天下”宣传主题在央视、重庆等6家省级卫视广泛传播，进一步提升了“贵椒”的美誉度、知名度，扩大了品牌影响力和市场占有率。发布“遵义朝天椒”“大方皱椒”“花溪辣椒”等区域品牌，“香辣协调、品味温醇”的品质优势被越来越多的人所熟知。“老干妈”“辣三娘”“乡下妹”等企业品牌在遵义国际辣椒博览会、贵阳国际特色农产品交易会、全国农产品交易会等省内外会展平台上展示，宣传贵州辣椒新产品、新技术、新业态，促进贸易交流与合作，为我省辣椒产业的对外交流合作、高质量发展增添了强劲动力，有效提升我省辣椒品牌知名度和市场竞争力，增强了贵州辣椒在全国乃至全球市场的影响力。

### 3. 贵州辣椒产业发展优势与机遇

（1）聚集发展日趋明显

近年来，贵州农业耕作方式正发生着巨大变化，辣椒种植逐渐由分散种植型向家庭农场、合作社、企业规模集约型经营形式转变，呈现智能化、信息化、良种化、规模化、轻简化、机械化、设施化、水肥一体化生产格局，形成多个辣椒种植特色产业带和聚集区，辣椒种植分工和专业化水平进一步优化，辣椒生产效率逐步提高，发展方向由数量发展型向质量效益型转变。

（2）市场需求持续扩大

随着人员流动频率的加快，人们对食品品位的要求随之发生改变，加之对健康、味觉刺激的追求，已没有了明显的食辣与不食辣区域，食辣区域和群体不断增加，仅2018年，全球食辣人口达到25亿人，辣椒全球交易额突破2873亿元，辣味调味品占所有调味品比重超过30%，食辣已经成为全球化的流行趋势。贵州食辣人口约2700万人，占全省人口的75%，人均年消费辣椒29.7千克。

（3）加工链条不断延伸

贵州辣椒色泽鲜红光亮、辣味纯正、香辣味浓、营养丰富、品质优良，已开发出特色油辣椒、辣椒酱、火锅底料等调味制品及辣椒面、辣椒干、辣椒脆等干辣椒制品，广受市场欢迎和好评，市场需求和出口量逐年增加。随着产业的快速发展，贵州辣椒产业将在现有基础上进一步开发更多符合国内外市场需求的大宗产品、特色辣椒食品、辣椒风味食品、辣椒保健食品，拓展辣椒制品加工领域，丰富辣椒制品供给，填补国际和外地市场空白，延伸辣椒加工产业链。

## 三、辣椒新品种、新技术应用

### 1. 新品种培育与推广

辣椒是贵州的特色优势产业，贵州已选育审定（登记）黔椒、辣研、黔辣等新品种31个。贵州省充分利用贵州辣椒种质资源库平台，创新开展地方辣椒资源的改良工作，先后对黄平线椒、福泉线椒、大方线椒、大方皱椒和百宜平面椒等5个贵州地方名优辣椒品种进行提纯改良，品种产量大幅度提升。其中，黄平线椒产量较改良前增产53.40%，福泉线椒增产36.60%，大方线椒增产46.99%，大方皱椒增产77.62%，百宜平面椒增产34.56%。2021年，省农科院辣椒研究所培育的“辣研”“黔辣”系列5个地方辣椒新品种在农业农村部正式登记。近几年，省农科院注重地方辣椒新品种的功能性，一方面，重视与产业链后端的加工环节紧密联结，培育品质风味各不相同的加工型辣椒系列新品种，以满足干椒、油辣椒、泡椒、糟辣椒等辣椒食品对辣椒原料的不同品质需求。另一方面，重视与鲜销市场的品质需求接轨，开发具有良好鲜食口感的鲜食型辣椒新品种。贵州贵三红食品有限公司选用省农科院辣椒研究所研发的“黔辣10号”珠子椒加工泡椒，外形圆亮，口感脆度好，现已闯入上海滩。省农科院辣椒研究所育成的一次性采收簇生椒“辣研102”，便于机械化采收，减少了采摘成本，获得贵州省科技进步二等奖，实现了贵州辣椒节本增效的重要突破。

### 2. 新技术研发与推广

培土、选种、防害、灌溉、采收、加工是辣椒产业的基本技术，贵州省制定了辣椒标准和技术规程13项。其中，辣椒漂浮育苗技术在全省9个市（州）88个县（市、区）累计推广412.2万亩，总经济效益56655.15万元，新增纯收益218.63元/亩，同时惠及带动8810名贫困人口增收。辣椒轻简化栽培技术获得贵州省2020年度农业丰收奖，获得2021年、2022年省重点农业主推技术，在全省9个市州72个县（市、区）累计推广674.4万亩，新增总经济效益110867.76111万元，亩均增产增收200元以上，亩均降低劳动力投入560元以上；核心技术平均推广度44.96%，提高了椒农的种植水平和生产能力，助推了脱贫攻坚和巩固脱贫成效，社会效益显著。项目推广还实现了化肥农药减量使用，生态效益显著。其中，辣椒喷雾器滴灌技术在全省9个市（州）66个县（市、区）累计推广181.7万亩，总节省劳动力成本46022.28万元，节省劳动力投入402.48元/亩。辣椒机械打孔定植移栽技术在全省7个市（州）55个县（市、区）累计推广80.5万亩，总节省劳动力成本8190.32万元，节省劳动力投入161.99元/亩。辣椒控旺促壮漂浮育苗技术获得“2022—2023年贵州省十大重点农业主推技术”，该壮苗技术针对辣椒漂浮育苗徒长苗的“卡脖子”难题，由省农科院辣椒研究所科研人员结合多年科研生产实践，通过育苗过程中利用“植物生长调节剂+水溶肥+微肥”精确配制而成的“壮苗剂”处理辣椒幼苗，再结合育苗时期人工管理的方法，有效解决了辣椒育苗徒长的问题。2016年以来，在贵阳市、遵义市、安顺市、铜仁市、黔西南布依族苗族自治州等省内辣椒主产区，云南景洪市、广东广州市、宁夏银川市、海南三亚市、湘西土家族苗族自治州等省外辣椒产区进行示范推广，累计采用该技术培育辣椒壮苗栽培面积达1200万亩，获得较好的社会、经济、生态效益，已成为辣椒主产区推广应用的主要育苗技术。

### 3. 绿色防控及疫病防控技术

贵州省大力推广菌根育苗技术，将辣椒秸秆以及烤烟和水稻的秸秆碳化后制成生物碳培育幼苗，用这些方式培育的椒苗壮实，抗病能力增强。辣椒秸秆生物碳肥不仅用于育苗，还能还田，与其他有机肥、生物菌肥共同施用，增强辣椒基地的土壤肥力。此外，还用石灰氮消毒技术给椒田的土壤消毒。这些绿色生产方式既强壮了椒苗和植株，改良了椒田土壤，有利于辣椒增产、确保辣椒安全品质，又维护了椒田生态，在贵州省遵义市、大方县、罗甸县、安顺市等辣椒主产区已有上万亩辣椒基地成功应用了生物碳肥等绿色栽培技术。省农科院辣椒研究所与国家农业信息化工程技术研究中心团队联合实施科技部开展辣椒病虫害智能监测预警及无人智能化防控关键技术集成与应用示范，2021—2022年在遵义市新蒲新区官庄辣椒科技示范基地建设辣椒病虫害动态监测系统。利用新一代网络信息技术开发辣椒病虫害智能预警决策信息平台，实现主要病虫害的智能识别、分类、计数（总体准确率拟在80%以上），辣椒灾变预测分析和实时风险决策反馈。2021年，实施辣椒病虫害智能防控APP的研究与示范，构建辣椒病虫害防控数据库，开发辣椒病虫害智能防控手机 APP，实现辣椒病虫害的智能识别、精准计数和远程监测预警。

4. 加工新技术发展

贵州省的辣椒加工技术主要有发酵加工和非发酵加工技术，发酵加工技术有糟辣椒加工技术、发酵酸汤加工技术，非发酵加工技术有油辣椒加工技术、煳辣椒加工技术。糟辣椒加工技术：以红鲜椒为主要原料，按一定比例添加食盐、米酒或白酒等辅料，经破碎后密闭发酵而成的辣椒制品。发酵酸汤加工技术：以鲜红辣椒为主要原料，去蒂后加入适量的番茄、米酒、食盐等辅助原料经磨浆、发酵等工序制成酸辣可口的发酵辣椒制品。油辣椒加工技术：以干辣椒为主要原料，加入适量的食用油、食盐、味精等辅助原料，经破碎、蒸煮、炒制、灌装和杀菌等工艺制成香辣浓郁的辣椒制品。煳辣椒加工技术：以辣椒干为原料，炒制或烘焙成煳辣椒。添加大蒜、生姜、食用盐、味精、香辛料等辅料混合，捣碎加工而成的辣椒制品，常用以蘸食或作为即食佐餐调味。

此外，蚕蛹呈味肽基料在糟辣椒创新产品中的运用，采用蚕蛹鲜味肽等天然鲜味剂，经过蒸煮、炒制、灌装和杀菌等工艺，研制“0 味精”低盐辣椒酱。

“贵州辣”豆干产品研发，采用贵州优质地方辣椒品种，研究豆干风味改良技术，研制糊辣风味、糟辣风味等豆干产品。辣椒休闲制品的研发，针对风味辣椒面和辣椒脆等加工产品，重点对产品的风味提升和货架期延长等进行研究。

5. 贮存、运输与销售技术

青椒经过清洗、杀菌、预冷、控湿和气调包装后，在 8℃下进行贮藏，货架期可控制为 35 ～ 50 天。鲜食小米椒经过清洗、杀菌、预冷、控湿和气调包装后，在 5℃下进行贮藏，货架期可控制为 60 ～ 100 天。

## 四、贵州辣椒产业发展对策

1. 稳规模优布局

播种面积稳定在 500 万亩左右，巩固全国首位地位，保持产业兴旺发展。以“两带”为基础，逐步优化产业布局，重点打造黔北、黔东北朝天椒生产区，推广干制、泡制单生朝天椒；打造黔西北酱用辣椒产区，推广长尖椒、线椒品种；打造黔南、黔东南鲜食辣椒产区，推广黔椒系列线椒品种。适度发展设施辣椒产业，提高鲜食辣椒产能。

2. 强设施增效益

建设相对集中连片标准化种植基地和育苗设施，完善机耕道、生产便道、水利灌溉、电网等基础设施，打造标准化、规模化生产基地250万亩。推进宜机化改造，提高机械化生产水平，降低辣椒生产劳动力投入。大力推广集约化育苗、水肥一体化、增施有机肥、绿色防控等绿色高质高效生产技术和“椒－稻－菜”“椒－菜－菜”“椒－菌－菜”等高效接茬模式，使用环境友好型生产投入品，在规模化、标准化基地实现绿色生产技术覆盖率95%以上，提高种植效益。

3. 提质量强龙头

支持加工企业扩能转型升级，大力延伸精深加工产业链，丰富辣椒加工产品类型。支持企业与科研院所开展合作，开发辣椒高端加工品，进一步研发辣椒产品在保健、医药等领域的应用，促使辣椒产业链条多向延伸、综合发展。重点建设“三中心”（北部辣椒调味品加工产业中心、黔中辣椒食品加工产业中心和黔南－黔东南酸汤系列辣椒加工产业中心），形成全国辣椒优势加工产业集群，实现全省辣椒加工产值190亿元以上。充分利用“贵椒贷”、农业基金和相关产业发展资金，持续打造一批成长性好的龙头企业和高成长性企业，集中力量打造一批具有较强竞争力、较高知名度及年销售额超过3亿元的标杆性龙头企业，通过龙头企业带动整个贵州辣椒加工业的进一步发展。持续推进金融创新，与金融机构合作推动辣椒企业生产性生物资产抵押担保、仓单质押、订单抵押等融资模式，缓解企业融资难题。

4. 拓市场创品牌

加快推进国家级遵义辣椒市场升级打造，配套完善鲜椒、生产物资、辣椒制品交易及物流包装等功能区，打造高速路闸口经济区。继续完善“辣椒云”平台建设，巩固“中国干辣椒系列价格指数”上线运行优势，发挥产业发展“风向标”、价格波动“晴雨表”、风险防范“避雷针”作用，夯实全国辣椒批发市场地位。继续推进除艳椒、子弹头、满天星、灯笼椒外的其他单品上交易综合服务平台，建成辣椒期货交割库，构建中国辣椒交易中心。支持市级建设辣椒集散市场，县级建设辣椒产地市场，完善省、市、县三级市场体系。立足于生态贵椒“香辣协调、品味温醇”的优良品质，加大贵州辣椒品牌推介宣传，加强地方品牌、企业品牌创建与推介，支持辣椒国家地理标志保护产品申报，力争建立完善贵州辣椒公共品牌，新创建区域品牌 3 ～ 5 个，企业品牌 8 ～ 10 个，申报并获得国家地理标志保护产品 3 ～ 5 个，全面提升“贵椒”影响力。持续办好贵州遵义国际辣椒博览会，大力宣传展示辣椒品牌、新产品、新技术、新业态，促进贸易交流与合作，有效提升贵州辣椒品牌知名度和市场竞争力。

5. 强科技重服务

加强辣椒提质增效关键技术研发，开展辣椒连作障碍、绿色防控、化肥农药减施、高效接茬、农机农艺融合、智慧化生产管理、春提早与秋延晚生产。以市场为导向，加大对熟期集中、适宜机械采收、丰产抗病的优质鲜食、加工专用油制和发酵辣椒新品种选育。加大科研平台建设，筹建国家干制辣椒创新中心、国家级油辣椒研究中心，支持建设加工技术集成科研基地、加工辣椒种质创新及质量控制省级重点实验室。加快贵州辣椒品质解析、加工工艺及产品质量控制等相关研究。建立辣椒原料及深加工产品的统一评价体系，提高辣椒及深加工产品的检测水平。加强科研人才队伍建设，加大高层次人才引进培养和基层农技人员培训力度，开办专业技术人才和新型职业农民、职业椒农等培训班。构建优质高效的服务业新体系，推动现代服务业同现代农业深度融合，以企业为主体，联合科技力量（参股或分享成果转化成果），建立 3 ～ 5 家新型服务联合体示范，推行 MAP 模式（现代农业技术服务平台）。

执笔人：何建文、金学欢

# 贵州茶产业科技发展报告

◆贵州省茶叶研究所

茶叶是指茶树的嫩叶和芽经过采收、晾晒、烘焙等过程后所得到的茶产品。茶叶别名茶、槚、茗、荈等。茶泛指用茶叶泡制的饮料，以及用植物花、叶、种子、根泡制的草本茶，如菊花茶、凉茶等。有些地方亦有以水果、香草等其他植物泡制的茶，如水果茶。

## 一、茶产业发展概述

茶的植物学名 Camellia sinensis (L.) O. Ktze.，茶叶源于中国，茶叶最早作为祭品使用。春秋后期作为饮食，西汉中期发展为药用，西汉后期才发展为宫廷高级饮料，普及民间作为普通饮料则是西晋以后的事情。人工种植茶叶的遗迹出土于浙江余姚的田螺山遗址，已有 6000 多年的历史。依据茶的品种、制作方式以及产品外形可分成六大类，即红茶、绿茶、青茶、黄茶、黑茶、白茶等。依据季节采制又可分为春茶、夏茶、秋茶、冬茶。以各种毛茶或精制茶叶再加工而形成再加茶，分为花茶、紧压茶、萃取茶、药用保健茶、含茶饮料等。

茶叶是世界上最为普及的饮品之一，从茶树种植角度来看，全球共六大茶区，包括东亚茶区、南亚茶区、东南亚茶区、东非茶区、南美茶区、西亚与欧洲茶区。从产茶国及产量来看，中国茶产量居世界第一，其次分别为印度、肯尼亚、斯里兰卡。中国茶叶及茶叶副产品进出口规模常年位居全球前 10 位，从丝绸之路的桥梁延续“一带一路”倡议，茶叶贸易成为经济发展和国际交流的新纽带。2017 年，世界卫生组织国际癌症研究机构公布的致癌物清单，茶被列入三类致癌 物清单之中。对人类致癌性可疑，尚无充分的人体或动物数据的物质类。

## （一）国内外茶产业发展概况

中国是世界上最大的茶叶种植国，也是茶园面积最大增速最快的国家。茶叶产地遍及中国广大地区。近些年来，我国茶园种植面积不断扩大，2021年全国主要18个产茶省（自治区、直辖市）茶园种植面积高达4896.09万亩，同比增长3.13%。

全球每年的茶叶产值在170亿美元以上，而世界茶叶贸易额约为95亿美元，是出口收入的重要来源。

2022年，全球茶叶产量639.7万吨，比2021年减少5.4万吨，同比略降0.8%。其中，亚洲茶叶产量553.5万吨，占全球总产量86.5%，比2021年减少3.6万吨；非洲茶叶产量76.4万吨，占全球总产量11.9%，比2021年减少1.7万吨；南美洲茶叶产量7.9万吨，占全球总产量1.2%，比2021年增加450吨；独联体国家茶叶产量9620吨，大洋洲茶叶产量8980吨。中国产茶量309万吨，占全球总产量48.3%。

2022年中国茶叶出口总量38.94万吨，较上年增长1.54%；出口总额22.70亿美元，较上年下降10.25%。进口总量4.31万吨，同比下降12.07%；进口额1.54亿美元，同比下降22.75%。

中国茶叶历来是一项世界上畅销的产品，未来发展趋势正受到越来越多人的关注。随着相关产业技术的快速发展和崭新的消费模式的出现，无怪乎人们对中国茶叶产业未来发展趋势充满期待。据估计，到2030年，全球茶叶市场规模将达到6300亿美元。

## （二）贵州茶产业发展概况

贵州是国内唯一兼具高海拔、低纬度、寡日照、多云雾适宜种茶制茶条件的茶区，是国内业界公认的高品质绿茶重要产地。“翡翠绿、嫩栗香、浓爽味”的独特品质为贵州生产高品质绿茶奠定了坚实基础。

贵州推行“生态为根、农艺为本、生防为先”的理念，推广以草治草、以虫治虫、免疫诱控等绿色防控集成技术，绿色防控技术覆盖率62.38%。率先在茶园全面禁用水溶性农药和除草剂，禁限农药种类在全国62种基础上增加到128种，同时提出了28种出口茶园慎用农药。

贵州省茶园面积700万亩，涉茶人口322.4万人。30万亩以上主产县3个，20

万～30万亩7个，10万～20万亩19个，万亩乡镇236个，5000亩村613个。产业布局不断优化，形成了黔中名优绿茶、黔东优质绿茶抹茶、黔北绿茶红茶、黔西北高山有机绿茶、黔西南古树茶早茶五大产业带。福鼎大白、黔茶（黔湄）系列、白化黄化、龙井系列等主栽品种占全省茶园面积80.7%，其中福鼎大白占51.6%。农户茶园、企业茶园分别占48%、52%。建设专属茶园205.1万亩。备案出口茶叶种植基地170家48.67万亩，湄潭、都匀等成为省级茶叶外贸转型升级基地，三家企业基地成为农业国际贸易高质量发展基地。

近年来，贵州省委、省政府高度重视茶产业发展，始终坚持以高质量发展为统领，立足新发展阶段、贯彻新发展理念、构建新发展格局，以深化供给侧结构性改革为主线，先后出台了《贵州省茶产业提升三年行动计划》《中共贵州省委贵州省人民政府关于加快建设茶产业强省的意见》《贵州省"十四五"茶产业发展规划》等10余个文件法规，成立以省领导为组长的茶产业发展领导小组，组建茶叶工作专班，决策部署茶产业工作。省委、省政府高度重视、高位推动茶产业发展，按照贵州原料、贵州制造、贵州创造、贵州品牌的发展路径，以"贵州绿茶"品牌为引领，持续深耕东北、华北、西北"三北"目标市场，实施基地黔茶系列品种、茶叶专用肥、绿色防控推广"三大行动"，推动产业链基地生态化、加工标准化、企业集约化、市场品牌化"四化发展"，加速"茶+×"融合，茶产业规模质量效益稳步提升，进入中国茶叶第一方阵。湄潭、凤冈、石阡、都匀等10个茶叶主产县入选"中国茶业百强县"，湄潭连续三年位居"中国茶业百强县"第一名。

（1）加工体系不断建立

全年茶叶产量45.4万吨，其中绿茶、红茶产量分别为33.5万吨、9万吨，分别占全省茶叶产量的73.8%、19.8%。制定《贵州绿茶》《都匀毛尖》《湄潭翠芽》等32项全产业链省级地方标准，以高水浸出物为代表，树立中国绿茶新标杆。建设1811条清洁化自动化生产线，精制加工中心69个。开发出茶保健品、茶护肤品、茶饮料、茶食品、花果茶、果味茶、速溶茶、冷泡茶、茶籽油、茶酒等精深加工产品，开发出袋泡茶、冻干茶、茶浓缩汁等新茶饮产品，培育出了"宜北町""译乐鲜茶"等新茶饮本土品牌。

（2）质量安全水平不断提高

推行"生态为根、农艺为本、生防为先"的理念，推广以草治草、以虫治虫、免疫诱控等绿色防控集成技术，绿色防控技术覆盖率62.38%。瓮安黄红缨公司基地成为全国首批100个农作物病虫害防控示范基地。率先在茶园全面禁用水溶性农药和除草剂，禁限农药种类在全国62种基础上增加到128种，同时提出28种出口茶园慎用农药。加工过程以茶青及在制品不落地为前提，严格质量安全管理。开展茶叶质量安全专项监督检查，对违规使用草甘膦及违禁农药等情况零容忍，每年抽检茶样2500余个。

（3）经营主体不断壮大

全省茶叶企业（合作社）5786家，其中国家级龙头企业12家、全国第二，省级龙头企业230家，规模以上企业179家。中茶集团、联合利华、太古集团、露笑集团等国际国内知名企业落户贵州，培育了贵茶联盟、黔茶联盟、印江宏源等一批产业联合体。

（4）市场渠道不断扩大

建立"省内产地销售＋省外经销商＋电商＋出口"的营销体系，巩固省内市场，提升长三角、珠三角等传统市场，深耕"三北"市场，加快茶叶出口。省内建立了湄潭中国茶城、贵阳太升茶城、黎平侗乡茶城、都匀茶城等产地市场，销售网点9263个，进商超系统905个。省外发展茶叶经销售商开设"贵州绿茶"等品牌专卖店，建立营销点14408个，进商超系统341个。全年茶叶销售40.53万吨，其中省内销售16.2万吨，省外销售24.25万吨。6个茶叶地理标志产品被纳入"中欧地理标志保护与合作协定"互认产品清单。2019年，茶叶出口突破1亿美元，成为贵州第一出口农产品，2020年突破2亿美元，2022年0.747亿美元，主要出口摩洛哥、美国、德国、俄罗斯，以及东南亚等国家和地区。

（5）公用品牌影响力不断提升

"贵州绿茶"成为农业农村部认定的全国首个茶叶类省域农产品地标，位列2022年中国地理标志区域品牌价值第21位，构建了"贵州绿茶"省重点品牌＋"都匀毛尖""湄潭翠芽""绿宝石""遵义红""梵净山茶""凤冈锌硒茶""瀑布毛峰"等主要区域品牌＋企业品牌的体系。我省茶产业注册商标2245个，区域公用品牌授权使用企业1206家。"都匀毛尖"成为全国十大茶叶区域公用品牌，"湄潭翠芽"成为全国优秀茶叶区域公用品牌，分别以43.74亿元、35.29亿元的品牌价值位列2022年中国绿茶区域公用品牌价值评估第8位和第17位。贵州高山绿茶和遵义红茶成为党的十九大和党的二十大会议用茶，连续多年成为中直机关办公用茶。构建主流媒体+ 自媒体的宣传矩 阵，百度引擎以“贵州绿茶”“贵州冲泡”为关键词，分别搜索到相关信息 1780 万条、1070 万条。省内每年举办茶产业博览会、第一采、茶人会、抹茶节、斗茶赛、加工赛、采茶赛、冲泡赛、茶艺赛等活动，省外参加各类茶博会，举办推介会、新品发布会、品 鉴会等产销对接活动。

## 二、茶产业科技发展

从古老的手工制茶到现代科技赋能的全链条革新，茶产业的科技发展是传统与创新的交融。茶叶生产的机械化历程、基因技术在茶叶性状改良中的应用、茶树栽培的科学研究，以及加工技术的最新进展，都展现了科技如何深刻改变茶的品质与韵味，引领着茶产业走向现代化与国际化。

### （一）国内外茶产业科技发展

茶叶是中国传统饮品之一，也是世界茶文化的代表。国内外对茶叶的研究近年来蓬勃发展。在国内，茶叶研究与产业发展紧密结合，加速了茶叶品质和营养价值的提升；在国际范围内，茶叶研究主要集中在茶叶中所含的化学物质及其对健康的影响等领域。茶叶研究的不断深入，推动了茶文化的传承与发展，也为人们的生活带来了更多的健康福利。

国外主要茶叶大国有日本、印度、越南、斯里兰卡等，其中日本的茶叶生产机械化程度最高，大多是种植模式统一的现代化茶园，更适合机械化作业，因此日本是世界上唯一实现茶叶生产全程机械化的国家，也是茶叶单产值最高的国家，引领着国际茶叶机械化发展方向。

纵观世界茶叶机械化发展史，苏联是最早研究茶园管理机械的国家，其国家级的山地拖拉机研究所于 20 世纪 30 年代就已成立，设计研究了多种中小型茶园施肥机、耕耘机。日本对茶园中耕管理机研制起步也较早，在 20 世纪 50 年代左右，其茶园管理作业开始使用小型手扶式拖拉机，随后乘用型多功能田间管理机代替小型机械，采用履带液压式驱动装置，可通过更换机具完成耕作、除草、施肥等作业，具有效率高、适应强等优点，比较有代表性的机型有松元机工株式会社研发的 MCF-2 型茶园中耕施肥机，该机采用履带式行走底盘，配备卧式旋耕机，通过尾部限深轮可调节耕作深度，同时在机器上部装有肥料箱，可一次性完成开沟、施肥、覆土作业。

我国茶叶机械经过50多年的发展，个别单机或生产线能实现一些简单的监测和自动化控制，但在制茶装备的外观设计、制造工艺水平及自动控制程度等方面，与国外先进的制茶装备相比都存在较大差距。如揉捻机完全靠手工控制揉捻紧实程度。杀青机、理条机只能实现温度监测，所谓的“自动化”只是既定模式的程序化开关控制、温度控制，火候掌握完全靠制茶人员的经验，离智能化很远。

近年来，茶树重要性状形成相关的基因及调控机制被不断挖掘与解析。Yao等解析了SCPL调控茶树酯型儿茶素合成的机制，研究发现，CsMYB184是茶树中咖啡碱合成酶基因TCS1表达和咖啡碱合成的主要激活因子。茶氨酸合成酶是由谷氨酰胺合成酶基因CsTSI所编码，CsJAZ1通过可变剪切调控黄烷醇的生物合成，WRKY转录因子调控茶叶中甲基化EGCG的累积，CsA-IPT5的可变剪切体参与调控茶树的新梢分枝，CsAN1基因赋予紫娟及其杂交后花青素高积累的紫叶表型，miR319a-CsTCP10调控茶树对轮斑病的防御，茶树CsWRKY29和CsWRKY37转录因子具有提高抗寒性的功能。

在茶树遗传转化这一重要育种技术方面也取得了新的进展，研究了茶多酚对农杆菌介导的遗传转化体系的影响，构建了茶树叶片快速、高效进行亚细胞定位研究的瞬时表达系统，优化了反义寡核苷酸介导的基因沉默和农杆菌介导的基因过表达转化体系；Mishra等诱导花药产生愈伤组织，培养获得雄性单倍体茶苗。

我国茶文化活动开展自1983年浙江“茶叶与健康、文化学术研讨会”起步，此后，河南、福建、云南、陕西、四川、湖北、湖南、江西、江苏、广东、贵州、山东、辽宁、河北、新疆、北京、天津、重庆等都纷纷举办各种形式的茶文化活动，包括开茶节、茶文化节、茶博览会、万人品茶会、斗茶比赛、茶艺大赛、茶诗茶歌大赛、茶书画展示、炒茶比赛、名茶评比等。近年来还开展了茶文化“进机关、进企业、进学校、进社区”的四进活动。通过这些茶文化活动，既普及弘扬了茶文化，也展示了各地的名优茶，促进了茶叶消费，对地方经济的发展十分有利。

近年来出现的茶文化热，在大力弘扬茶文化，广泛开展茶文化活动、普及茶文化知识、发展名优茶，在提倡“多喝茶、喝好茶”的宣传推动下，有力促进了茶叶的多元化消费，促进了中国茶叶生产、贸易、茶旅游的发展。茶叶产区名优茶的开发，借着茶文化热的东风都有了长足的发展，名优茶产量增加了，卖价提高了，茶农收入也增加了，从而为茶产业的进一步发展奠定了坚实的基础。

## （二）贵州茶产业科技发展

### 1. 贵州茶产业科技创新

一是茶树基础研究工作有新突破。围绕种质资源的精准鉴定以及黔茶品种优良品质形成机理开展相关工作，完成了“黔茶 1 号”叶绿体基因组测序，对 150 份贵州乔木型古茶树资源开展了简化基因组测序，拟为探明黔北黔南大树茶的遗传关系及起源进化提供科学依据；在三都县资源调查过程中，发现天然无咖啡因茶树资源，对其性状形成机制进行了初步探究；开发了一个有效区分茶组植物中国种变种和阿萨姆变种茶树资源的 SSR 标记，拟进一步验证标记的有效性后申请专利 1 项；克隆了“黔茶 1 号”关键香气成分芳樟醇合成基因 CsTPS08；从“黔茶 1 号”中克隆了一个响应小绿叶蝉抗虫挥发物乙酸叶醇酯的合成酶基因 CsCHAT1；利用重测序和全基因组关联分析（GWAS）开展了发芽期相关基因位点的发掘，相关研究正在进行中。

二是茶树栽培研究有新成绩。依托国家重点研发计划项目子课题“都匀毛尖生态经济型茶树品种筛选及配套栽培技术”，开展都匀毛尖茶适制品种筛选，在 14 个贵州省主栽茶树品种中，黔茶 8 号、黔茶 10 号和黔茶 1 号等黔茶系列品种制作的毛尖茶感官审评综合得分明显优于对照品种，且黔茶 10 号和黔茶 1 号茶样带有明显花香。同时，茶样生化成分特征与感官审评得分一致，为我省黔茶系列品种的示范推广奠定了良好的技术基础。在贵定县云雾茶场建立了核心试验茶园和生产示范茶园，开展集茶树科学修剪养蓬、茶叶专用肥应用、茶园病虫害绿色防控为一体的贵定鸟王种“绿色高效”栽培技术研究与示范，该示范茶园集成栽培管理技术的推广，有助于全省茶园管理水平的提高，为茶企增产增收。已初步优化白化茶树专用肥配方两个，推荐配方施用量相较于对照（大配方肥）养分投入量降低了 39%，茶青产量增产 17%。

三是茶叶加工研究有新突破。初步解决了碾茶回甘不足的品质问题，解决了碾茶加工杀青杀不透，杀青叶有生味、水闷味，叶片易堵塞，生产效能低，干茶茶样苦涩味重等生产技术堵点，为企业碾茶生产效能的提高提供了技术保障。开展黔茶花香品质保留加工技术研究及产品开发试验，试制并加工成花香红茶、轻揉捻红茶及工艺白茶等 12

个黔茶新产品品类，其中一些产品已形成稳定的工艺技术。围绕贵州绿茶“翡翠绿、嫩栗香”品质特征，开展加工方式、温度等与香气的关联性研究，初步建立绿茶滋味感官模型，明确了红茶加工过程中主要特征代谢物变化规律，为红茶加工酶作用和热作用阶段的品质形成机理提供理论支撑。

四是茶工业研究框架基本搭建。围绕山地茶园管理机械研制任务，利用高档独芽茶青手握式采茶机分别对福鼎大白茶、黔湄 419、黔湄 601、湄潭苔茶等茶树品种机采和手采进行试验对比，试验结果表明，黔湄 601 的机采和手采效率均为各品种中最高，该采茶机所采茶青完整率均高于 90%；围绕贵州特色茶叶加工装备研制任务，利用一体式智能萎凋装备，对采摘福鼎大白茶一芽二三叶茶青进行智能萎凋、自然萎凋、萎凋槽萎凋对比试验，试验结果表明，采用智能萎凋的时间比自然萎凋节约 17.5 小时以上，比萎凋槽萎凋节约 7.5 小时以上，极大提高了工作效率。围绕茶工业团队平台建设，积极加强与中茶所茶叶智能机械装备团队、贵州省机电研究设计院等交流合作。联合遵义地区茶叶机械企业 7 家，组建了遵义市茶工业机械创新人才团队。

五是茶树种质资源系统性研究不断深入。加大茶树种质资源系统普查与收集力度，截至 2023 年 2 月，共实地到纳雍、金沙、望谟、晴隆、石阡、思南、贵定、惠水、罗甸、普定、六枝、从江、瓮安、镇远、余庆、习水等地 49 个乡镇 54 个村开展茶树资源的调查收集，共收集代表性茶树资源 75 份，并上交国家茶树种质资源圃（勐海），新增入圃保存新茶树种质资源 431 份、油茶 25 份，目前保存茶组植物及类茶作物资源达 3263 份。利用超景深显微镜鉴定了 200 余份不同茶组植物的花、果实等形态特征，制作茶组植物标本 263 份，其中油茶标本 20 份。筛选出高咖啡因、高可可碱、高苦茶碱、高氨基酸、高茶氨酸等特异材料数十余份。利用功能实验室的平台优势开展种质资源评价，监测茶树种质资源 88 份，采集数据 1338 条，感官审评样 40 余份。

### 2. 贵州茶产业科技发展

一是自主选育茶树新品种，推动茶产业技术进步和竞争力提升。

贵州省茶叶研究所采用单株选育、人工杂交、自然杂交、辐照诱变等方式创制大量育种材料，培育出湄潭苔茶、黔湄 419、黔湄 502、黔湄 601、黔湄 701、黔湄 809、黔茶 1 号、黔茶 8 号、黔辐 4 号、黔茶 10 号等国家级良种 10 个，省级审定品种两个，获植物新品种权保护品种 15 个。自主选育的黔茶、黔湄系列品种在省内外累计推广面积

50 万亩以上，其中黔湄 601 在湄潭县推广超过 30 万亩，年农业产值超过 20 亿元。“黔茶 1 号”“黔茶 8 号”“黔辐 4 号”等新品种列为全省茶树品种优化的主推品种，“黔茶 1 号”以其品质和市场认可，逐步成为我省推广面积较大的品种之一，入选 2022 年度贵州省十大农作物主推品种。

贵州省茶叶研究所着重开展品质、抗性特异茶树资源鉴定研究，推动精准育种，为贵州茶产业长远发展提供种源保障；加强贵州地方茶树资源收集评价研究，为贵州茶叶确立地位，正本清源；开展茶树主要病虫发生规律及关键薄弱环节研究，为茶产业高质量发展保驾护航；开展黔茶品种风味特征形成机理基础研究，为“贵州绿茶”品质自信、品牌自信提供数据支撑；开展茶叶功能成分提取及开发利用研究，为贵州夏秋茶利用提供新路径。

2022 年，贵州省茶叶研究所为第一完成单位申报并获得农业技术推广成果三等奖 1 项，申报省科学技术发明奖一、二等奖一项，省科学技术进步奖二等奖一项；参与申报中国农业科学院杰出科技创新奖一项，参与申报并获得贵州省自然科学奖二等奖一项。自主选育的黔茶 1 号、黔茶 8 号、黔茶 10 号、黔湄 601 被列为贵州省主推品种，制（修）订省级茶叶地方标准（规程）31 项，申请国家发明专利 5 件，获授权发明专利 5 件。

二是收集、整理、保存茶树种质资源和病虫害标本，持续建设茶树种质资源圃和病虫害标本库。

贵州省茶叶研究所持续开展茶树种质资源收集保存工作，共收集、保存国内外茶树资源 3263 份。其中，茶组植物资源 3208 份，金花茶、甜茶、苦丁茶等类茶饮料植物资源 55 份。已建成省内茶树资源保存量最多、类型最丰富的“贵州省茶树种质资源圃”，包括湄潭圃和贵阳圃，总面积 115 亩。

近年来，对茶小绿叶蝉、黑刺粉虱、茶白星病等主要茶树病虫，山香圆平背粉虱、贡山喙蓟马、茶褐芽病等新发病虫进行了发生动态调查，为贵州省茶园主要病虫及潜在病虫的防控提供依据；新增制作保存标本 5000 余号。

三是利用研究技术成果服务基层。

2022 年共选派 31 名科技特派员赴 19 个县开展服务工作，选派王家伦、高秀兵、段学艺等国家科技特派员 3 人，服务水城、晴隆、正安等县茶产业发展，科技特派员在贵阳、遵义、黔南等市（州）31 家茶叶企业开展技术咨询服务、培训茶农和农技人员 1520 人次，示范推广新品种、新技术 18 项，示范推广（带动）面积 4921 亩，技术指导、辐射带动面积 15835 亩。

为提高我省幼龄茶园管护水平，提高我省大豆播种面积，国家茶叶产业技术体系遵义综合试验站与国家现代大豆产业技术体系贵阳综合试验站开展幼龄茶园套作大豆控草增肥技术跨体系试验示范，实施面积 150 亩（黔豆 10 号、黔豆 12 号、安豆 5 号各 50 亩），抽取三块代表田进行测产，各点加权平均结果为：黔豆 10 号产量 98.98 千克 / 亩，黔豆 12 号产量 189.80 千克 / 亩，安豆 5 号产量 193.71 千克 / 亩，三个品种加权平均产量 160.83 千克 / 亩；集成 2021 年贵州省主推技术“贵州山地幼龄茶园套作大豆控草增肥技术”在余庆、石阡、黎平、龙里、思南建立核心示范 500 亩，推广 1 万余亩。

2022 年，推广种植黔茶系列新品种 6000 余亩，推广区域包括紫云苗族布依族自治县板当镇 3000 亩，黎平县双江镇四寨村和黄冈村共 850 亩，沿河县板场镇和黑水镇共 322.5 亩，贵阳百花乡 200 亩，毕节百里杜鹃区 600 亩，余庆县关兴镇 640 亩，都匀市匀东镇 500 亩；制作黔茶、黔湄系列品种宣传材料，配合新华社贵州分社、贵州省广播电视台等完成视频拍摄及新闻采访，积极参与贵州省茶产业大会、贵州省茶产业博览会等省内茶产业相关重大会议，精心布置展板展台，向社会各界宣传我省自主品种，讲解品种知识，扩大黔茶、黔湄系列茶树品种知名度。

在绿色栽培新技术集成创新方面，成功集成精准施肥、中位修剪、摘除花朵等技术措施，形成了白化茶树抑花控果提质增产技术，白叶一号、黄金芽开花有效减少 10% 以上，茶青产量提高 13% 以上，氨酚比更为协调，品质更优；研制出山地茶园施肥灌溉系统一套（专利授权一件），山地茶园随水施肥技术参数一套，幼龄茶园提早一年成园，成龄茶园化肥减施 25% 以上，产量提高 15% 以上；集成有机替代、新型专用肥，形成了茶园化肥减施增效技术，与茶园传统用肥相比，化肥减施 25.58% 以上，增产 1.36% ～ 16.36%。

贵州推行“生态为根、农艺为本、生防为先”的理念，推广以草治草、以虫治虫、免疫诱控等绿色防控集成技术，绿色防控技术覆盖率 62.38%。瓮安黄红缨公司基地成为全国首批 100 个农作物病虫害防控示范基地。率先在茶园全面禁用水溶性农药和除草剂，禁限农药种类在全国 62 种基础上增加到 128 种，同时提出 28 种出口茶园慎用农药。加工过程以茶青及制品不落地为前提，严格质量安全管理。开展茶叶质量安全专项监督检查，对违规使用草甘膦及违禁农药等情况零容忍，每年抽检茶样 2500 余个，合格率 100%。

2022 年，我省大力推广欧标茶生产管理技术。按照省茶产业专班、省农科院茶产业技术专班、“欧标茶”技术推广服务团等的工作任务和责任分工，持续在湄潭县积极打造“欧标茶”产区，开展阿泰灵、中生菌素、嘧啶核苷抗生素等商品化生物源杀菌剂对茶树病害的防治示范，研制出一种可防治粉虱科害虫成虫的植物精油制剂，通过两者的使用和技术集成，形成了“欧标茶”管理技术集成方案，在湄潭、思南等欧标茶基地示范推广，推动全省茶叶出口茶快速增长。

借鉴工业上成熟的机器视觉、智能检测、自动化控制等技术，结合机－电－液－气等新型驱动方式，可以通过数字化技术实现茶叶生产和加工的全程可视化、精细化管理，提高茶叶品质和生产效率。借助信息化技术，建立茶叶生产全程信息化、数字化管理系统，实现茶叶生产、加工、销售等方面的全程数字化管理和数据化分析，提高茶叶品质，提高茶叶行业的效益；利用人工智能技术对茶叶制作工艺进行优化，实现对茶叶制作全程的智能化控制，提高茶叶品质和效率；通过该项目系统开展特色茶叶生产、加工全程数字化、智能化关键技术装备研究，构建茶园、茶叶、加工品质和机械装备的协同智能制造体系，实现诸如现行“都匀毛尖”做形提毫工艺、“湄潭翠芽”压扁加棒工艺、“雷山银球茶”成球工艺、“贵州针茶”摊青工艺等“机器换人”和全程自动化生产，提高我省茶叶机械化生产效能和数字化、智能化加工水平。

2022 年，我省初步解决了碾茶回甘不足的品质问题，解决了碾茶加工杀青杀不透，杀青叶有生味、水闷味，叶片易堵塞，生产效能低，干茶茶样苦涩味重等生产技术堵点，为企业碾茶生产效能的提高提供了技术保障；开展黔茶花香品质保留加工技术研究及产品开发试验，试制并加工成花香红茶、轻揉捻红茶及工艺白茶等 12 个黔茶新产品品类，其中一些产品已形成稳定的工艺技术；围绕贵州绿茶“翡翠绿、嫩栗香”品质特征，开展加工方式、温度等与香气的关联性研究，初步建立绿茶滋味感官模型，明确红茶加工过程中主要特征代谢物变化规律，为红茶加工酶作用和热作用阶段的品质形成机理提供理论支撑。

### 3. 贵州茶产业发展趋势与机遇

（1）发展趋势

从我国茶产业规模发展趋势分析。我国茶产业已由规模高速增长转为高质量发展阶段，茶园总面积、茶叶总产量已呈现惯性增长，增速放缓，产值显著增长，以量取胜进入以质取胜。2021 年，农业农村部等出台的《关于促进茶产业健康发展的指导意见》、中国茶叶流通协会发布的《中国茶产业“十四五”发展规划建议》等文件均提出，以提质增效、提振消费市场、提升品牌经济比重、增强产业链协作、推广智能高效生产模式，作为发展方向，前提是稳定面积规模。面积增长情况：2016—2021 年，我国茶园由 4400 万亩增至 4896.09 万亩，年均复合增长率 1.8%，增长率较高的省份除湖北以外，主要是广东、广西、湖南、重庆等面积相对较小的省份，而浙江、福建、四川、云南等茶园面积超过 300 万亩的省份年均增幅均未超过 2%。产量、产值增长情况：2016—2021 年，我国干毛茶总产量由 243 万吨增至 306.32 万吨，年均复合增长率 3.93%，而干毛茶总产值由 1702 亿元增加至 2928.14 亿元，年均复合增长率 9.46%。其中，2021 年产量同比增 2.59%，而产值同比增 11.48%。

从我国茶销售市场分析。我国茶产业市场整体供大于求（近 5 年年均未销售茶占总产量的 14.21%），不同区域、行业内部竞争激烈；内销增长趋缓，出口相对稳定。内销：2016—2021 年，消费总量由 171.06 万吨增加至 230.19 万吨，每年增幅 4.56% ～ 8.69%，年均复合增长率 5.9%，稳中有进，但增幅并不大。出口近 10 年世界茶叶总产量年均复合增长率 3.5%，出口量占比呈缓减趋势。2017—2021 年，我国茶叶年出口量 35.5 万～ 38.35 万吨，平均占全年销售量 15.3%。综上，我们茶叶产销市场趋于“紧”的动态平衡。

从我省茶产业现状分析。从近些年茶园规模发展看，历经 2007—2017 年高速发展后，我省茶园规模与布局已基本形成。汇总各地“十四五”茶产业规划茶园数据，除个别区域有少量改种换植或新建茶园需求外，主要是稳定面积。近三年全省每年通过改种换植和新建茶园的面积均在 5 万亩以内。从现有资源来看，茶园规模的扩张受土地资源约束。在各级贯彻落实最严耕地保护以及林地资源保护政策背景下，现有土地资源供应趋紧，能用于集中连片新建茶园的土地已不多。从产业内部结构看，全省茶产业一、二、三产的占比分别为 56%、32%、12%，一产占比过高，单位产出效益较低；

二、三产相对占比较低，未完全将产业“势能”转化为发展“动能”。2021 年，我省茶园平均单产 67.13 千克 / 亩，略高于全国 62.56 千克 / 亩的平均水平，但远低于福建（140.16 千克 / 亩）、湖南（95.5 千克 / 亩）等省份；平均亩产值 5853.12 元 / 亩，略低于全国 5980.49 元 / 亩，远低于福建（8736.12 元 / 亩）、浙江（8423.21 元 / 亩）等。

（2）发展思路和目标

一是发展思路。以高质量发展为统领，立足新发展阶段、贯彻新发展理念、构建新发展格局，以深化供给侧结构改革为主线，以稳定面积、调优结构、降低成本、补齐短板、提高质量效益、促进茶农收入增长为目标，以改革创新为根本路径，建立完善经营主体利益联结机制，提高资源配置效率，强化科技创新驱动、产业融合驱动，培育新型业态，打造新的经济增长点，推动贵州茶产业从“规模驱动”模式升级为“价值驱动”模式。塑强一批品质过硬、特色鲜明、带动力强、知名度美誉度消费忠诚度高的茶叶区域公用品牌；创响一批产品优、特色突出、成长性好、产业带动作用明显、具有核心竞争力的企业品牌和优质产品品牌；以市场需求为导向，培育一批综合实力雄厚、带动力强的茶业头部企业；建设一批管理规范、绿色生态的茶叶生产基地；切实转变发展方式，努力提高茶产业质量效益和竞争力，推动贵州从茶产业大省迈向茶产业强省，为贵州乡村振兴开新局打下坚实基础。

二是发展目标。长远目标，把贵州建设成为世界高品质茶叶生产中心、世界最大的茶叶加工基地、全国最高标准的出口茶基地、全国茶产业创新发展示范区、全国茶文旅融合发展示范区，筑牢贵州在中国茶产业第一方阵的地位，实现从茶产业大省迈向茶产业强省。短期目标，到 2025 年，全省茶园面积稳定在 700 万亩，加工企业和合作社数量 6500 家，其中规模以上企业 500 家，各类茶叶总产量 48 万吨，综合产值达到 1000 亿元，一二三产业比例分别达到 49%、35%、16%。茶产业专业化布局更加合理，资源优势发挥更加明显，基础设施更加完善，产品结构更加优化，质量和安全不断提升，市场竞争力显著增强。

（3）发展机遇

一是国家乡村振兴战略将给贵州茶产业提供高质量发展的契机。习近平总书记高度重视茶产业发展，先后做出“要统筹做好茶文化、茶产业、茶科技这篇大文章，坚持绿色发展方向，强化品牌意识，打牢乡村振兴的产业基础”“茶产业大有前途。下一步要打出自己的品牌，把茶产业做大做强”等指示。党的二十大报告提出要全面推进乡村振兴，扎实推动乡村产业、人才、文化、生态、组织振兴。茶是集经济、政治、文化、社会、生态、民生等多种功能为一体的产品，茶产业更是特色优势产业、文化产业、民生产业、服务产业和健康产业。随着国家乡村振兴战略的深入推进，各类支持政策向乡村倾斜，必将为我省茶产业高质量发展提供契机。

二是绿色健康的消费潮流将给贵州干净茶带来发展机遇。随着人民生活水平的提高，年轻消费群体对食品健康、安全的需求已逐渐成为新的消费主流。茶叶作为公认的健康饮品，深度挖掘和多元化利用，已逐渐成为食品工业等领域的研发热点。近年来，现制茶饮快速增长，截至 2021 年，市场规模已增加至 1450 亿元。贵州干净茶更加契合当今消费主流，在主要茶叶进口国不断增加技术性贸易壁垒背景下，贵州茶出口也将迎来发展机遇。

## 三、茶树新品种、新技术应用与贡献

目前，贵州推广的自主茶树品种均由省农科院茶叶研究所选育，自建所以来，茶叶研究所有 10 个无性系茶树新品种通过国家审（鉴）定或登记，“湄潭苔茶”“贵定鸟王种”“石阡苔茶”三个地方群体种被审定为国家或省级良种。目前“黔湄 601”推广应用最多，已在全国应用 40 万亩以上，仅湄潭县就有 25 万亩以上；“黔湄 419”一直作为国家级良种区试的红茶品质对照种，产量育种和红茶品质育种在全国属于领先地位。“黔茶 1 号”目前已在全省 35 个县区推广 3.8 万亩以上。在全省茶产业发展过程中，黔茶系列品种列入《贵州省发展茶产业助推脱贫攻坚三年行动方案（2017—2019 年）》，贵州省茶产业发展领导小组基地建设“三大行动”之一，并被确定为贵州“十四五”茶产业发展的主推品种。2022 年，“黔茶 1 号”还被列为贵州省主推品种，作为贵州省茶园改植换种的替代品种。

2022 年，黔茶系列品种在湄潭、晴隆等地建设苗圃基地 680 余亩，可出苗 1.02 亿株，满足 3 万亩茶园种植需求；其中“黔茶 1 号”品种苗圃基地 260 亩，可满足约 9000 亩茶园种植需求。2022 年，贵州省茶叶研究所制定和印发《植物新品种权转让转化规定（暂行）》，以“黔茶 1 号”为主要成果，授权湄潭星兴茶叶专业合作社、晴隆县茶业公司进行繁育，授权育苗面积400亩，授权许可费40.5万元。在保耕地红线、茶园面积不再扩大的背景下，持续推动新品种推广，“黔茶1号”新品种增加到38000余亩。

经过多年的努力，贵州省茶叶研究所培育的黔茶系列茶树品种（“黔茶1号”“黔茶8号”“黔湄601”等）已在全国9个省（市）及省内42个县（区）应用，面积42万亩以上。其中“黔湄601”仅在湄潭县就超过25万亩，每亩仅茶青产值就超过1万元，其原料制作的“贵州针”茶叶产品独具特色，占据全国针茶市场的30%以上。黔茶品种的推广，推动贵州自主无性系良种在全省占比提高到5.6%，为贵州茶自主品种支撑、自主品牌建设做出了重要贡献。

1. 人才团队建设

一是人才团队规模、结构。

截至2022年12月，贵州省茶叶研究所有在职各类人才94人，其中管理人才8人、专业人才64人、工勤技能人才22人。科研团队主要由专业人才构成，职称结构为正高7人、副高19人、中级30人、初级11人。学历结构为博士13人、硕士34人（在读博士3人）、本科28人（在读硕士1人）、大专1人。贵州省茶叶研究所是正处级全额拨款省直服务类（公益一类）事业单位，主要以开展茶业技术研究、促进茶业经济发展为宗旨，是省内唯一一家专门从事茶叶科学研究的科研院所，由于成立时间较早，研究涉及茶叶全产业链，积累了较多的科研平台、资源和成果，目前省茶叶研究所的人才队伍及科研水平在全省均处于领先地位。

二是青年人才培养、科研人员访问交流等。

贵州省茶叶研究所历来重视青年人才培养，自2009年搬迁到省会贵阳后，特别注重年轻人才的引进和培养，积极推动人才学历提升和职称晋升。目前省茶叶研究所青年人才（45岁以下）为50人，95%以上为专业技术人员，占全所在职职工的比例60%以上，占专业技术人才的比例达78%，且74%以上为硕士研究生以上学历。

省茶叶研究所尤其重视科研人员访问交流，近年来，选派“西部之光访问学者”两名青年到中国农科院茶叶研究所学习，选派一名博士到法国开展科研工作三个月，选派三名“青年访问学者”到浙江大学学习，以加强与外界的交流合作，为科研事业的发展奠定基础。

截至2023年，省茶叶研究所获得省级以上人才称号人才有14名。其中，省百层次一名，省优秀青年科技人才两名（其中一名同时获省百层次和省优秀青年科技人才），省千层次人才12名。

随着茶产业发展壮大，科技需求增加，自2015年开始，省茶叶研究所在学科研究室下开展科研创新团队管理，目前已成立了8个研究团队，研究方向主要有资源育种、茶特异资源、茶树栽培、茶树植保、茶叶加工、茶叶化学、茶工业、茶经济茶文化，涉及茶产业全产业链。

2. 平台建设

现有贵阳和湄潭两个基地，分别建设有茶叶加工试验车间，贵阳900平方米，湄潭2200平方米；茶园基地面积约200亩，其中贵阳140亩，湄潭60亩；茶树种质资源圃115亩，其中贵阳80亩，湄潭35亩；共收集保存茶组植物及类茶作物资源3263份。现有实验室2700平方米，建设有茶叶产品质量检测中心以及茶树育种、特异资源、栽培、植保、茶叶加工、茶叶化学等实验室。现有研发设备原值2606.86万元，400余台 套。有光合仪（LI-6800）、液相色谱仪（LC-2030C 3DPlusPDA+ 荧光检测器）、电子舌（SA-402b）、超景深三维显微系统、生物显微镜、研究级体视显微绘图成像系统、高速 逆流色谱仪、原子吸收光谱仪、原子荧光光度计、高效液相色谱、高效气相色谱、倒置 生物显微镜等先进的仪器设备40余台/ 套。

3. 体制机制

一是贯彻落实贵州省“十三五”“十四五”科技发展规划有关院所改革任务总体情况。

贵州省茶叶研究所“十三五”以来，充分贯彻落实贵州省“十三五”“十四五”科技发展规划有关院所改革任务。围绕“十四五”科技发展规划中的茶叶产品精深加工、茶叶自动化拼配和受控发酵技术、茶叶精细化产品研发等科技创新内容，持续推进《基金项目经费包干制（试行）》，积极组织聚焦围绕茶叶产品精深加工、茶叶自动化拼配和受控发酵技术、茶叶精细化产品研发等有关项目申报。贵州省茶叶生物化学工程技术研究中心项目建设，进一步安装茶叶深加工设备以及完善实验室条件，完善建设茶叶品质化学研发实验室、茶叶微生物资源与产品开发实验室、茶叶成分功能与利用研究实验室，产品研发中试基地及配套设施。

二是在促进科技成果转化方面的机制和模式创新及有效做法。

根据国家、省、院相关政策文件、规章制度等，制定《贵州省农科院茶叶研究 所促进科技成果转化实施暂行办法》《贵州省农科院茶叶研究所植物新品种权转让 转化规定（暂行）》等内控制度，在成果转化技术服务中，采用“企业研发资金＋创新卷”模式和“企业专利许可资金＋政府成果转化资金”等方式。

“企业研发资金＋创新券”模式：在企业缺少资金的情况下，为了保障研发资金充裕，企业生产、加工、研发、人才等为研发平台，再投入部分有限的研发经费，减少企业资金负担。申请创新券作为技术服务资金，保证科研人员差旅等服务费用。以创新券为载体，形成政府、科研单位、企业三方研发共同体，三方参与，共同监督，保障资金的使用效率。创新券采用先完成后发放的方式，以完成质量和完成效益为考核目标，压实企业和科研单位责任，提高整个项目的完成率。

“企业专利许可资金＋申请政府成果转化资金”模式：以企业的产品类型、产业市场、研发主体、产业链条布局为成果转化目标，根据企业实际需求，让现有成果实现核心示范，逐步推进现有专利的市场化；以政府成果转化资金为载体，促进成果转化资金的合理利用，实现资金有的放矢，以压实责任方式提升专项资金的使用效率；与现行符合产业需求专利与专项转化资金有机衔接，形成政府监督考核与企业转化相融合。例如，既加强成果的市场化应用，又夯实成果转化资金的产业助推效果。

## 四、贵州茶产业发展对策

面对茶产业的新机遇与挑战，贵州深谙创新驱动发展战略的重要性。为推动茶产业跃上新台阶，科研方向的精准定位、创新机制的灵活构建及高端人才的引培将成为核心抓手。接下来，将详述贵州如何在这些关键领域布局施策，激活茶产业发展的内生动力。

### 1. 科研方向

贵州省茶叶研究所开展茶产业全产业链科学研究及技术服务，面向全国，服务全省，是贵州省唯一一家专门从事茶叶科技创新的省级科研院所。在贵州茶产业服务领域，与贵州区域科技发展、乡村振兴及生态文明建设方面的需求非常一致，尤其是在通过技术服务全省茶产业的过程中发挥了自身对贵州区域特点熟悉的优势，通过科技人才服务、创新成果应用，对贵州茶产业的发展、助推乡村振兴具有不可替代的作用。

贵州省茶叶研究所根据《关于支持贵州在新时代西部大开发上闯新路的意见》《贵州省“十三五”科技创新发展规划》等文件精神，制定关于贯彻落实《国务院关于支持贵州在新时代西部大开发上闯新路的意见》《关于做好2022年全面推进乡村振兴重点工作的意见》等工作方案，结合所科技人才资源，围绕贵州茶叶产业积极做好科技创新工作。紧紧围绕“四新”主攻“四化”，面向贵州茶产业科技前沿，围绕茶产业绿色化、工业化和三产融合发展趋势，重点开展深化东西部协作，做优做精特色黔茶系列品种，加大茶工业设备研究，加强服务一线科技人员选派，依托现有平台资源持续加强对贵州茶产业的科技支撑。完善科研平台，强化科技人才队伍建设，整体建设提升全所科技创新能力、科技成果转化率和转化效益，积极服务巩固脱贫攻坚成果同乡村振兴有效衔接取得实效。主要科研方向如下：

◆构建“生态为根、农艺为本、生防为先”的茶树病虫害绿色防控技术体系，实现以虫治虫、以草抑草、免疫诱抗等绿色防控集成技术，在我省茶区推广。

◆随着茶园绿色防控统防统治技术的示范推广力度加大，持续研发提高夏秋茶资源利用率和经济附加值的新产品、新路径。

◆持续推广应用贵州省十大重点农业主推技术（农业绿色高效技术模式）之一的“贵州茶园化肥农药减施增效达欧标新技术”。

◆为黔茶系列品种“育–繁–推”体系提供病虫防治科技支撑。

◆持续开展茶树新发病虫研究。摸清茶树新发病害茶褐芽病发生规律，制定病情严重度分级标准，持续研究茶树新害虫贡山喙蓟马、角盲蝽等的防控技术。

**2. 项目创新机制与做法**

根据新的上级文件政策要求，持续修改完善并印发茶叶研究所“十四五”发展规划，制定修订了科研管理办法、国家自然科学基金项目间接费用管理办法（试行）、横向项目管理制度、科研诚信管理制度、科研项目档案管理及保密制度、学术委员会章程等管理制度，制定《茶叶研究所专业技术职务任职资格申报（中级、副高）打分表》等。为加强茶业科技创新，根据《贵州省农科院科研管理暂行办法（2021版）》（黔农科院发〔2021〕6号）等相关要求，茶叶研究所党委贯彻黔人领发〔2018〕3号文件精神，推进贵州省第六批人才基地（茶业科技创新方向）建设工作以及科研项目绩效发放等工作。为充分发挥人才基地聚集人才、培养人才方面的激励作用，我所通过组织修订内控制度《贵州茶业科技创新人才基地管理办法》《贵州茶业科技创新人才基地资金使用办法》，实施高层人才引进补贴和科技创新奖励制度。

### 3. 人才引进与培养

（1）完善制度激励人才

制定并实施《贵州茶业科技创新人才基地管理办法》《贵州茶业科技创新人才基地资金使用办法》等相关制度。对于博士和急需紧缺引进的硕士，在科研条件配套方面给予专项补助，并单独为引进的博士人才进行补贴，对攻读博士的人才，支持其学费和往返差旅。为鼓励人才脱颖而出，对在科技创新论文发表及成果转化业绩突出的科技人员给予奖励，对获得省级人才称号的科技人员给予奖励。进一步优化所内管理，制定《基本目标任务管理办法》推动科研产出提高。

（2）创造科研环境吸引人才

充分尊重人才发展规律，依托各类科研项目及成果转化收益，加大所内研发平台的建设，优化科研创新硬环境，吸引和留住人才。目前，茶叶研究所已建设 2994 平方米的实验室，配备设备原值 1200 万元的科研仪器设备，可覆盖茶叶全产业链的科学研究，为人才的发展提供了良好平台。

（3）调整学科团队管理为人才松绑

减少引进人才的行政工作，让其全身心从事科研工作，成立 8 支创新团队，选用创新能力较强的人才担任学科带头人。减少学科带头人的行政工作，为其配备团队成员支持学科发展，所内职能部门竭力为团队提供各类后勤保障，服务人才发展。

（4）择优选调挂派人员促进人才成长

积极选派年轻科技人员到省茶办等产业主管部门锻炼学习。主动邀请联系刘仲华、宋宝安等院士为茶叶所项目实施、成果评价等作技术咨询指导。制定落实老、中、青科技人员传帮带工作方案，提升人才科技创新本领。鼓励年轻科技人员到脱贫攻坚和科研生产一线，淬炼科研能力、工作本领，让他们快出成果、快速成才。

（5）科研人员减负方面的创新机制

完善所科研管理办法，制定《茶叶研究所基金项目资金管理办法》，规定基金类项目，经费使用权全部下放给项目负责人。对于科研及成果转化类项目，技术路线调整、参与人员变更、经费使用调整等全部由主持人负责，充分尊重其自主权。在日常管理中，对于青年科技人员及专职从事科研业务的人员，不要求参加部分行政类接待和会议等，减轻其负担，让科研人员全身心投入科研工作。

执笔人：段学艺、刘亚兵、李琴

# 贵州水果产业科技发展报告

◆ 贵州省果树科学研究所

水果多汁，主要味觉有甜味和酸味，是可食用的植物果实。水果含有丰富的维生素、膳食纤维、矿质元素等，能够促进食物消化和吸收，促进身体健康。

## 一、水果产业发展概述

水果可分为浆果、柑果、核果、仁果等类型。浆果类，如草莓、蓝莓、黑莓、桑葚、覆盆子、葡萄、黑加仑等；柑果类，如蜜橘、砂糖橘、金橘、蜜柑、甜橙、脐橙、西柚、柚子、葡萄柚、柠檬、火龙果、文旦、莱姆等；核果类，如桃（有油桃、蟠桃、水蜜桃、黄桃等）、李子、樱桃、杏、杨梅、西梅、乌梅、大枣、沙枣、海枣、蜜枣、橄榄、荔枝、龙眼（桂圆）等。其中，猕猴桃、鲜枣、草莓、枇杷、橙子、橘、柿子、蓝莓等含有丰富的维生素 C。仁果类，如苹果、梨、山楂、枇杷等。以 100 克水果的维生素 C 的含量来计算，猕猴桃含 420 毫克，鲜枣含 380 毫克，草莓含 80 毫克，橙含 49 毫克，枇杷含 36 毫克，橘、柿子各含 30 毫克。香蕉、桃子各含 10 毫克，葡萄、无花果、苹果各自只有 5 毫克，梨仅含 4 毫克。

### （一）国内外水果产业发展概况

#### 1. 国内外猕猴桃产业发展概述

猕猴桃（*Actinidia chinensis Planch.*）是一种原产于我国，自然分布于我国广袤的山区林地的一种古老野生藤本果树。猕猴桃是 20 世纪野生果树人工驯化栽培的成功典范。自 1904 年中国的野生猕猴桃被引入新西兰后，在 30 年代开始产业化进程，经过百余年的发展，猕猴桃扩展到世界各地，目前世界上大约有 23 个国家栽培猕猴桃。截至 2022 年，FAO 数据全球猕猴桃挂果面积 28.6 万公顷，产量 453.947 万吨。北半球的中国和意大利，南半球的新西兰和智利等成为主要的猕猴桃主产区。最早产业化的是新西兰，猕猴桃成为国家主要农业产业，科技发展水平和生产贸易均为世界标杆，在北半球的意大利等国建设生产基地后，实现了猕猴桃全球周年供应销售。

在我国，猕猴桃尽管有悠久的历史记载，但大面积商品化栽培，是在1978年开展全国猕猴桃资源普查之后。经过40多年的迅猛发展，我国猕猴桃产业自2010年成为世界猕猴桃栽培面积和产量的第一大国以来，猕猴桃已经成为广大猕猴桃主产县区农民脱贫致富的生态型经济支柱产业。2022年，中国猕猴桃种植面积约30万公顷，挂果面积约20万公顷，占世界的68%，产量约310万吨，面积、产量约占世界的二分之一以上，但平均单产却只排名世界第17位。猕猴桃种植面积较大省份依次为陕西、四川、贵州、湖南、河南、江西、湖北等。中国目前商业化栽培的品种主要分绿肉、黄肉和红肉类型，各占40%、30%和30%。绿肉品种主要是“徐香”“海沃德”“贵长”“秦美”“翠香”“金魁”“翠玉”等，黄肉品种主要是“金艳”“金桃”“金圆”“华优”“金梅”等，红肉品种主要是“红阳”“东红”“脐红”。

2. 国内外苹果产业发展概述

FAO数据显示，2022年世界苹果栽培面积7238.59万亩，总产量为9583.60万吨。产量较2020年9060.35万吨增长5.78%。苹果是我国第一大水果，栽培面积和产量均居世界首位。2022年，我国苹果栽培总面积3193.41万亩，产量4757.18万吨，占到世界总产量的49.64%。中国苹果产区主要分布在渤海湾区、西北黄土高原、黄河故道区、西南高地、新疆和东北等地区。其中，西北黄土高原产区种植面积和总产量居全国第一。

3. 国内外火龙果产业发展概述

火龙果（*Hylocereus undulatus Britt*）是一种热带水果，具有丰富的营养价值和药用价值。火龙果原产地是中美洲的哥斯达黎加、危地马拉、巴拿马、厄瓜多尔、古巴、哥伦比亚等，后传入越南、泰国等东南亚国家，再传入中国的海南、广西、广东、福建、云南等省区。越南一直是全球火龙果的主要种植和出口国，年出口额曾达到12.9亿美元。

目前，我国火龙果产量已超过越南成为全球第一。国内火龙果主要分布在广西、广东、贵州、云南、海南等省（区），其中广西、广东是我国火龙果种植面积最大的两个主产区，占比国内种植面积七成左右，广西南宁市是国内最大的市级产区。

火龙果在我国的海南、云南、广东、广西、福建等南方地区广泛种植。近年来，我国火龙果市场规模不断增长，2022 年我国火龙果市场规模约为 220 亿元，其中红心火龙果市场规模约为 114.7 亿元，白心火龙果市场规模约为 105.3 亿元。预计 2023 年我国火龙果市场规模约为 238.12 亿元，其中红心火龙果市场规模约为 123.95 亿元，白心火龙果市场规模约为 114.17 亿元。

中国不仅是世界上第一大火龙果生产国，而且也是第一大火龙果消费国。2022 年，我国火龙果行业产量约为 184.13 万吨，需求量约为 240 万吨。

4. 国内外柑橘产业发展概述

柑橘作为世界第一大类水果，在全球分布广泛。全球共有 140 多个国家或地区生产柑橘，种植面积约 1007 万公顷，产量从 1961 年的 2506 万吨增长到 2020 年的 15849 万吨，占总水果产量的比例从 12.5% 增长到了 17.9%。我国是柑橘重要原产地之一，柑橘资源丰富，种植历史悠久，距今已有 4000 多年的栽培历史，同时我国也是柑橘生产大国，产量约占全球柑橘总产量的 28%，栽培面积和产量均居世界首位。国家统计局数据显示，2022 年，我国柑橘园面积为 4550.31 万亩，柑橘产量为 6003.89 万吨，与 2011 年相比，柑橘园面积增长了 1434.5 万亩，增幅约为 46.04%。全国共有 19 个省（区、市）生产柑橘，且具有明显的区域性特征。柑橘产量排名前 12 的省份合计产量占全国产量 99% 以上，其中广西、湖南、湖北、广东、四川、江西 6 省产量最高，各省年产量 400 万吨以上，合计产量占全国产量 75% 以上。除产量差异外，各省主栽品种也存在差异，其中广西以沃柑、砂糖橘、茂谷柑和金秋砂糖橘为主，湖南以温州蜜柑、椪柑、甜橙和柚为主，湖北以特早熟、早熟温州蜜柑和脐橙为主，广东以砂糖橘和琯溪蜜柚为主，四川则以杂柑为主，形成了长江上中游柑橘带、赣南 – 湘南 – 桂北柑橘带、浙 – 闽 – 粤柑橘带、鄂西 – 湘西柑橘带和特色柑橘生产基地五大优势区域。

5. 国内外桃产业发展概述

根据 FAO 数据显示，截至 2021 年，全球桃种植面积 2313 万亩，产量 2635 万吨，平均产量为 1.14 吨 / 亩。近十年，全球桃种植面积在 2300 万～ 2400 万亩，但产量呈现逐步上升的趋势。中国是产桃大国，面积和产量均居世界第一。2022 年，全国桃种植面积 1292 万亩之间，产量约为 1681 万吨；主要以山东、河南、河北、安徽、四川、湖北、贵州等省份为主。中国桃的主要成熟期集中在 5 ～ 9 月，由于中国南北跨度大，种植范围广，在区域布局上，基本形成以华北、黄河流域以及长江流域三大产区。

### 6. 国内外李产业发展概述

世界李产业规模近年来持续上升。李是我国传统“五果”之一，我国作为李的发源地之一，李种质资源十分丰富，栽培历史悠久，可追溯到西汉时期。当前，我国李产业发展势头迅猛，FAO 数据统计，截至 2021 年，世界李种植面积达 260 万公顷，产量 1201 万吨，产量超过 10 万吨的国家共 13 个，其中亚洲的李种植面积最广为 207 万公顷，产量最高为 789 万吨；我国李栽培面积 195 万公顷，占世界总种植面积的 75%，产量 663 万吨，占世界总产量的 55%，是世界上李种植面积最广，产量最高的国家。

## （二）贵州水果产业发展概况

水果作为 12 个农业特色优势产业之一，在中共贵州省委、省政府的高位推动下，发展不断迈上新台阶。2022 年，全省园林水果果园（不含刺梨）面积达 963.02 万亩，产量 599.83 万吨，同比增长 8.17%，产值 358.97 亿元，同比增长 11.7%，产量与产值实现三年连增，贵州水果产业已迈进规模化、特色化、品牌化、生态化高质量发展道路。

聚焦优势树种，确保基地上规模。2022 年，全省猕猴桃种植面积 64.9 万亩，百香果 15.5 万亩，蓝莓 21.9 万亩，李子 280.4 万亩（其中蜂糖李约 60 万亩）。蓝莓、李子种植面积全国第一，猕猴桃、百香果位居全国前三。

聚焦标准建设，确保水果有品质。大力推广绿色生产和防控技术，果园全面禁止使用除草剂及禁限用农药。截至目前，贵州认证绿色水果类企业 101 家，产品 121 个；全省水果类产品获国家地理标志登记保护农产品 27 个，地理标志保护产品 20 个，地理标志商标 12 个。

### 1. 贵州猕猴桃产业发展

贵州是我国猕猴桃属植物资源的重要分布中心之一，是猕猴桃的最适宜种植区。在省政府的大力推动下，贵州猕猴桃产业在全国猕猴桃产业大发展的背景下，“十三五”期间迅猛发展，至 2020 年发展至顶峰，面积达 68.2 万亩，至 2022 年面积稍有减少，达 62.8 万亩，产量 20 万吨左右，成为全国猕猴桃 5 大优势产区之一，面积位居全国第三，产量位居全国第五。全省猕猴桃种植主要分布在贵阳市、六盘水市、毕节市和铜仁市等，占全省种植面积 90% 以上。其中，面积最大的是贵阳市修文县和六盘水市水城区，种植面积分别为 16.7 万亩和 11.2 万亩。主栽品种主要是贵长和红阳，分别占种植面积的 60% 和 35%。

### 2. 贵州苹果产业发展

贵州苹果栽培始于 20 世纪初，开始由英国传教士引入威宁、赫章等地，20 世纪 40 年代，我省从成都、上海以及美国等地引进 20 多个品种在贵阳等地进行分散栽植，1957—1959 年间实施大规模栽培，种植面积曾有 4 万多亩，每年还有一定数量的产品销往香港。60 年代中后期，我省苹果栽培从贵阳等中部地区向自然条件更为适宜的威宁转移，威宁曾培育出亩产超万斤的果园，金冠苹果在 1973 年“全国外销苹果基地现场会优良品种（系）鉴评”中获黄色品种第二名。80 年代后期，威宁引进富士苹果，栽培生长结果好，果实品质佳，红富士苹果曾获得“贵州省优质农产品”称号。截至 2022 年 12 月，贵州省苹果栽培总面积 42.88 万亩，主要分布在毕节、黔南和黔西南三个市（州），分别为 30.97 万亩、7.04 万亩和 2.15 万亩，栽培面积分别占全省苹果栽培总面积的 72.23%、16.41% 和 5.01%，三个市（州）苹果栽培总面积占全省栽培面积的 93.65%。投产面积 32.99 万亩，总产量 25.85 万吨，产值 20.76 亿元，亩均产值 4841.71 元，投产果园亩均产值 6292.44 元。

### 3. 贵州火龙果产业发展

贵州省南北盘江、红水河流域的低海拔富热量区域，年均气温为 19 ～ 21℃，光照充足，雨量适中，水资源丰富，土壤无污染，适宜火龙果的生长发育。经过 20 余年的发展，目前我省火龙果推广种植面积达到 9.75 万亩，主栽品种有软枝大红、金都一号、黔蜜龙、黔红、黔龙 1 号、粉红龙、紫红龙等，分布在罗甸、镇宁、关岭、贞丰、望谟等地。火龙果被列为我省“‘十三五’精品水果产业发展规划”重点发展的水果产业重点树种以来，从品种、种植技术、种植模式、产销链接等方面均取得一定成效。

（1）品种结构调整

2015 年以来，国内火龙果发展开始涌现大红、金都等一批自花授粉品种，从 2017 年开始，在省、厅、市、县等各级各部门以及科研院所支持与推进下，在火龙果产区逐步开展自花授粉新品种的推进和改良，以降低果园的管护成本。目前，全省自花授粉火龙果约占全省火龙果种植面积的 70%，主要有黔龙 1 号、黔红、软枝大红、金都一号等品种。

（2）种植技术更新

“十三五”以来，以贵州省农科院果树科学研究所为主的火龙果研究团队，立足贵州热区气候特点及环境条件，在前期研究基础上，集成创新了系列火龙果规范化种植技术，包括火龙果标准化建园技术、火龙果肥水管理技术、火龙果整形修剪技术、火龙果主要病虫害综合防控技术、火龙果溃疡病防控技术、火龙果采收贮运技术、火龙果产期调节技术等，示范推广至各火龙果产区，有效提升了各产区火龙果园的管理水平。

（3）经营主体转变

火龙果在我省的发展，最初主要以个体散户种植为主，合作社组织以及企业发展较少，随着产业的发展及市场的变化，2015 年以后，我省火龙果新建园主要以企业、合作社组织为主，新建基地面积从 200 亩至 3000 亩不等，占新建园的 85% 以上，实现了我省火龙果向集约化、标准化发展。

（4）销售渠道拓宽、多样

火龙果因其外观美观、奇特、口感好、品质优等特点，在我省最初主要以礼品的方式进入市场，价格较贵。种植面积逐步发展、产量逐步增加后，开始以一般商品进入市场，在政府部门支持与帮扶下，各经营主体不断拓宽销售渠道，增加产品附加值，到 2020 年，我省火龙果已从原来的就地批发零售发展到线上电商平台（淘宝、拼多多、微商、微信公众号等）、线下产地收购、地方经销商统销、冷链直销省外一二线城市、生鲜超市、水果品牌连锁店、旅游观光等多渠道多方式的产品销售，全国各地线上占比 40%，鲜果批发占比 80%，鲜果采摘占比 15%，深加工占比 5%。

**4. 贵州柑橘产业发展**

贵州柑橘发展与全国基本同步，近年来也得到了快速发展，截至 2022 年年底，全省柑橘种植面积约 124 万亩，成为全省第二大果树产业。全省 9 个市（州）均有柑橘种植，其中黔东南苗族侗族自治州种植约 30 万亩，铜仁市约 26 万亩，黔南布依族苗族自治州约 23 万亩，遵义市约 18 万亩，毕节市约 9 万亩，黔西南布依族苗族自治州约 8 万亩，贵阳市约 5 万亩，安顺市约 4 万亩，六盘水市约 1 万亩。荔波、罗甸、榕江三县的种植面积均超过 5 万亩，3 万亩至 5 万亩的县（区）有黎平、锦屏、德江、印江、七星关区、思南、务川、从江、岑巩、沿河等，基本形成了南北盘江、都柳江、清水江、乌江、红水河、赤水河等“五江两河”流域低中山河谷及丘陵区产业带。

品种主要以纽荷尔脐橙、琯溪蜜柚、椪柑、温州蜜柑为主。其中，橙类在我省分布较广，主要集中在南北盘江、都柳江、清水江、乌江和赤水河流域，品种有纽荷尔脐橙、冰糖橙、脐血橙、塔罗科血橙等；柚类主要分布在荔波、岑巩、印江、思南、遵义等地，品种有琯溪蜜柚、马家柚、沙田柚以及一些地方柚；宽皮柑橘类栽培较广泛，在省内各地均有分布，栽培品种有椪柑、温州蜜柑、红橘、砂糖橘、南丰蜜橘、朱红橘等。部分品种已形成区域特色，具有一定的影响力，如从江椪柑、岑巩文旦柚、荔波蜜柚、罗甸脐橙等，我省注册了“都柳江”牌、“杉乡”牌、“清水江”牌、“五榕”牌、“思州”牌等品牌商标。获得“农产品地理标志”认证的柑橘多个，如从江椪柑、毕节椪柑、黄果树黄果、茅坪香橘、罗甸脐橙、惠水金钱橘、晴隆脐橙和兴义大红袍等。

### 5. 贵州桃产业发展

截至 2022 年 12 月，贵州省桃种植面积 102 万亩。目前，桃在全省 9 个市（州）均有分布，黔南、铜仁、遵义、黔东南、安顺等种植面积超过 10 万亩，石阡、平塘、玉屏、西秀、瓮安、余庆、普定、镇远、开阳、兴义、印江、岑巩、织金等县（市、区）种植面积超过两万亩。

省内自东向西均有桃种植，果肉颜色上以白肉桃为主，主要有燕红桃、苹果桃、颐红水蜜桃、武昌桃、白花桃等。近年来，受市场价格因素影响，黄肉桃发展迅速，主要有锦绣、黄金蜜系列、锦花、西尾黄金等；红肉桃种类较少，省内主要以荔波血桃为主。果实类型上以普通桃为主，蟠桃、油桃种植很少。成熟期上以中熟或中晚熟桃（7—8 月）为主，占比达到 60%；早熟桃（6 月及 6 月以前成熟）为辅，占比约 37%；晚熟桃（9 月及 9 月以后）占比仅为 3%。部分品种已形成区域特色，具有一定的影响力，如荔波血桃、玉屏黄桃、贵阳永乐燕红桃、瓮安苹果桃、石阡颐红水蜜桃等。同时，各地品牌宣传和保护意识不断加强，有“地理标志”认证的桃有两个，分别是“永乐艳红桃”“梭筛桃”，此外“玉屏黄桃”获地理保护性商标。

### 6. 贵州李产业发展

截至 2022 年，全省李栽培面积已有 287.8 万余亩，初步形成了北盘江流域早熟李产业带和乌江流域晚熟李产业带。全省李种植 10 万亩以上的有 6 个县（区），1 万亩以上的乡镇 44 个。主要栽培品种为蜂糖李、脆红李、清脆李、四月李、沿河空心李等；获得“地理标志”认证的地方李有 6 个。李产业经营主体中企业有 258 家，合作社

1100 个。

在我省李产业发展过程中，还存在一些问题。一是缺乏产业发展总体规划。李作为温带果树中对气候适应性很强的树种，易成活、耐瘠薄、见效快、观花尝果皆宜，因此，成为我省农业产业结构调整新建规模最大的树种。2017 年到 2019 年新建了近 150 万亩，但建园品种选择及种植栽培随意性较大，没有完全做到适地适种，也多未考虑早中晚熟搭配、授粉品种搭配等问题。二是野生及地方资源保护意识薄弱、利用率低。我省李树资源丰富，许多品种的经济价值或科研价值较高，但长期以来乱采滥摘，资源数量不断减少，加之产业生产偏重栽培种，品种结构单一，忽视表现优异的野生资源、农家品种和引进后变异种。目前我省仅蜂糖李、空心李、晚熟清脆李通过了省级品种审（认）定，与贵州李产业和资源大省的地位不匹配，不利于贵州李产业的品种多元化发展。三是果苗繁育体系不健全，苗木市场管理不规范。新栽李苗木大多来源于四川、重庆、浙江、湖南，贵州本土苗木较少，存在品种不纯、苗木调运混乱等问题。种苗供应中以次充好，以假乱真情况时有发生，存在产量低、品质差和市场销售难等多重隐患，根瘤病随苗木调入时有发生，影响了产业健康发展。四是生产管理标准化程度低。部分果园建园标准低，生产管理粗放，果园道路、灌溉、排水设施等基础设施配套不完善，后期管护成本较高，抗拒自然灾害能力差，加之苗木品质参差不齐，果园树形选择不当，先天不足造成部分果园刚开始挂果即成低产园。同时，科学管理技术不到位，质量标准和生产技术规程的实施和普及不够，导致病虫害发生严重、单产不高、优质果率低、精品果少，缺乏市场竞争力。五是李产区自然灾害气候频发。北盘江流域 2022—2023 年出现冬、春、夏连续干旱，导致该区域减产 30% 以上，该区域中段蜂糖李核心产区冰雹灾害时有发生，果农损失惨重；乌江流域中上游花期低温和成熟期遇雨时常发生，导致大范围减产和品质下降。六是采后商品化处理能力弱。贵州李 80% 集中在 6—8 月上市，此时气温高、湿度大，加之地方李皮薄、汁多，耐贮性差，货架期短，不利于贮运销售。我省李主产区缺少低温或气调贮藏库，对贮藏保鲜方法和技术的研究探索还处于初期，远不能满足李生产实际。此外，李果实采收后，不分级混装直接运往市场销售现象普遍，易造成伤残果，果实商品化程度低。

## （三）贵州水果产业发展趋势与机遇

### 1. 猕猴桃产业发展趋势与机遇

从我省猕猴桃产业发展形势及面临的问题分析，现阶段猕猴桃产业正处于一个转型发展期。“十四五”期间我省猕猴桃产业发展主要方向为一稳定、二调整、三提高。一稳定就是稳定面积，划定优势区，发展适宜区，退出不适宜区，保证适宜果园的管理和适度规模；二调整就是调整树种和品种结构，突出多样性和特色，推广山地猕猴桃果园现代高效栽培模式和经营管理方式；三提高就是提高产量、鲜果质量和效益，创知名品牌，提高产品市场竞争力。

面临的机遇是发挥贵州山地气候优势和果实品质优势、早熟优势。

### 2. 苹果产业发展趋势与机遇

（1）产业发展趋势

一是苹果产业布局不断优化。在消费需求与产业升级发展共同驱动，以及严禁耕地非粮化等因素的共同作用下，贵州苹果产业进一步向优势区和特色产区集中，以威宁为代表的气候优生区、果实品质优异，以长顺为代表的次适宜区利用距离消费中心近的区位优势可适度规模发展。

二品种植结构调整优化加速。目前，“红富士”是贵州主栽苹果品种，栽培面积比例约占70%，为进一步凸显我省南方高原苹果早熟优势和品质特色，“华硕”“红露”“鲁丽”等早熟苹果品种以及“秦脆”“维纳斯黄金”等晚熟优新苹果品种成为产区替代“红富士”的优良苹果品种。

三是产业发展质量不断提升。贵州苹果产业立足自身资源禀赋和良好的生态条件，推进贵州苹果产业向生态循环果业发展，着力推广山地苹果优质轻简高效栽培新品种及新模式，向打造西南高原特色苹果产业目标迈进。

（2）机遇和优势

一是生态优势。从气候条件看，我省海拔较高地区，冬无严寒，夏无酷暑，温度年较差小，日较差大，光照充足，雨量适中，光、热、水资源丰富，是苹果生产适宜区。从生产条件上看，贵州苹果生产适宜区大多属于农业县，大气环境清洁，无工业污染，具有生产精品苹果的气候条件和自然条件。

二是品质优势。得益于得天独厚的自然环境，苹果优生区光照充足、紫外线强烈、温度年较差小、夏季气候冷凉，苹果发育期昼夜温差大，果树年生育周期长，苹果色泽鲜艳，肉质细脆，甜酸适度，汁液丰富，风味浓郁，深受消费者喜爱。

三是早熟优势。由于早春气温回升快，贵州苹果比北方产区早熟 10 ～ 25 天，销售时间上较北方具有较大的市场空间和市场竞争优势。

四是区位优势。我国南方和东南亚市场对苹果的需求量很大，而长江以南仅有西南冷凉高地苹果生态适宜区，且产量仅占全国产量的 7% 左右，远远不能满足市场需要。贵州苹果生产适宜区地处云、贵、川、渝四省接合部，所产苹果可北上四川、重庆，南下广东、广西，西出云南，东进湖南、湖北，特别是重庆、湖南、湖北、广西、广东等省份，人口密度大，又没有商品苹果基地，市场需求大。作为南方的主产区，贵州苹果销往这些地区，运距短，运输成本低，运输损耗小。

#### 3. 火龙果产业发展趋势与机遇

贵州火龙果产区分布在我省的南部低热河谷地区（南北盘江及红水河流域），两江一河流域的低海拔富热量区域，光照充足，雨量适中，土壤无污染，生态环境优良，适宜火龙果等热带果树的生长发育。这些地区同时也是贵州喀斯特地貌贫困山区，由于这些地区土壤贫瘠、气候干旱炎热，很多经济作物都得不到良好的发展。火龙果耐瘠薄，抗旱能力强，且经济价值高，成为这些区域脱贫致富的重要支柱产业。贵州发展种植火龙果，从引进试种逐步推广到快速发展，历经 20 余年时间，当前已进入良好的发展时期。

随着国内消费者对火龙果食用与保健价值的认知持续提升，火龙果受到更多人青睐，火龙果需求持续增长，成为继荔枝、龙眼、香蕉、杧果之后的第五大大宗南亚热带园林水果。目前国内火龙果整体经济效益水平较高，但行业同质化竞争情况严重，加之近年来广西、云南等产区持续扩张种植面积，产业竞争加剧下产品良莠不一，随着国内消费者需求提升，人们对火龙果等水果产业标准化的要求持续提升。针对现有国内及省内火龙果生产现状，立足贵州区域特点，选育适宜贵州种植且具有区域特色的火龙果新品种，研究相适应的省力化栽培技术，生产绿色高品质的精品火龙果，有利于促进贵州火龙果健康可持续发展。

#### 4. 柑橘产业发展趋势与机遇

（1）产业发展趋势

一是产业布局进一步优化，品种结构更加合理。贵州主栽品种为椪柑、纽荷尔脐橙、琯溪蜜柚、文旦柚等传统中熟品种，成熟期主要集中在 10 ～ 12 月，造成季节性过剩，且同一产区内早熟、晚熟品种少，1 ～ 9 月省内鲜果供应紧缺。在消费需求与产业升级发展共同驱动下，引进柑橘优新品种、调整柑橘品种结构、延长柑橘鲜果供应期是贵州柑橘产业发展的方向。

二是种植面积趋于稳定，老果园提质增效将成为产业发展的重点。在禁止耕地非粮化战略下，果树面积大幅度扩大已很难实现，这就要求从原有果园上下功夫。一方面，对基础设施较好、管理水平较高、经济效益显著的柑橘园给予更多支持，发挥其示范带动作用；另一方面，对低效、老龄果园从高接换种或行内新植等方面进行品种更新，对郁闭果园进行间伐或宜机化等改造，逐步提高老果园经济效益，提升贵州柑橘产业水平。

三是产业发展质量不断提升。贵州柑橘多种植在“老、少、边”山区，但随城市化水平的不断推进，农村劳动力逐步减少且逐渐变老，劳动成本会进一步加大，不能实现省力化、机械化的果园很可能走向绝路，果园可持续性发展难以为继。因此，省力化、机械化是产业将来发展的出路。果园机械化，首先要把道路打通。水肥一体化不能只是做做样子，要真正用起来，给每个果园配上专用肥料，推广使用农机机械操作。在机械化的基础上再实现数字化和智能化管理，这需要很长一个过程。

（2）机遇和优势

一是生态优势。贵州相较于广西、湖南、湖北、广东、四川等柑橘大产区仍处于劣势，在相对饱和的市场下，贵州要抓住特有的生态环境优势，找准消费群体，针对性地开发产品，打造精品柑橘，以满足不同消费层次的需求。贵州生态环境好，空气清新，环境优美，无重工业污染，具有生产精品柑橘的自然环境。

二是政策优势。新国发 2 号文件指出，支持贵州发展高效特色山地农业，我省应抓住机遇，发展贵州特色柑橘产业。

5. 桃产业发展趋势与机遇

（1）优新品种红利将放缓，应持续推动桃品种更新换代

贵州传统种植桃品种以燕红桃、苹果桃等为主，每斤售价 2 ～ 3 元不等，利润空间低，经济效益不显著。少量种植户开始引进一些桃优新品种，如贵阳永乐乡、南龙乡的果农引进了黄肉油桃、黄肉毛桃以及油蟠桃品种进行试种栽培，售价高达 60 元 / 千克，但依然受到消费者的欢迎，大大提升了当地村镇发展新品种种植的热情与积极性。相信通过优新品种的红利效应，将带动部分地区自发进行品种更新。

（2）桃园的提质增效将成为产业发展重点

受严禁耕地非粮化政策的影响，贵州桃产业将从前几年面积的快速扩增向维持现有面积的基础上实现果园提质增效转变。一方面，对管理水平较高、经济效益显著的桃园给予各方面持续支持，发挥其示范带动作用；另一方面，对低效、老龄果园从高接换种或行内新植等方面进行品种更新，对郁闭果园进行间行或宜机化等的改造，逐步提升贵州桃产业水平。

6. 李产业发展趋势与机遇

（1）产业发展趋势

一是李产业布局不断优化。在保障粮食安全、耕地非粮化政策大背景下，我省李产业呈现稳面积、提质量的发展态势，形成了北盘江流域早熟李产区和乌江流域中晚熟李产区。早熟区以贞丰县、镇宁县和关岭县为核心区，中晚熟区以七星关区、清镇市、开阳县、播州区、沿河县为核心区。

二是品种结构不断优化。早熟区以蜂糖李、四月李为主栽品种，中晚熟产区以脆红李、本地酥李、沙子空心李、清脆李和奈李为主栽品种。

三是产品质量不断提高。受消费市场驱动，李果品不同等级间价格差异较大，高档品种蜂糖李、黄金奈李每个等级间价格差异在 10 元左右，一般品种每个等级间价格差异也在 3 元左右。种植者对树形培养、科学施肥、病虫害绿色防控，以及防雹、抗旱、防寒、避雨栽培等提质增效技术的学习和掌握应用越来越好，优质果品率逐年提高。

（2）机遇与优势

一是品牌优势。贵州有地理标志认证的地方名李有六个，尤其是随着蜂糖李在全国热销，镇宁六马蜂糖李品牌迅速在国内传播，镇宁六马镇俨然成为蜂糖李的集散地，带

动了贵州李果品品牌的整体影响力。

二是资源优势。贵州是中国李的起源中心之一，李资源十分丰富，在品质、成熟期、抗性等基因挖掘方面均具有可利用的种质资源，能为品种选育提供较好的亲本材料，支撑产业的发展。

三是气候优势。贵州海拔落差大，立体气候突出，不同区域种植同一品种成熟期可相差两个月左右，利用海拔气候优势可有效延长鲜果供应期。

四是政策优势。新国发 2 号文件支持贵州全力打造数字经济发展创新区，全力打造脱贫攻坚成果样板区，为我省果品线上销售、品牌打造、物联网建设提供了政策支持。

## 二、水果产业科技发展

在全球水果产业竞争加剧的今天，科技进步成为提升品质、增加效益的核心驱动力。从现代分子育种技术的应用到智能精准栽培系统的推广，科技创新深刻改变着水果产业的发展面貌。

### （一）国内外水果产业科技发展

#### 1. 国内外猕猴桃产业科技发展

在 20 世纪初，新西兰传教士从中国带走猕猴桃种子，开始了猕猴桃品种的选育工作。60 年代，选育出美味猕猴桃品种 Hayward 开始商业化生产。80 年代以后，新西兰利用来源于中国的猕猴桃种质资源大规模开展品种选育工作，科研工作在世界属于领先水平。新西兰植物与食品研究所与佳沛公司合作选育的 G3 阳光金果，目前是国际市场最为畅销及创收品种，新品种选育和企业的市场开发运营模式被认为是成功典范。

我国于 1978 年成立全国猕猴桃科研协作组，全面开始了猕猴桃野生资源普查、发掘、种质鉴定与育种栽培研究工作，产业发展经历了起步 – 快速 – 缓慢 – 飞速等四个阶段，种植面积和产量居世界第一。通过全国资源普查，基本摸清了我国猕猴桃属植物资源的本底情况，并利用孢粉学、细胞学、分子遗传学等手段建立了猕猴桃属植物资源的分类、鉴定、评价和发掘利用体系。武汉植物园和湖北农科院建成了国家级猕猴桃种质资源圃，西北农林科技大学猕猴桃试验站、郑州果树所、四川自然研究院、广西植物所、中国农业科学院特产研究所等科研单位收集建成了许多种质资源圃，为进一步选育新优品种和优良材料奠定了坚实基础。

我国科学家完成“红阳”全基因组测序，构建猕猴桃高密度遗传图谱，获得系列重要性状分子标记，建立了猕猴桃属植物的起源进化和杂交渐渗的物种谱系构架理论模型，获得国际瞩目的科研进展。育种技术不断创新，从最早的野生选种、实生选种，到种间杂交育种、分子标记辅助育种、化学诱变、基因编辑技术育种，育种效率不断提升。经过40多年的引进消化创新，我国猕猴桃生产技术快速发展，猕猴桃产业发展实现了规模化、专业化。建园、树体管理、土肥水管理、病虫害鉴定防治、采收标准、果品分级等各个环节不断标准化，形成不同区域的生产技术体系规程，推动了我国猕猴桃种植水平的提升。

2. 国内外苹果产业科技发展

（1）品种结构和砧木类型

从品种构成来看，目前中国“红富士”品种栽培面积占苹果总面积的69.6%，“元帅系”“秦冠”和“嘎拉”占22.3%。从其他国家苹果品种结构来看，很少有单一品种种植面积超过20%的。美国以“元帅系”“嘎拉系”“金冠”作为主栽品种，约占总产量的一半以上。近几年，“嘎拉”和“蜜脆”品种规模上升最快。阿根廷和智利的苹果生产趋势与美国华盛顿州相似，“元帅系”苹果约占20%，其他品种占10%，“金冠”苹果栽植很少，新建园主要以“嘎拉”为主，“勃瑞本”和“乔纳金”也有少量栽培。新西兰苹果总产的60%以上用于外销，主栽品种是“嘎拉”“勃瑞本”和“乔纳金”，近年来发展的“爵士”“Envy”“太平洋玫瑰”等品种产量逐年增加。澳大利亚以“澳洲青萍”“粉红女士”“元帅系”“嘎拉”“金冠”等品种为主，最近推出了新品种“夕阳”。日本仍以“富士”“津轻”“王林”“乔纳金”作为四大主栽品种，但比例在不断下降。近年来，日本选育出了一大批苹果新品种，如“富士冠军”“信浓黄”“秋映”“彩香”“凉香的季节”“北红”等。因此，品种多样化是世界各国苹果产业发展的共同特征，我国苹果科技育种工作者一直致力于打破“富士”苹果“一果独大”的局面。

砧木选育和应用方面，欧洲国家苹果栽培主要是以荷兰选育的矮化砧木M9T337自根砧苗木为主。美国选择自己选育的G系（G16和G41）砧木，日本和法国都与M9T337自根砧木相比较进行选择。我国苹果产业生产主要应用的乔化砧木有山定子、八棱海棠、平邑甜茶、新疆野苹果、楸子、青砧 1 号和青砧 2 号，因各地产业气候和土壤存在差异，砧木的应用呈现区域化特征。矮化砧木主要有 M26、SH 和 GM256 和 M9T337，SH 和 GM256 是我国自主选育的评估矮化砧木，目前主要作为矮化中间砧应用。

（2）栽培模式

矮化密植是世界苹果产业发展的趋势，由于矮化密植栽培具有进入结果期早、管理省工省力、生产成本低等优势，已成为国外主要苹果栽培模式。国内矮化密植栽培模式发展较快，例如河北农大的苹果“三优”栽培模式、陕西的“千阳模式”“海升模式”，其矮化密植栽培具有较强代表性。矮化自根砧主要采用营养繁殖，繁殖成本高，根系缺少主根，固地性差，需要架材，建园成本高。湖北海棠、平邑甜茶、丽江山荆子、小金海棠等苹果砧木资源均具有无融合生殖特性，因此充分利用我国地方苹果砧木资源，选育矮化无融合生殖苹果砧木，是推动我国苹果矮砧栽培模式高质量发展的关键技术。

### 3. 国内外火龙果产业科技发展

（1）品种选育

“十三五”期间，农业农村部启动国家育种联合攻关，将火龙果列入育种联合攻关树种，国内火龙果主产区各科研院所及部分企业均参与了火龙果联合攻关项目的实施，并取得一定成效。2022 年，农业农村部再次启动国家育种联合攻关，再次将火龙果列入特色树种联合攻关项目，持续开展火龙果育种全国联合攻关，助力火龙果产业升级和可持续发展。2021 年至今，国内各联合攻关体系通过杂交育种、诱变育种、实生选种等技术创制出自花结实、大果、优质、高糖、双色等优异种质 21 份，筛选出“热研 2 号”“热粉 2 号”“桂玉龙 2 号”“玉龙 3 号”“冰糖燕窝果”“云研 – 冬红夏白”等优良品系。

（2）栽培技术

近年来，随着火龙果在国际国内市场的接受度不断提高，火龙果种植面积不断增加，我国各主产区对火龙果重视度不断提升，贵州、海南、广东、广西、云南、福建各省及我国台湾地区均有科研部门开展相关研究，集成了火龙果产期调节技术、火龙果大苗定植快速投产技术、火龙果高密建园技术、火龙果病虫害绿色防控技术等优质高效生产技术（表 1）。

表 1　我国火龙果优新技术与传统管理技术比较

| 优新技术 | 较传统管理技术的优点 |
| --- | --- |
| 火龙果产期调节技术 | 每年能多生产 3 ～ 5 批果实 |
| 火龙果大苗定植快速投产技术 | 当年可见效，次年产量可达盛产期一半 |
| 火龙果高密建园技术 | 产量在 4000 公斤 / 亩以上 |
| 火龙果病虫害绿色防控技术 | 提高产量及商品果率 |

（3）采后贮藏保鲜

近年来，国内学者分别从低温贮运技术、溴甲烷熏蒸、贮藏品质等对火龙果采后贮藏保鲜开展研究，盛开等研究发现，8℃下贮藏可更有效地抑制红肉火龙果腐烂，保持其品质，低温（2℃、4℃和 6℃）贮藏可减少重量损失，保持较高的可滴定酸度、可溶性糖和总酚含量，但出现不同程度的冷害，1μ L/L 1-MCP+EA 复合缓振包装（瓦楞纸箱 + 气柱卷）、气调包装（70%$O_2$+20%$CO_2$+10%$N_2$）和低温（8℃）处理是较为理想的贮运红肉火龙果的保鲜方式，可以实现红肉火龙果保鲜期 34 天。潘旭婕等以“玫瑰香”和“大红一号”两个红肉火龙果品种为试验材料研究发现，贮藏前期，两个品种红肉火龙果的主要香气贡献物质均为正己醛，贮藏后期“玫瑰香”品种转变为香叶醇，“大红一号”则转变为 2，6– 壬二烯醛，主要香气贡献物质的含量在贮藏期间显著下降，造成风味劣变。

（4）基础研究

随着火龙果研究的不断深入，国内各科研院所近年相继在火龙果基因组测序、自交不亲和机制及相关功能基因、诱导火龙果成花基因、甜菜素合成机制等基础领域开展研究，并取得一定成效，如秦永华团队完成了火龙果栽培种“莞华百”基因组测序分析，筛选到 43 个参与火龙果甜菜素生物合成的结构基因；李佳雪等人将 153 个火龙果 Hub-HLH 和 120 个拟南芥 AtbHLH 蛋白进行系统发育比较分析，研究火龙果 HubHLH 基因家族的全基因组及其对冬季补光诱导开花的表达响应，发现 HubHLH 基因家族可能在冬季补光诱导火龙果成花过程中起到调控作用。

4. 国内外柑橘产业科技发展

品种结构方面，农业发达国家更加注重早、中、晚熟品种搭配，据统计全球育有106个新品种，以巴西、哥伦比亚、美国品种最为丰富，品种有200多个，其品种熟期结构合理。栽培管理方面，美国、西班牙、巴西等国将“高品质、省力化、轻简化”先进技术贯穿于建园、修剪、施肥、打药、采后等全产生产过程，已达到低成本、高产值的水平，并从基因组学、生理生化方面对果实品质进行研究，为品种选育栽培提供理论支撑。

近年来，我国依托国家现代柑橘产业技术体系，加大对柑橘栽培技术研发与应用的科技支撑与资金投入，通过与各科研院校合作，陆续从美国、日本、西班牙等国家引进适宜我国栽培的柑橘优良品种及先进配套技术，使柑橘产业得到快速发展。目前，国内柑橘主要从品种选育、土壤改良、配方施肥、起垄栽培、高光效树型培育、宜机化建园以及病虫害绿色防控等方面进行研究和应用，重在宜机化、省力化、轻简化栽培模式的创新。采用高品质、省力化高效栽培技术已成为柑橘产业发展的重要方向。

5. 国内外桃产业科技发展

国外桃产业在品种改良、栽培技术、市场开拓等方面均取得了较大发展。例如，美国的桃产业具有较高的规模化和现代化水平。美国桃品种资源丰富，品质稳定，还发展了高效的栽培技术，包括灌溉、施肥、病虫害防治等方面，提高了桃的生产效益。欧洲、澳大利亚等的桃产业也取得了一定的发展成果，不断提升品质并获得认证。

现代栽培技术的研发与应用是保障桃产业高效、健康发展的基础，我国加大对现代栽培技术研发与应用的科技支撑与资金投入，成立国家桃产业技术体系，通过与各科研院校合作，共同推进桃产业现代化。有别于传统的大冠稀植、果园清耕等栽培模式，起垄栽培、宽行密植、高光效树型、果园生草、缓释肥料、果园机械化等栽培技术得以研发并应用，病虫害监测以及绿色防控技术也逐步被桃生产者重视和应用。我国桃产业正在向标准化、省力化、生态化、机械化的节本增效道路迈进。

6. 国内外李产业科技发展

在李产业发展过程中，从“靠天吃饭”的传统生产，发展成良种良法配套、农机农艺融合的现代农业技术体系。在种质资源收集、保护和利用上，于1974年建立了“国际植物遗传资源委员会”（IBPGR），专门从事植物资源多样性保存与应用，其中设有果树专业部门，美国、日本等国十分重视果树种质资源的收集，自18世纪起，他们以本国生产上利用的栽培品种收集为主，广泛收集杂交育种的亲本材料和优良品种，以及具有优异性状、特殊抗逆特性的野生种、半野生种和稀有种，以适应现代生态环境及生物技术育种的需要。我国的“国家果树种质熊岳李杏圃”，保存着来自亚洲、欧洲、北美洲、大洋洲和非洲等的李、杏种质资源1600余份，是我国唯一的保存李和杏种质资源的国家级专业资源圃，也是世界上保存李杏资源份数最多、多样性最丰富的资源圃。

在病虫害防治上，李树病虫害绿色防控技术主要通过逐步建立起科学有效的病虫害监测预警与防控技术体系，以农业防治、生物防治、理化诱控为主，科学使用化学农药等技术来有效控制病虫害的发生，把握关键防控时期，合理修剪、施肥，科学使用生物农药、化学农药等，减轻病虫害的发生，同时保护生态环境。

在树形培养及改造上，针对目前李产业上整形修剪多采用重短截、轻夏剪等造成的果园逐渐郁闭、优果率低、费工费时等问题，集成长枝修剪、大冠改小冠等技术，优化树体结构和树形、增加果园通风透光率，提高果园产量和果品质量，节约了成本，增加了经济效益。

在构建李产业发展标准体系上，坚持以标准保证质量、提高效益，强化标准应用，提高农业全产业链标准化水平。我国制定了李全产业链生产相关国家、地方、行业标准50余项（全国标准信息公共服务平台），突出抓好李产品质量标准，推进李产地环境、生产过程、产品质量、包装标识等全流程标准化建设。

## （二）贵州水果产业科技发展

### 1. 贵州猕猴桃产业科技发展

贵州省猕猴桃科研和产业发展始于20世纪70年代末，经历了“发展、萧条、再发展”的过程。“十二五”以来，贵州省加大猕猴桃科研团队建设，形成了设计猕猴桃种质资源育种、栽培生理、病虫害防控、采后等研究方向齐全的专业猕猴桃科研团队。省农业农村厅水果专班组织全省科研单位，发布贵州猕猴桃系列标准，包含全产业环节技术规程。在修文县建设贵州省猕猴桃种质资源圃，全面开展新品种选育、主栽品种筛选。在花粉直感和配套授粉雄株筛选，树体管理，溃疡病、软腐病防控，主栽品种采收保鲜生理等方面开展试验示范推广，有力推进全省猕猴桃产业发展。

### 2. 贵州苹果产业科技发展

贵州省农科院果树所联合贵州省果树蔬菜工作站、贵州大学、威宁县农业农村局等单位，重点立足资源、品种和适宜山地栽培技术开展研究工作，收集保存苹果和授粉海棠等种质资源100余份，选育特色苹果优新品种两个，发掘地方适应性砧木三份，集成了配套的山地苹果栽培技术。通过配套砧穗组合以及山地苹果关键技术，提出贵州本土化的山地苹果“三优”栽培模式，在全省推广应用5万余亩，有效支撑威宁山地苹果高效发展。

（1）筛选适宜品种，优化品种结构

长期以来，贵州苹果苗木多从北方主产区引进，主要品种为红富士、金冠和红星。2008年以来，开始开展苹果优新品种的引进筛选工作，先后筛选出“红露”“华硕”“秦脆”“鲁丽”和“维纳斯黄金”等适宜贵州威宁的优新苹果品种，并针对不同树龄、砧木和树势的苹果，系统开展了苹果高接换种技术研究，形成了苹果高接换种快速成型投产技术。苹果多头多芽嫁接技术（图1），可实现当年成形，第二年投产；苹果主干改接技术（图2），可实现当年成形；矮化中间砧低位嫁接技术（图3），可同步解决生产中存在的矮化中间砧苹果树形不规范、山地果园树势弱的问题，为威宁苹果品种结构优化提供了有力的技术支撑。

图1　三年生自由纺锤形植株结果枝多头高接，实现当年成形来年投产

图 2　主干低位改接，实现当年成形和形成花芽

图 3　矮化中间砧苹果低位改接，实现树形树势同步改造

（2）研发适配技术，助力产业提质增效

往苹果栽培主要以乔砧密植为主，树体高大，整形修剪技术复杂，苹果优质果率低。树形方面，我们重点推广应用小冠疏层形和自由纺锤形，简化树体修剪技术。同时，开始种植矮砧苹果，尤其是 2016 年以来，威宁矮砧苹果栽培得到快速发展。目前，全省矮砧苹果基地接近 10 万亩，苹果栽培模式和技术有了革新性变化。在苹果整形修剪方面，重点推广苹果降级树形、单轴延伸等简化修剪技术。在土肥水管理上，重点推广果园生草栽培技术（图 4），摒弃以往的清耕和使用除草剂的土壤管理方法。在改善苹果果形和着色方面，下垂枝结果技术配套覆膜增色增糖技术（图 5），提高果实外观品质。通过先进技术的应用，支撑苹果向绿色、优质、生态方向发展。

图 4 果园生草技术

图 5 覆膜增色增糖技术

3. 贵州火龙果产业科技发展

（1）品种选育

结合贵州立地条件及目前国内火龙果产业新奇特品种的育种目标，以高糖大果、耐低温、自花授粉等性状为方向，“十四五”以来，贵州省果树科学研究所通过杂交育种和实生选种技术，开展火龙果种质创新工作，截至 2022 年年底，获得杂交后代组合 8 个，播种杂交后代株系 300 份，嫁接杂交后代童期苗 50 株，初步建立贵州火龙果种质资源 F1 代群体。

在前期研究基础上，挖掘芽变火龙果自花授粉新种质三份，并申报品种认定，于 2021 年 12 月通过贵州省非主要农作物品种认定。三个品种分别是“黔龙 1 号”“黔红”“黔蜜龙”。

（2）栽培技术

“十三五”以来，以贵州省农科院果树科学研究所为主的火龙果研究团队，立足贵州热区气候特点及环境条件，在前期研究基础上，集成创新了系列火龙果规范化种植技术，包括火龙果标准化建园技术、火龙果肥水管理技术、火龙果整形修剪技术、火龙果主要病虫害综合防控技术、火龙果溃疡病防控技术、火龙果采收贮运技术、火龙果产期调节技术等，示范推广至各火龙果产区，有效提升了各产区火龙果园的管理水平。

贵州罗甸素有“天然温室”之称，罗甸脐橙、火龙果获国家地理标志产品保护，荣膺“中国火龙果之乡”“国家农产品质量安全县”等称号。

2022 年 7 月，省农科院果树所火龙果团队亲临“中国火龙果之乡”罗甸县龙坪镇考察指导，针对蜜宝、金都 1 号、软枝大红、粉红龙等主栽品种的结果批次、花果数量、果实转色情况等进行了数据统计，专家通过采集不同区域样本进行测量计量，确定试验区每批亩产量为2266千克，其中优果率大于70%，商品果率大于90%，病果率小于2%。

### 4. 贵州柑橘产业科技发展

（1）优新品种引进示范与推广

贵州山地立体气候为柑橘的生长发育提供了优越和独特的环境条件，目前主栽品种多为中熟品种，如椪柑、纽荷尔脐橙、琯溪蜜柚等传统品种，成熟期大多集中在10～12月。随着柑橘产业结构调整的不断推进，贵州省果树科学研究所柑橘研究团队持续从重庆、广西、湖北等地为德江、从江、锦屏、天柱、罗甸、镇宁、松桃、息烽引进明日见、爱媛28、沃柑、青秋脐橙、伦晚脐橙、大雅柑、夏蜜柚、香水柠檬等不同熟期品种40余个，并对引进种植的柑橘新品种持续开展生态适应性观察，目前已筛选出适宜品种10个，在不同地区建立新品种示范基地3万余亩，对改善当地品种结构取得了较好成效。但贵州柑橘种植面积广，环境气候差异大，且柑橘品种更新快，柑橘引种试种工作仍需继续。

（2）推广应用优新技术

贵州主要依托国家现代柑橘产业技术体系，积极同岗站合作，重在宜机化、省力化、轻简化栽培模式的创新。在新建园开展柑橘新品种起垄限根、宜机化建园、生草抑草、化肥减施等技术研究与示范，促进幼苗快速成园投产；针对老果园实施大冠改小冠、高光效树形培育技术推广应用，促进老果园更新复壮及提质增效；病虫害方面，加强黄龙病、溃疡病、黑点病、害螨、实蝇等柑橘重大病虫害发生情况、防控现状及发生规律研究，筛选病虫防控高效低毒药剂及组合、生防产品等，集成、创新形成生态调控、物理防治、生物防治及科学用药等绿色、经济、高效的柑橘病虫害综合防控技术，在从江、榕江、天柱、锦屏、德江、罗甸、镇宁等累计建立示范园5万余亩，辐射带动20万余亩。

### 5. 贵州百香果产业科技发展

贵州地处云贵高原，西南腹地，属亚热带季风气候，昼夜温差大，属于典型的夏凉地区；地跨长江、珠江两大水系，域内溪沟纵横，呈现地方特色的多样性小气候；土壤元素种类丰富，无工业污染，大气环境清洁。这些有利条件都为贵州发展高品质百香果奠定了基础。

“十三五”期间，正值贵州省脱贫攻坚关键时期，百香果作为果树中“当年种植当年见效”的树种，属“短、平、快”产业，又因其果汁具有美容养颜和经济效益高等特点，深受帮扶单位、企业和人民群众的青睐，在农村产业革命水果产业发展中，放到了优先、突出发展的位置。

2022 年，从江已建成占地 2000 余亩的百香果全产业链产业园，园区建有全国百香果大数据服务平台、种苗繁育中心、果品分拣车间、果浆提取车间、冷藏库、气泡水厂。严格按照农产品生产、加工、流通和质量安全标准体系建设，引导百香果种苗培育、产品研发、精深加工和产销服务等全链条植入，逐步实现一、二、三产业融合发展，为助力乡村振兴打好基础。

**6. 贵州桃产业科技发展**

（1）优新品种应用范围扩大

传统种植的白肉桃（如燕红桃、苹果桃等）价格持续低迷，以及锦绣黄桃因集中上市导致的价格下跌。结合城市近郊旅游、采摘体验等的发展，多样化的桃品种具有较好的价格优势和市场空间，不同时期、不同类型的桃优新品种开始逐步被种植户引种接纳。以中国农业科学院郑州果树所的中蟠系列蟠桃、黄金蜜系列的黄桃，北京市农果所的瑞光系列油桃、瑞蟠系列蟠桃，江苏农业科学院果树所金霞油蟠等不同类型的桃品种在贵阳周边乃至贵州逐步得到发展，进一步优化本省桃品种结构。

（2）高效技术得到应用

随着人工成本的增加以及高效技术应用所带来的经济效益的提升逐步被种植户认识，高效技术已得到广泛应用。以贵阳、息烽等地集成的宽行密植、起垄栽培结合 Y 字形树形培养的宜机化建园技术应用，可有效降低果园管理中除草、施肥、打药、开沟、翻地等劳动强度较大的人工需求，节约人工成本 50% 以上；以抬升枝梢角度、加强中下部结果枝组培养的高光效树形技术应用，可提高桃产量与品质，是解决我省多数区域桃产量偏低的有效措施；梨小迷向素防治梨小食心以及果实蝇饵剂配合康碧果实蝇饵剂进行防控并在果园周边采用高效氯氟氰菊酯进行趋避等防控措施，可有效降低果园梨小和橘小的危害，保证果实商品性；果园生草技术的持续应用，可有效提高土壤有机质，是替代劳动强度大、人工成本高的冬施基肥潜力措施。

### 7. 贵州李产业科技发展

我省深入实施创新驱动发展战略，面对重点农业特色优势产业关键技术瓶颈，围绕农业全产业链部署创新，把农业科技创新融入李产业发展全过程全要素，着力构建产学研用深度融合的现代李产业科技支撑体系。

一是完善李产业协同创新体系。贵州省果树科学研究所、贵州大学农学院、安顺农业科学院、贵阳学院等单位共同承担李产业科技创新技术体系项目。围绕李育种制种、生态化栽培、贮藏保鲜等重要方面，开展提质增效技术研发与应用，建立系列化、标准化、高质量的特色产业技术成果包。

二是实施现代种业提升行动。开展全省农业种质资源的全面普查、系统调查与抢救性收集，尽快摸清种质资源家底。在第三次农作物普查与收集中，收集到李资源40余份，实现应收尽收，应保尽保，确保李种质资源不丧失。构建分子指纹图谱库和资源表型数据库，加强高通量鉴定等先进技术应用，深度发掘有育种利用价值、品质性状优异的标记基因和等位基因。

三是强化李种质资源创新。制定李品种中长期育种计划，强化育种技术、优良基因挖掘、育种材料创新等基础性研究，开展核心技术联合攻关，新选育一批高产、优质、高效的李品种。

四是构建李产业发展标准体系。贵州省目前有两项李团体标准（全国标准信息平台）及两项地理标志产品（国家标准信息公共服务平台），针对空缺的标准、没有国家标准或行业标准的特色优势产业领域，制定修订一批结构合理、协调配套的生产、加工、物流和食品安全地方标准，鼓励社会团体和企业制定高于现有标准的团体标准和企业标准，培育一批具有全国影响力的团体标准、企业标准，推动重点企业与科研机构合作，依托自身产品技术工艺，研究制定领先于行业的产品标准。推动质量标准和技术规程、方法标准、物流标准等协调发展，增强标准研制能力，加快构建特色鲜明、系统完备、协调统一的农业全产业链高质量发展标准体系。

贵州李产业的发展，主要依托上述李产业科技支撑体系，通过开展低产园改造、宜机化种管模式，科学合理进行养分调控、数字化果园管理等现代果园种管技术集成创新，加强病虫害绿色防控、产品保鲜贮运等技术研发与应用，贵州李果实品质优势机理研究等，实现以科技兴产业，带动产业高效有序发展。

## 三、新品种、新技术应用与贡献

我省特色种植发展较好，2024 年一季度，全省蔬菜产量 786.12 万吨，比去年同期增长 4.1%；水果产量 19.43 万吨，增长 7.5%；中草药材产量 11.72 万吨，增长 3.0%；茶叶产量 4.37 万吨，增长 4.1%。

### 1. 猕猴桃新品种、新技术应用与贡献

省农科院猕猴桃科研团队主要在贵州全省猕猴桃野生资源收集保存评价、新品种引进及鉴评、新品种实生和杂交选育、溃疡病防控、猕猴桃果园科学施肥等方面开展研究。目前已摸清全省范围内猕猴桃属植物野生资源的分布种类和地区，以此开展种质创新，获得一批优系材料，包括抗病黄肉优系，在修文县和院本部建设贵州省猕猴桃种质资源圃，选育出“黔雄一号”雄株优系，“翠玉”“金魁”“玉玲珑”“贵毛 1 号”“贵毛 2 号”通过非主要农作物品种认定，在全省推广“一主两蔓”标准化整形修剪技术、高效液体授粉技术及装备已申请专利，专利产品防治猕猴桃蚧壳虫的树干膏剂在全省猕猴桃产区推广，猕猴桃果园放蜂辅助授粉示范已获得实效并示范推广应用。

### 2. 苹果新品种、新技术应用与贡献

新品种 + 新技术，助力威宁苹果提质增效。指导威宁、赫章苹果基地改接“华硕”等早熟苹果优新品种，通过改接换种快速成型投产技术，优化苹果品种结构，示范推广下垂枝修剪、覆膜增色增糖等技术，有效改善苹果外观品质，提高果实商品果率，促进果农增收。

### 3. 火龙果新品种、新技术应用与贡献

对前期收集保存的资源开展评价，已完成 100 余份火龙果种质资源的植物学性状评价，完成 49 份火龙果种质资源的分子评价，挖掘耐寒、自花结实率高、耐瘠薄、大果等火龙果资源 18 份，申请认定火龙果自花授粉品种三个。于罗甸、镇宁、关岭等地推广黔龙 1 号、黔红等自花授粉火龙果新品种约 6 万亩，通过品种更换，实现示范园增产 29.4%；集成火龙果排架式加密建园、有机肥替代化肥、果园生草、酵素施肥、整形修剪、主要病虫害综合防控等配套技术，并示范推广至各火龙果产区，通过加密、高效栽培等技术，实现示范园增产 86%，每亩增收 7180 元。

#### 4. 柑橘新品种、新技术应用与贡献

贵州省果树科学研究所是长期从事柑橘研究的科研单位，一直致力于探索柑橘优新品种引进示范、树形管理、花果管理、病虫草害绿色防控等“高品质、省力化、轻简化”高效栽培技术的集成及示范推广。近年来，团队在国家现代柑橘产业技术体系贵州特色柑橘综合试验站，以及“西南柑橘黄龙病非疫区及阻截带防控技术研究与示范”“贵州喀斯特山区优势特色产业提质增效技术集成与示范”“从江柑橘提质增效技术集成与示范”“从江椪柑品质提升关键技术集成与示范”“乌江沿岸错季柑橘生产实用技术”“柠檬新品种引进及配套关键技术研究”“从江柑橘品种改良及高效栽培技术研究与示范”“不同熟期柑橘新品种引进及快速投产技术研究”等项目资金支持下，陆续从重庆、广西、湖北等地引进香水柠檬、伦晚脐橙、爱媛 28 号、大雅柑、明日见、清秋脐橙等柑橘品种 40 余个，在不同地区建立新品种示范基地 3 万余亩，对改善贵州柑橘品种结构取得了良好成效。持续开展老果园提质增效、病虫害绿色防控工作，累计建立示范园 5 万余亩，辐射带动 20 万余亩，示范园经专家现场测产，优果率达 85%，平均亩增产超过 20%。对开展的工作凝练形成柑橘规程 7 项、论文 50 余篇，选育并审定新品种一个、国家非主要农作物品种登记一个、国家植物新品种保护两个等一系列成果。

#### 5. 桃新品种、新技术应用与贡献

贵州省果树科学研究所自 2013 年开展桃优新品种引进及高新栽培技术集成应用，截至 2021 年年底，共引进毛桃、油桃、蟠桃、油蟠桃等不同类型桃品种 147 个，通过长期观察评价，初步筛选品种优良、适应性好，具有一定推广价值的霞脆、中蟠 11 号、霞晖八号、锦绣、锦硕、黄金蜜 4 号等不同熟期的桃品种组合，可满足当前市场对桃优新品种需求。省果树所科技人员通过与国内桃研究院所合作，集成宽行密植、Y 字形树形、果园生草、病虫害绿色防控等技术，实现果园可机械化操作，为贵阳市乃至全省桃产业技术升级提供支撑。

“锦绣”黄桃是上海市农科院选育出黄肉晚熟桃，贵州省果树科学研究所桃团队经近十年的观察，发现其具有良好的适应性，在我省 400 ～ 1300 米海拔均有种植，且品质良好，丰产性强。2021 年，经上海市农科院授权，贵州省果树科学研究所在贵州省内作品种认定，认定编号“黔 R-EST-PP-009-2021”。

6. 李新品种、新技术应用与贡献

在种质资源收集保存创新方面，省农科院果树所开展了贵州地方名李资源、野生资源的收集保存工作，已收集保存本土李资源 70 余份，建成贵州李种质资源圃一个，并获省农业农村厅授牌；通过系统选育挖掘早熟、晚熟、优质地方李优系 10 余个，通过杂交、辐射诱变创制李新种质 100 余份；认定李品种两个；为我省李品种改良提供了种源储备。针对我省李产业中存在树体郁闭、病虫害发生严重、低产低质低效等问题，开展高光效树形培养、病虫害绿色防控、土壤培肥等技术攻关及示范应用，制定企业技术标准三项，省主推技术两项。

7. 百香果新品种、新技术应用与贡献

贵州省农科院果树所和贵州科学院等科研单位百香果科技人员常年奔走在产业一线，分别服务全省 28 个千亩以上重点县，主要种植片区均到现场指导。按照“优势产品在优势区域裂变式发展和规模化、标准化、品牌化发展”的要求，省水果专班立足资源禀赋、气候条件、产业基础和市场需求，瞄准百香果等“4+2+N”特色优势树种，整合土地、资金、技术、人才等发展要素，强力推进贵州水果产业发展。

2021 年至今，因乡村振兴新政策的出台，产业结构的调整，百香果种植面积逐渐收缩并维持稳定在 10 万亩左右，主要栽培品种为紫果“台农一号”和黄果种“钦蜜 9 号”。2022 年，贵州省农业农村厅第 79 号非主要农作物品种认定公告，西番莲品种认定 9 个，其中贵州省果树科学研究所 3 个（黔香 1 号、黔香 3 号、金香 2 号）、贵州省亚热带作物研究所两个（贞香 1 号、贞金 1 号）、贵州省山地资源研究所 4 个（贵寒 1 号、贵寒 2 号、贵香 1 号、黔黄 1 号）。2023 年，贵州省果树科学研究所选育的“黔香 1 号”和“金香 2 号”被省农业农村厅推选为主推品种。

## 四、贵州水果产业发展对策

贵州山地气候土壤多样，果树资源丰富，生态环境好，具有开展果树种源创新和生产绿色生态果品的优势。目前，贵州水果栽培面积近 1000 万亩，是山区果农增收致富和助力乡村振兴的重要产业，在“粮食安全”和“严禁耕地非粮化”的大环境下，贵州果树产业面临劳动力成本不断攀升、优势劳动力资源匮乏、山区农业机械化难度大等实际情况，要实现“稳面积、调结构、提品质、增效益”的高质量发展目标，贵州果树产业对品种、科技、人才等方面的需求更为迫切。立足贵州果树资源禀赋和山地果园特点，结合现代果业发展趋势和要求，省农科院果树所拟从以下几个方面持续开展果树科技研发工作，支撑贵州果树产业高质量发展，更高效地发挥果树产业在乡村振兴中的作用提供科技支撑。

1. 持续开展贵州山地果树种业创新工作

进一步收集保存贵州山地特色果树种质资源，持续开展果树种质资源的精准评价和创新利用，提升果树种业创新能力水平。同时，结合果树育种具有周期性长、难出成果的特点，针对我省果树种业创新的资金和人才瓶颈问题，一是持续支持贵州省喀斯特石漠化山地特色果树种质资源的保存和创新利用工作。建议设立贵州省果树种质资源专项经费，多发掘一些“镇宁蜂糖李”“玛瑙红樱桃”等地方优异果树种质资源，创制一批具有区域特色的果树种质资源，更好地将我省果树种质资源优势转化为经济优势。二是支持果树育种人才团队建设。结合贵州喀斯特和石漠化生境特点，发掘、优化我省水果品种结构，突出品种特色，充分挖掘和发挥果树产业比较优势与区域比较优势，分类推进大宗优势品种、特色差异化品种的发展，重点发展地区自身主导优势品种，将资源优势转化为科研和产业优势。

2. 加强山地果树科技创新技术研发

聚焦我省优势果树树种，立足山地地形和气候特点，围绕阳光果园和沃土养根两个方向，重点研发与之相适宜的建园、整形修剪和花果管理、省力化栽培、主要病虫害绿色防控、减灾防灾等山地果园配套栽培技术研究，同时，结合山地果园机械特点，研发配套的栽培技术措施，实现农艺与农机的深度融合，降低果园劳动强度和生产成本。建议营造更加良好的环境促进贵州果树科技部门开展对外深入合作、协作和交流，尤其是进一步加强与广东的东西部协作，吸引广东技术资金助力贵州果树科技水平提升，加强与中国农科院、中国热科院果树科研院所合作，培养贵州地方科技人才，提升科研力量和水平。

3. 加强体系平台建设，强化科技支撑

通过建设资源圃及种质评价体系、育种技术体系、果树种质资源早期鉴定体系和消费端评价体系，构建喀斯特山地果树种质创新利用体系。继续依托国家产业体系试验站以及国家省市科技项目、揭榜挂帅、“科特派”等工作，聚力接续支持脱贫地区，聚焦产业以及果树生产企业的关键技术难题，服务“特色田园乡村·乡村振兴”集成示范试点建设，加强山地特色高效农业提质增效关键技术集成与示范，提升服务企业能力，强化科技培训，发挥科技引领带动作用。同时建议上级部门针对我省精品水果产业中的关键技术问题，支持建设贵州精品水果创新团队，为贵州水果产业提供精准科技支持，提升贵州水果科技支撑水平。

### 4. 加强山地果园病虫害绿色防控技术研究

针对我省果树产业主要病虫害，摸清我省的发生和为害情况，研究其传播、发育和为害特点，制定针对性的防控技术措施，同时，加强重大病虫害成灾预警机制及主要病虫害预测预报技术研究应用，推进植物源、生物农药等高效安全制剂研究应用，确保贵州苹果的全程安全、干净、节约化生产。建议相关行业部门加强果树苗木的检疫工作，从源头控制苗木采购导致的病虫害传播；考虑到果树病虫害防治技术要求高，需要比较先进的喷药设备，做到联防联控，建议相关部门支持成立区域化、专业化的第三方果树病虫害防治技术队伍，探索果树植保第三方有偿服务模式，加强果树植保科技成果转化。

### 5. 提升优质果率，增加产业经济效益

一是加强果树提质增效关键技术措施研究，针对不同树种的关键品质指标开展技术攻关，制定花果管理等品质提升关键技术，提升优质果率；二是加强果园减灾防灾设施建设和技术推广，尽量降低自然灾害对果品的损伤，降低低等级果和级外果比例；三是加强果品规范化采收、采后预冷分级等设备和技术，研究确定产品关键指标分级参数，制定企业产品标准，减少果品采后损耗，提高商品果的商品性。

### 6. 加强水果产业科技支撑

支持高等院校、科研院所、科技企业建立果树“三新”（新品种、新技术、新模式）实训基地，把示范园建到果农家门口，把培训教室放到果园中，充分利用果农的感性认识提升培训效果；科技培训方面，选择一批种植大户为重点培训对象，结合果树生产管理季节多次跟踪培训，将果农培养成二传手，将果园打造成示范园，以加强基层农技力量。

执笔人：吴亚维　彭志军　唐冬梅　王荔　李文云　赵凯　陈楠

# 贵州牧草产业科技发展报告

◆ 贵州省草业研究所

牧草产业是我国农业发展的重要组成部分，牧草产业快速发展是畜牧业尤其是草食畜牧业稳定健康发展的重要基础。加快推动牧草产业发展，有助于推进我国农业供给侧结构性改革，提升区域经济发展水平及农牧民增产增收能力，全面落实乡村振兴战略。

## 一、牧草产业发展概述

牧草产业是以饲草种植、生态修复草培育及草种研发为核心的综合产业体系，中国正经历着快速发展阶段。它专注于支持畜牧业的绿色发展、增强生态系统的自然恢复力，并为农业现代化贡献力量。通过集成政策引导、技术创新与市场需求增长，牧草产业展现了强大的经济价值、生态价值和社会价值，成为国家推动可持续发展战略中的重要一环，未来发展前景极为乐观。

### （一）国内外牧草产业发展概况

2022 年，全球牧草产业蓬勃发展，受惠于政策激励与市场需求，国内外均加大了草种研发、生态种植及深加工技术的投入，实现了传统产业的升级与绿色发展。从中国到世界各国，牧草产业不仅支撑着畜牧业的持续增长，更在生态修复、环境保护和可持续农业战略中扮演重要角色，通过技术创新与国际合作，共同推动了该领域的全球扩张与品质提升。

#### 1. 国外牧草产业发展简述

发达国家在草牧业发展方面取得了丰富的经验和研究进展，根据联合国粮食及农业组织（Food and Agriculture Organization of the United Nations，FAO）最新统计数据，全球草地面积为 67.58 亿公顷，约为陆地面积的 50%。其中，永久放牧地 32.11 亿公顷，疏林草地 17.70 亿公顷，其他类型 21.76 亿公顷。世界范围内，大洋洲约为 72% 的土地是草地，美洲约一半的土地是草地。具体来说，俄罗斯的草地面积最大，有 800 万平千米（8 亿公顷），其后依次是加拿大 130 万平方千米，澳大利亚 40 万平方千米。

### 2. 国内牧草产业发展简述

我国牧草产业正处于世界新一轮科技革命和产业变革的关键历史机遇期，我国生态建设的大量需求，进一步要求加强草种科技创新与产业发展，为我国草原修复用良种供给提供保障。从生产情况来看，据统计，截至 2021 年年底，全国主要草种生产区种子收获面积约为 65 万亩，草种收获总产量为 3.48 万吨。从各地区生产情况来看，甘肃省种植面积最大，约为 30 万亩，草种生产量为 2.18 万吨，占全国总产量的 63%；青海省全区各类草种收获面积约为 20 万亩，草种总产量为 0.88 万吨，占全国总产量的 25%；内蒙古、新疆草种生产量分别为 0.08 万吨和 0.18 万吨，占比 2% 和 5%，其他省份草种生产合计约 0.16 万吨，占比 5%。2021 年饲草草种总产量为 2.34 万吨，主要包括燕麦、紫花苜蓿、红豆草、老芒麦、小黑麦、苏丹草、饲用甜菜、羊茅等，其中超过千吨的草种有：燕麦 1.44 万吨、紫花苜蓿 0.29 万吨、红豆草 0.18 万吨、小黑麦 0.32 万吨、羊茅 0.11 万吨。进口方面，2017 ～ 2020 年我国草种年进口量基本稳定在 6 万吨左右，2021 年草种进口量为 9.96 万吨，其包含黑麦草 4.51 万吨，饲用燕麦进口量 1.32 万吨，其他草种 1.48 万吨。

草产品加工方面。我国草产品加工粗放、落后，草产品质量低，应促进草产品加工技术研发。草产品种类单一，加工技术与设备落后，导致收获贮藏损失大。草产品品种上，我国主要是紫花苜蓿和羊草两个品种，紫花苜蓿占 90% 以上；产品结构上，草捆占 77%，草颗粒占 8%，草粉占 7%，草块占 2%，其他占 6%。牧草收割机械化水平低，不能及时有效地收获贮存足量的牧草以供应牲畜越冬，致使草地畜牧业抵御灾害的能力较低。同时，我国饲草加工储存方法较为落后，大部分地区采用传统的晾晒方式，干燥时间长，营养损失大，导致饲草浪费 35% ～ 55%。青贮主要是自然发酵，乳酸菌添加剂没有广泛普及利用，致使青贮干物质损失 5% ～ 20%，蛋白质损失 5% ～ 10%。

### （二）贵州牧草产业发展概述

贵州牧草产业在政府引导和支持下，着重于产业升级与结构调整，通过优化草品种、强化草田建设、推广标准化规模生产等措施，应对产业内部存在的挑战。贵州致力于构建智能化牧草产业数据平台，利用数字科技提升管理效率，并积极响应国家政策，如实施更严格的耕地保护措施与推广大食物观，强调草地资源的多功能开发与可持续利用。此外，面对地域特性带来的机械化难题，贵州开始探索适合本地条件的机械化解决方案，旨在降低草产品成本，提升市场竞争力，整体呈现出向高质量发展阶段转型的积极趋势。

## 二、牧草产业科技发展

牧草产业科技发展聚焦于通过生物科技、遗传育种、智能装备与信息技术等前沿科技手段，实现草种质资源创新、草品种改良、精准种植管理及产品质量追溯，旨在提升草业的生产效率、资源利用率与环境适应性。从微生物肥料研制到先进牧草生产线建立，从草种基因组学研究到无人机植保应用，科技创新正驱动牧草产业结构优化升级，促进生态修复能力增强，支撑现代畜牧业发展，同时开拓多元化草产品市场，为实现农业绿色发展和生态文明建设提供强大动力。

### （一）国内外牧草产业科技发展

牧草产业科技发展在全球与国内均展现出蓬勃活力，依托遗传改良、精准农业与可持续技术的融合创新，推动牧草产业向高效、环保转型。国际上，先进基因技术与自动化装备广泛应用，显著提升了草种性能与生产效率；而国内则在加大科研投入、促进国际合作基础上，侧重本土草种资源开发，结合智慧农业技术，加速草业现代化进程，共同驱动全球牧草产业向更加绿色、智能和高产的方向迈进。

#### 1. 国外牧草产业科技发展

科技研发与良种繁育是推动草牧业发展最为活跃、最重要的生产要素，是现代畜牧业可持续发展的基础，尤其是优质牧草良种繁育建设。日本草地面积有限，人工草地只有 17 万公顷，占耕地面积的 0.5%，且集中在北海道，天然草地零星分散，也只有 26 万公顷，但草牧业发达，特别是肉牛产业，和牛是日本特产的优质良种。为了维持草食家畜的饲草供应，日本把草地建设升级为“国家事业”，列入国库预算开支，选育出一批符合气候、土壤、理化等条件的牧草品种，如鸭茅、猫尾草、多年生黑麦草、高株孤茅、红三叶、白三叶等品种，并通过适应性鉴定。

草牧业发达国家通过制定完善的行业标准规范生产流程、保障产品质量，只有经过行业标准认证的草食畜产品才允许在市场上流通，获得更高的价格。其中，较具代表性的行业标准，一是美国的草食动物标准体系，如《草食畜牧业计划》《草食反刍动物标准》《草食畜牧业认证标准》；二是加拿大《草食反刍动物标准》；三是欧盟和爱沙尼亚的《草食牛肉生产食品质量计划规则》。

#### 2. 国内牧草产业科技发展

我国草种质资源丰富，各类草地植物有 9700 多种。目前，国家草种质资源库只收集保存不到 30%。种质资源重要性状的精准鉴定尚处于起步阶段，已收集的种质资源利用率不到 3%，远低于欧美发达国家。无法满足牧草产业发展的需求。因此，草类种质资源收集、精准评价及创新利用亟待进一步提升。

基础性、公益性育种研究比较薄弱且分散，稳定的财政投入机制尚未建立。一些育种项目以完成任务为目标，科研与市场脱节，低水平重复多，具有大规模推广价值的突破性品种少。在核心技术创新、重大技术的工程化集成和熟化能力创新方面，产学研各方面未形成有效合力、协同运作，限制了重大品种的研发和产业化发展。迄今，在已育成的 651 个国审良种中，进行应用转化的不足 10 个，且优质高产品种种植集中度不够，产量与品质低，无法从根本上满足多样化需求。因此，迫切需要创新发展模式，整合资源，形成科研分工合理、产学研紧密结合、运行高效的草良种科技创新机制。

草种生产基础条件差，相对效益低。受投入资金、承建单位体制和草种生产比较效益的制约，专业化生产起步晚、生产规模小、机械化程度低，草种单产低、质量差，大多数草种生产基地亏损严重甚至消失。

### （二）贵州牧草产业科技发展

贵州牧草产业科技发展以创新为核心驱动力，通过草种改良、智慧农业应用、全产业链构建及政策支持等多维策略，实现产业的转型升级与绿色发展，不仅提升了草产品的市场竞争力和产业附加值，也为推动农业现代化、助力乡村振兴和生态保护作出了重要贡献。

1. 贵州牧草产业科技创新

2022 年，贵州牧草产业科技创新亮点频现，尤其是在草种质资源创新、智慧草业技术应用及功能性草产品研发方面取得突破性进展。通过基因编辑技术改良草种，增强草类的耐逆性和营养价值；运用物联网、大数据分析优化草场管理，实现精准饲喂与资源高效利用；积极探索将草本植物转化为生物医药、环保材料等高附加值产品，为牧草产业开拓了新的增长点，展现了科技创新在推动传统草业向现代化、高效益转型中的核心作用。

2. 贵州牧草产业科技发展

国土三调数据显示，2022 年全省天然草地面积 284.16 万亩，其中天然牧草地 18.09 万亩，人工牧草地 1.89 万亩，其他草地 262.47 万亩。全省草地共划分为 6 大类、26 个草地组、85 个草地型，有野生植物资源 203 科 1200 属 5000 多种，种类资源数位居全国第二位。由于雨量充沛，气候温和（年均气温 10 ～ 15℃），无霜期长（无霜期 180 ～ 250 天），适合大多数优良牧草生长，饲草供应较均衡，可实现全年放牧，有利于畜禽的生长繁衍，适于喀斯特山区草地生态畜牧业的发展，在山区经济中占有极重要的位置。贵州野生植物资源中饲用植物有 1800 余种，饲用植物资源数量位居全国第三位，优良牧草 260 多种，白三叶、苜蓿等主要栽培优质牧草在贵州都有野生种群广泛分布，为培育牧草新品种提供了宝贵的基因库，是贵州牧草种质资源培育新品种的优势条件。目前，全省共收集保存各种优良草种资源 500 余份，培育出黔草 1 号高羊茅、黔草 2 号苇状羊茅、黔引普那菊苣、贵草 1 号多花黑麦草、威宁草芦等牧草新品种 19 个，其中国家审定品种 10 个。省内建立多花黑麦草、苇状羊茅、草芦等多个种子生产基地，并在贵阳花溪麦坪建立了国家级牧草品种区试与种子生产基地，为牧草新品种的选育及良种生产提供基础便利。全省牧草新品种直接应用推广覆盖 40 多个县（市、区），累计推广种植牧草新品种 11.73 万公顷，对推进现代草地畜牧业发展和草地生态建设、加快贵州牧牧草产业化可持续发展具有重要的意义。

### 3. 贵州牧草产业发展趋势与机遇

随着生活水平的提高，人们对肉、蛋、奶等畜产品的需求量日益增加，饲料粮需求量也随之增加。我省持续深化“三年打基础、五年育品牌、十年磨一剑”的总思路，锚定打造千亿级特色产业远景目标，围绕强主体、补链条、树品牌、促增收，大力实施“良种工程提升、主体做大做强、精准招商引资、重点项目攻坚、加工提质增效、品牌培育突破、金融保险助力、产业助农增收”八大行动，全力推动牛羊产业全链条升级、高质量发展，促进肉牛产业“接二连三”融合发展。国土三调数据显示，2022年全省天然草地面积284.16万亩，3000亩以上集中连片草地100个，共72.35万亩，1000～3000亩集中连片草地272个，共43.76万亩。从产业发展目标与资源存量方面给牧草产业发展提供了发展机遇和基础。

贵州优越的气候条件，为植物营养体生长繁育提供了良好自然环境，有利于牧草饲料作物生长，牧草生长期一般在10个月左右，再生草产量几乎可达100%，人工草地每年可刈割利用3～5次，每年可产鲜草2500公斤/亩左右，是天然草地的5倍，有巨大的生产发展潜力。随着国家对贵州草地畜牧业投入逐渐加大，省委、省政府对贵州发展生态畜牧业制定出台了一系列政策措施。畜牧业结构逐渐优化，草食型畜产品比重增加。据统计，2022年，全省生猪存栏1542.67万头，较上年末增长0.8%；牛存栏492.24万头，较上年增长2.7%；羊存栏359.15万只，较上年下降7.1%；家禽存栏12246.12万羽，较上年增加1.9%。全年生猪出栏1984.73万头，比上年增长7.3%；牛出栏173.91万头，比上年下降3.4%；羊出栏267.44万只，比上年下降4.5%；家禽出栏18422.68万羽，比上年增长4.2%。贵州草地生态畜牧业持续稳定增长，逐步成为增加农民收入的重要来源和农村经济的支柱产业。

## 三、新品种、新技术应用与贡献

贵州省农科院草业研究所主要从事牧草及饲料作物开发、草品种选育及配套技术集成、草地资源开发与高效养殖利用、生态治理、园林绿化、牧草种子加工及种子品质检测、新技术引进与示范推广等。针对贵州省优质饲草良种少、配套栽培与加工良法不足，牧草生产用种完全依赖进口的被动局面，草业所在草资源收集创制、优良饲草品种选育、配套高效栽培技术、饲草加工技术等方面开展研究，通过良种繁育技术转化，逐步解决了我省草业生产中长期存在的低海拔地区优良牧草越夏困难，青草供应季节不平衡问题，为全省喀斯特地区及相似生态区域发展草地畜牧业提供科技示范，同时加快自育牧草新品种的推广速度，逐步改变了贵州草业生产基本靠进口草种的局面，提升了牧草育种水平，有力地推动草种地方化、标准化生产，良种繁育技术集成创新转化取得显著成效。近年来，草业所结合项目开展，研发新品种新技术服务于牧草产业，取得较好的社会效益和经济效益，代表性成果及产业应用情况如下：

一是优良饲草高效生产利用技术创新与应用，获2021年度贵州省科技进步二等奖。

该成果利用分子生物学技术，在研究重要饲草抗逆机制、重要功能基因等方面取得重大突破；选育优质高产饲草新品种4个，引进筛选出优良品种27个；建立饲草新品种的良种繁育、高效生产模式9个；在饲草、农副产品和中草药综合开发利用关键技术等方面的研究取得新突破；熟化推广饲草高效生产技术体系，治理石漠化效果明显，建成示范基地102个、饲草料加工线22条；注册商标研发新产品获国家龙头企业和高新企业；累计推广220多万亩，出栏肉牛86万头、肉羊54万只，实现总产值45.53亿元，新增纯收益8.08亿元，带动7万多人脱贫；获发明专利等知识产权保护31件；制定地方标准10项；发表论文45篇（SCI收录4篇），出版专著2部，培养了一批高层次人才。

二是优质高产菊苣新品种选育及草畜配套技术创新利用，获2022年度贵州省科技进步三等奖。

该成果围绕菊苣资源收集创制、品种选育、配套技术研究、产业化开发等方面进行创新研发，收集创制鉴定菊苣种质资源107份，培育高产抗旱新品系3个，育成菊苣新品种1个，引进菊苣品种1个；创新集成菊苣良种繁育、高效栽培、青贮加工、畜禽养殖配套利用关键技术11项；建生产示范基地4376亩，累计推广39.27万亩，培训农户11500人次，带动出栏畜禽330万个猪单位，实现总产值8.66亿元，新增利润2.12亿元；获评龙头企业2个，通过无公害农产品、产地认证6个，获贵州十大优质特色畜产品证书1个，注册生猪品牌商标2个，开发猪肉产品6个；获发明专利4件，制定地方标准2项，发表论文29篇（SCI收录2篇），出版著作1部，培养了一批高层次人才。

三是粮改饲高效生产技术集成创新与应用，获2021年度贵州省科技进步三等奖。

该成果集成青贮玉米高效栽培技术、甜高粱高效栽培利用技术、青贮玉米（甜高梁）与多花黑麦草轮作高效栽培技术、紫苜蓿高效栽培技术、青贮饲料调制关键技术、青贮玉米品质评价技术和青贮饲料优化养畜用技术；集成创新“青贮玉米（甜高粱）－牧草”一年两草和“优势农作物－牧草”等轮作术模式，年累计产鲜草 8.51 ～ 12.4 吨 / 亩，极大提高了土地复种指数和产出；研发推广“牛力壮 817”“牛羊营养宝”和“牛羊催肥宝”饲料产品；因地制宜推广肉牛“小规模大群体”养殖模式，推广“1 亩草 +1 头牛 + 亩田”种养结合绿色发展模式和创新“三变 +N”等典型模式，综合饲料成本下降 11.74%。形成石漠化地区“饲草商品化生产 + 规模养殖场”产业链、供应链体系，推动成果转化“最后 1 公里”问题的有效解决。促进种植业结构调整，有效解决优质青贮短缺，草畜不配套和养殖效益低的问题。发表论文 45 篇，制定技术标准 4 项。累计推广 110.82 万亩，良种覆盖率 93.92%，技术普及率 92.23%，亩增收 1812.5 元，配套饲养 139.45 万个牛单位，单位规模新增效益 5482.5 元 / 亩，新增总经济效益 380.1 亿万元。

四是国审饲草新品种绿色高效栽培关键技术应用。

该项目完善了种子标准化建设，实施省级地方标准《花溪芜菁甘蓝种子生产技术规程》。优化栽培技术，严格按照种子生产技术规程开展种子繁育生产，在贵阳、独山、松桃累计建成原种基地 50 亩，生产种子 7500 千克。在贵阳、独山、松桃累计建良种繁育基地 100 亩，生产种子 15000 千克。开展芜菁甘蓝与青贮玉米、复种辣椒及林草复合增效研究，总结出李子果园种草养鹅技术及效益分析，实现单位土地面积周年亩产值 3200 元；研究总结出青贮玉米接茬芜菁甘蓝一年二作二收种植模式，产值达 5505 元 / 亩；开展芜菁甘蓝复种辣椒，一年二熟，一膜二用，周年亩产值达到 5127 元；开展蜜柚林园套种花生接茬芜菁甘蓝一年三收高效种植模式研究纯收入达 17656 元 / 亩，比清耕柚子园增加 3876 元 / 亩。发表研究论文 9 篇，出版专著两部。获得授权实用新型专利 4 件，申请发明专利 4 件。发布贵州省地方标准 1 套，实施贵州省地方标准 1 套。项目组实施推广芜菁甘蓝、甜高粱、光叶紫花苕等优良牧草种子 18326 千克，种苗 160 万株，青贮料 129 万千克，创收益 195.46 万元。在松桃、大方、思南、道真、开阳等地累计实施种植高产草地、混播草地和果园草地 21017 亩，配套养殖肉牛 530 头、猪 770 头、鹅 1400 只。提高项目核心区科技农民人均收入 1540 元，带动和巩固农户脱贫增收致富 59 户，培训技术人员 12 人次，培训种养农民 708 人次，发放技术资料 800 份。通过种草养殖肉牛、猪、鹅等带动和巩固农户脱贫增收致富，实现社会效益 3261 万元。

## 四、贵州牧草产业发展对策

要践行大食物观，树立“种草就是种粮食”的理念，实现“化草为粮”，为国家粮食安全保驾护航。贵州作为中国唯一没有平原支撑的省份，土地破碎、耕地稀少，但林草空间广阔，森林面积达1.62亿亩。为了大力发展林下经济，2021年7月贵州省委、省政府印发了《关于加快推进林下经济高质量发展的意见》，提出到2025年，贵州省林下经济利用面积新增1000万亩（总规模3200万亩以上），全产业链年总产值1000亿元以上。向森林和草原要食物构建多元化食物供给体系，是全面贯彻落实习近平总书记视察贵州重要讲话精神、牢牢守好发展和生态两条底线的具体行动，是促进农民稳定就业增收、巩固拓展脱贫攻坚成果同乡村振兴有效衔接、推动在生态文明建设上出新成绩、加快我省实现农业高质量发展的重要途径。习近平总书记2023年6月在内蒙古考察时指出：“要发挥好农牧业优势，从土地、科技、种源、水、草等方面入手，稳步优化农牧业区域布局和生产结构，推动农牧业转型发展，大力发展生态农牧业。”草地是“天然大粮仓”，要像重视粮食一样重视草业，像重视基本农田一样重视基本草场，像抓粮食一样抓草业，像管粮食一样管草业。要利用好现有资源，建议推进高标准草地建设，向草业要食物，向草业要热量，向草业要蛋白，向草业要营养，向草业要食品安全，实现“藏粮于草”和“增草节粮”，推动传统以粮食生产为主的农业系统转向粮草兼顾的立体农业系统。任继周院士认为，放牧是最经济的饲养方式。规模化与集约化养殖方式需要种植饲草料，再通过收获、运输、贮藏等环节最后才进入家畜利用环节，每个环节都需要人力物力的投入，该生产方式对于平原地区可通过机械化实现其规模化效应。但我省草地资源和林下草资源具有土地破碎、地形起伏等特点，种养分开不具有成本优势。因此，发展适宜贵州地形地貌和水热条件的畜牧生产技术是我省草牧业发展的关键。通过发展山区草地智慧放牧管理技术体系，研究集成佩戴式智能设备、移动电围栏、家畜禁足、家畜择食等专用设备，突破蹄耕改良、划区轮牧、畜群管理等山地放牧技术，形成山地现代放牧技术体系，实现山区草牧业高效生产，这是充分利用贵州林草资源，基于山地资源禀赋创新发展草牧业的必然选择。

要立足大农业，发展“草+n”，充分发挥草的多功能性，提升牧草产业附加值。牧草产业范畴涵盖广泛，与农业、畜牧业、林业、食品业、医药业、生态治理、文化、旅游等行业均有交集。应充分挖掘草在饲用、食用、生态环境、医药保健、休闲旅游等方面的功能，将草“吃干榨尽”，开发最大价值。从功能上来看，生态草、观赏草、药饲兼用牧草、工业用草等都是草业纵深发展的方向。从生态系统来看，森林系统、果园系统、茶园系统内的草资源都具有巨大的开发潜力。我省森林面积达 1.62 亿亩，林下草地按 1.0 头 / 公顷的承载率计算，约有 1000 万头牛单位的潜在承载力。另外，1000 余万亩果园和 700 余万亩茶园，每年杂草防控需要大量的经费，通过畜禽对杂草进行转化不仅可以减少农药投入，还可获得数量可观的畜产品。此外，在文化旅游等方面，草也有巨大的价值。比如，《全唐诗》所收录的 48900 首作品中，有 2.5 万多处提到草，草原以自己独有的景观美学特点，吸引和陶醉了无数文人墨客和旅游观光者，草原旅游开发前景广阔。

要融入大生态建设，充分发挥草在山水林田湖草沙系统治理中的独特和重要作用。要想生态好，必须种好草。草地是重要的生物基因库，是人类可持续发展的“基因银行”，也是重要的碳库。草是山水林田湖草沙生命共同体的重要组成部分，对于农业绿色发展、乡村振兴、石漠化治理、长江经济带发展、“一带一路”倡议等重大国家战略实施意义重大。未来要强化草在山水林田湖草沙系统中的地位和作用研究，在以田为主的粮食生产区，以湖泊、河流和湿地为主的水流域区，以林为主的林区等区域充分发挥草的功能，为建立山水林田湖草沙系统解决方案，提升生态系统服务价值，促进农林牧渔生产系统增产增效，提高乡村宜居环境质量，促进生产、生态和生活融合发展，建设生态文明和多彩贵州贡献“草的力量”。中国南方喀斯特石漠化地区面临着人地矛盾突出、植被退化严重、次生林分结构缺失、物种多样性低、稳定性差、生态经济功能低效等问题。乔灌草植被修复与林产业是石漠化综合治理的重要组成部分，在遏制石漠化发生、控制水土流失、维护脆弱生态系统稳定、保护物种多样性和提升经济水平等服务功能方面有着举足轻重的作用，对推动石漠化地区的生态重建与社会经济发展具有重要意义。

要加大牧草产业科技攻关力度，攻克贵州草业发展的瓶颈。贵州牧草产业发展还存在诸多技术短板，草种、草产品添加剂、草业机械等关键技术和装备对外依存度高。贵州草种质资源有 1400 余种，但开发利用严重不足。优良牧草草种 85% 左右依赖进口。美国饲草精深加工业年产值近 30 亿美元，我国草业精深加工不足，产业附加值低。未来，建议增加草业科技研发投入份额与比重，进一步强化草种质创新，培育草业重大新品种，夯实“草业芯片”。开发数字草地、无人牧场、智能放牧、草地精准修复等新技术，变革草业与草原生产方式，大幅度提升草业生产水平和生产效率。

要强化科技支撑，提升贵州草业创新能力。一是要加强人才团队建设，围绕我省产业发展的关键问题，打造省内一流国内知名牧草产业创新团队，开展喀斯特草地农业可持续发展模式与优化管理对策研究，研制信息化、现代化的放牧装备，发展现代放牧技术；构建粮草结合的多元化的食物供给体系，从山地实际、时代要求出发擘画草业现代化的蓝图。二是建立贵州独山喀斯特草地农业生态野外科学观测站，依托现有的国家牧草产业技术体系黔南试验站、国家草品种区域试验独山站、农业农村部儋州热带牧草种质资源圃贵州分圃、贵州省草业工程技术研究中心、草业院士工作站、贵州省牧牧草产业技术创新联盟、林草总局贵州草品种区试站等平台，整合贵州草业技术推广站独山基地等推广部门，建立贵州独山喀斯特草地农业生态野外科学观测站；围绕西南喀斯特地区退化生态系统恢复重建与农业可持续发展的科学问题，探索喀斯特草地生态系统演替过程，揭示其退化机制，建立退化生态系统人为调控技术体系与模式，促进草业生产、生态和生活融合发展。三是要强化合作机制，提升贵州草业影响力。草业发达的欧美、新西兰等早已把草业作为大农业生产的基本方式，并且积累了包括草种培育、良种扩繁、饲草加工等先进的生产技术和管理经验，值得我们学习和借鉴。我省草业应积极贯彻落实国家“一带一路”倡议，主导和参与全国和全球草业科技合作交流，牵头建立区域性的草业科技国际组织，积极参与现有组织，成为国际、国内重大草业科技议题和规则的倡导者、推动者和制定者。要鼓励科研单位与企业组团“走出去”，共建国际联合实验室或研发中心，统筹利用全球科技资源，解决草业发展关键技术问题和重大科学问题。习近平总书记十分重视草业走出去。2021 年，习近平总书记向菌草援外 20 周年暨助力可持续发展国际合作论坛致贺信，指出菌草技术是“以草代木”发展起来的中国特有技术，将继续为落实联合国 2030 年可持续发展议程贡献中国智慧、中国方案，使菌草技术成为造福广大发展中国家人民的“幸福草”!

执笔人：熊先勤　王小利　宋雪莲　张锦华

# 畜禽养殖

贵州省地处中国西南部，以其独特的气候条件和地理环境孕育出了丰富多样的特色农产品。贵州省主要的特色农产品有：茶叶、中药材、辣椒、水果，以及农副产品（如腊肉、香肠、竹荪等）、特色谷物（如黑糯米、红米等）、特色养殖产品（如山羊、野猪、蜜蜂、蚕桑等）等。这些特色农产品不仅丰富了人们的饮食，也为贵州省农业科技发展和经济繁荣做出了重要贡献。

本次收集整理的贵州省特色农产品（主要是畜禽养殖方面）科技发展报告数据包括肉牛、肉羊、生猪、家禽等方面，分别从产业发展概述（包括国内、国外及我省）、产业科技发展（亦包含国内外和贵州）、新品种新技术应用与贡献，以及贵州省经济作物发展展望和对策等层次加以论述、总结。

贵州省特色农产品种类繁多，且各具特色。这些特色农产品不仅为当地农民带来了经济收益，也为贵州省农业科技发展和特色农产品出口做出了重要贡献。

# 贵州肉牛产业科技发展报告

◆ 贵州省农科院畜牧兽医研究所

2022年，贵州肉牛产业在科技的强力驱动下步入新发展阶段，面对产业升级与市场需求的双重挑战，仍需积极探索科技创新之路。本报告旨在全面总结一年来贵州肉牛产业在遗传改良、精准饲养、疾病防控及智能化管理等方面的科技进展与应用成效，剖析科技如何赋能产业提质增效，促进生态养殖与可持续发展。同时，展望未来发展趋势，为贵州肉牛产业的高质量发展提供战略指导与实践参考。

## 一、肉牛产业发展概述

肉牛产业作为全球农业经济的重要组成部分，其发展历程映射出科技进步与市场需求的深刻互动。在这一背景下，深入了解国内外肉牛产业的现状，特别是贵州地区依托独特自然资源与文化传承所展现的发展特色，对于剖析产业格局、把握未来趋向至关重要。

### （一）国内外肉牛产业发展概况

#### 1. 国外肉牛产业现状

一是存栏、出栏方面。规模化养殖成为主流，21世纪以来，消费者对牛肉质量的需求发生了变化，除少数国家（如日本）外，多数国家的人们都喜食瘦肉多、脂肪少的牛肉。同时，国外肉牛的饲养规模不断扩大，大的饲养场可以养到30万～50万头。总体来看，目前全球肉牛养殖市场发展主要呈现品种大型化、生产集约化、育种轮回杂交化、青贮饲料和农副产品结合养殖等特点。存栏量平稳增长，从肉牛养殖情况看，由于国际市场对牛肉的需求量日益增加、牛肉行情持续紧俏等原因，世界活牛饲养数量呈增长趋势。据美国农业部（USDA）统计数据显示，全球肉牛存栏量呈现平稳增长的发展态势，2020年全球肉牛存栏量为9.83亿头，2021年全球肉牛存栏量为9.96亿头；全球肉牛出栏量也呈现平稳增长的发展态势，2020 年全球肉牛出栏量为 2.92 亿头，2021 年全球肉牛出栏量为 2.93 亿头。

二是国际牛肉供需。目前全球牛肉消费市场主流牛肉品种主要有安格斯、海福特、夏洛莱、利木赞、西门塔尔等。据 USDA 统计，全球牛肉总产量持续提升，2020 年，全球牛肉产量下滑至 5766 万吨，2021 年全球牛肉产量约为 5777.7 万吨。

三是牛肉消费方面。据 USDA 数据统计，全球牛肉消费量呈现平稳增长的发展态势，2020 年全球牛肉流通受阻，牛肉消费整体出现小幅度回落，全年牛肉总消费量 5606.9 万吨，2021 年全球牛肉消费量为 5599.4 万吨。

**2. 国内肉牛产业现状**

一是肉牛存栏方面。近年来肉牛养殖业发展相对较稳定，各地通过建设肉牛优势区域，加大了规模化养殖和品种改良的扶持力度，全国范围内启动了标准化养殖小区鼓励措施，促进了肉牛养殖业的发展。但受饲料、劳动力价格上涨与近两年来母牛存栏严重下滑的影响，肉牛养殖业整体形势不容乐观，母牛存栏严重下滑导致的后果逐渐体现出来。据国家统计局统计数据显示，近年来肉牛相关生产数据均稳定上升，2021 年全国肉牛存栏 9817 万头，同比增长 2.7%。2022 年全国肉牛存栏约 10215.85 万头，出栏量达 4839.91 万头，屠宰肉牛约 3010 万头，牛肉产量 718.26 万吨，产值约 6780 亿元。

二是肉牛出栏方面。随着我国牛肉养殖技术的不断提升，近年来中国肉牛出栏量总体呈逐年增长趋势，年增幅 0.7% ～ 3.11%。2022 年，中国肉牛出栏量达 4839.91 万头，同比 2021 年增长了 132.48 万头，增幅为 2.81%。下游消费市场需求量的增长，持续促进我国肉牛出栏量的提升。

从生产规模及发展趋势来看，近年来中国肉牛存栏量、出栏量及牛肉产量均呈现逐年增长态势。2022 年，中国肉牛存栏量达 10215.85 万头，出栏量达 4839.91 万头，牛肉产量为 718.26 万吨。从国际地位来看，中国肉牛饲养量及牛肉产量均位列全球第三位。

三是国内牛肉供需。牛肉产量整体上处于增长趋势。国家统计局数据显示，2021 年中国牛肉产量达 698 万吨，较 2020 年增加 25.55 万吨。牛肉总消费量整体呈上升趋势，USDA 统计数据显示，从消费量来看，2021 年中国牛肉需求量达 930.02 万吨，同比增长 5.2%。2021 年，全国牛肉市场价格并未因活牛价格回落而下跌，一方面是国内牛肉市场供需关系依然总体处于“紧平衡”，另一方面是牛肉销售商趁消费旺季的到来陆续上调了牛肉的销售价格，出现了“肉涨牛跌”的现象。2021 年，我国去骨牛肉批发价格为 87.43 元 / 千克。

## （二）贵州肉牛产业发展概述

### 1. 产业发展的历史及特色

近年来，在中共贵州省委、省政府的高度重视和推动下，全省肉牛产业发展迅速，产业规模不断壮大，产业链条不断延伸，标准化水平不断提高，集聚效应不断增强，品牌影响不断提升，带农增收助推脱贫成效显著。以关岭、凤冈为代表的肉牛重点县发展迅猛，肉牛加工业、服务业蓬勃发展，产业集群化发展初步显现，基本形成了饲草种植、生产养殖、屠宰加工、品牌营销上下游衔接，一二三产融合的全产业链发展格局。2022 年，全省牛肉产量 22.84 万吨，综合产值 483.3 亿元，其中一产 201.2 亿元、二产 185.9 亿元、三产 96.2 亿元。一产产值占全省畜牧业产值的 21.37%，占全省农林牧渔业产值的 4.1%。

高度的资源依赖，区域特色明显。贵州省属亚热带湿润季风气候，冬无严寒，夏无酷暑，雨热同季，天然草地产量是北方草地的 4 ～ 6 倍，非常适宜畜禽生长繁殖。全省森林覆盖率达 60%，空气清新，生态环境优越，赋予贵州独具特色的草山资源和生态环境，加之独特的地形地貌构筑了动物疫病传播的天然屏障，为贵州生产绿色和有机畜产品提供了绝佳的自然环境。

完整的产业链条，产业分工明确。按照“龙头企业 + 家庭农场”的发展模式，健全完善利益联结机制，提高“分户饲养、集中育肥、培育品牌、统一销售”的产业组织化程度，形成利益共享、风险共担的利益共同体，实现多方共赢的生产经营格局。充分发挥龙头企业资金、技术、资源等优势，引导加快生产方式转型升级，重点发展种源供应、后期育肥、市场建设、技术服务等经营业务，与农户在产业链上优势互补、分工协作，同时带动农户订单式种植饲草，为贵州省肉牛产业发展创造了良好的基础条件。

强化利益联结，探索特色产业发展模式。贵州省构建了龙头企业、合作社、家庭农场和农户多方共赢的产业体系，坚持“小规模，大群体”的发展路径，积极推广“分户饲养、集中育肥、培育品牌、统一营销”的发展模式，发挥贵州黄牛产业集团等龙头企业引领作用，搭建“六方合作”金融信贷模式，强化龙头企业与规模养殖户利益联结，探索形成了具有地区特色的肉牛产业发展模式。

2. 肉牛产业集群布局情况

全省现有关岭牛、巫岭牛（思南牛）、威宁牛、黎平牛、务川黑牛 5 个黄牛地方品种。经过长期的品种改良，目前全省肉牛养殖以杂交品种为主，存栏量占全省的 77.15%，地方品种占 20.15%，引进品种占 2.7%（表 1）。

表 1　全省肉牛品种基本情况表

单位：万头

<table>
<tr><th colspan="2">种类</th><th>品种</th><th>存栏量</th><th>全省存栏量占比</th><th>主要分布区域</th></tr>
<tr><td rowspan="3">牛</td><td>地方品种</td><td>关岭牛、巫岭牛（思南牛）、威宁牛、黎平牛、务川黑牛</td><td>99.21</td><td>20.15%</td><td>关岭、镇宁、紫云、六枝、思南、石阡、沿河、德江、凤冈、印江、松桃、威宁、赫章、七星关、纳雍、务川、道真、正安、黎平、从江、榕江等县区</td></tr>
<tr><td>引进品种</td><td>安格斯、西门塔尔、利木赞、夏洛莱</td><td>13.29</td><td>2.7%</td><td>全省不同程度均有分布</td></tr>
<tr><td>杂交品种</td><td>引进品种与本地品种杂交后代</td><td>379.74</td><td>77.15%</td><td>全省不同程度均有分布</td></tr>
<tr><td colspan="3">合计</td><td>492.24</td><td></td><td></td></tr>
</table>

数据来源：行业调度

2022 年，全省牛存栏 492.2 万头、出栏 173.9 万头、牛肉产量 22.8 万吨，分别位居全国第九、第十四、第十二位。地方品种存栏量占 20.15%，引进品种（安格斯、西门塔尔、利木赞、夏洛莱等）占 2.7%，杂交品种（引进品种与本地品种配种后代）占全省的 77.15%。全省肉牛产业整体呈现出“小规模、大群体”发展形势，主要以农户散养（年出栏 1 ～ 9 头）为主，出栏比重占全省总量的 68.46%（表 2）。

表 2　2022 年全省肉牛饲养规模情况

单位：%、个

| 指标（年出栏数占合计比重） | 2022 年养殖场数（个） | 2020 年（%） | 2021 年（%） | 2022 年（%） |
|---|---|---|---|---|
| 10 头以下 | 478720 | 69.09 | 69.06 | 68.46 |
| 10 头以上 | 12624 | 30.91 | 30.94 | 31.54 |
| 50 头以上 | 1217 | 12.18 | 12.03 | 12.61 |
| 100 头以上 | 357 | 7.35 | 7.68 | 8.39 |
| 500 头以上 | 52 | 2.6 | 3.1 | 3.58 |
| 1000 头以上 | 16 | 0.93 | 1.52 | 1.89 |

数据来源：农业农村部直联直报系统

从市（州）级地区分布来看，全省肉牛养殖主要分布在沿乌蒙山 – 大娄山 – 武陵山的黔西北、黔北、黔东北等区域，毕节市、遵义市、铜仁市为全省肉牛主产区。根据资源禀赋、产业基础等，确定关岭、凤冈、习水、黔西、大方、威宁、黄平、德江、思南、六枝、义龙新区、赫章等 12 个肉牛产业重点县。2022 年，12 个肉牛重点县牛存栏 163.08 万头、出栏 55.45 万头、牛肉产量 7.34 万吨，分别占全省 33.1%、31.9%、32.1%（表 3）。

表 3 2022 年全省肉牛产业生产情况

单位：万头、万吨、%

| 市州 | 存栏 | 全省排位 | 出栏 | 全省排位 | 牛肉产量 | 全省排位 |
|---|---|---|---|---|---|---|
| 全省 | 492.24 | | 173.91 | | 22.84 | |
| 毕节市 | 107.76 | 1 | 36.60 | 1 | 4.88 | 1 |
| 遵义市 | 81.90 | 2 | 29.62 | 2 | 4.03 | 2 |
| 铜仁市 | 67.08 | 3 | 23.99 | 3 | 3.04 | 3 |
| 黔南州 | 63.40 | 4 | 18.57 | 5 | 2.45 | 5 |
| 黔西南州 | 47.19 | 5 | 20.40 | 4 | 2.60 | 4 |
| 安顺市 | 43.41 | 6 | 14.12 | 7 | 1.89 | 7 |
| 黔东南州 | 39.14 | 7 | 17.08 | 6 | 2.17 | 6 |

续表

| 市州 | 存栏 | 全省排位 | 出栏 | 全省排位 | 牛肉产量 | 全省排位 |
|---|---|---|---|---|---|---|
| 六盘水市 | 29.61 | 8 | 9.62 | 8 | 1.27 | 8 |
| 贵阳市 | 12.76 | 9 | 3.91 | 9 | 0.53 | 9 |

数据来源：省统计局

从县（市、区）级分布来看，形成以威宁、凤冈、习水等40个存栏5万头以上肉牛养殖大县为支撑（饲养量约占全省76%）的空间布局。2022年，县级地方肉牛养殖存栏量最大的是威宁县，存栏量36.05万头；其次是凤冈县，存栏量15.82万头；第三位是习水县，存栏量为15.77万头（表4）。

表4 贵州省2022年县（市、区）肉牛存出栏量

单位：万头

| 县（市、区） | 存栏 | 出栏 | 县（市、区） | 存栏 | 出栏 |
|---|---|---|---|---|---|
| 威宁县 | 36.05 | 11.55 | 贞丰县 | 8.25 | 2.59 |
| 凤冈县 | 15.82 | 5.69 | 紫云县 | 7.76 | 2.51 |
| 习水县 | 15.77 | 4.82 | 兴义市 | 7.25 | 3.48 |
| 关岭县 | 14.72 | 4.59 | 普定县 | 7.10 | 2.07 |
| 黔西县 | 14.01 | 4.88 | 罗甸县 | 7.07 | 2.16 |
| 德江县 | 12.88 | 4.70 | 印江县 | 7.03 | 2.61 |
| 思南县 | 12.78 | 4.29 | 三都县 | 6.82 | 1.48 |
| 大方县 | 11.76 | 3.93 | 安龙县 | 6.76 | 3.15 |
| 织金县 | 11.44 | 4.52 | 金沙县 | 6.72 | 2.51 |
| 沿河县 | 11.26 | 3.70 | 绥阳县 | 6.68 | 1.61 |
| 盘州市 | 11.22 | 3.62 | 荔波县 | 6.37 | 1.56 |
| 纳雍县 | 10.26 | 2.97 | 水城区 | 6.27 | 1.87 |
| 六枝特区 | 9.81 | 3.13 | 兴仁市 | 6.18 | 3.48 |
| 望谟县 | 9.21 | 3.65 | 镇宁县 | 5.97 | 1.53 |
| 播州区 | 9.08 | 3.23 | 平塘县 | 5.93 | 1.55 |

续表

| 县（市、区） | 存栏 | 出栏 | 县（市、区） | 存栏 | 出栏 |
|---|---|---|---|---|---|
| 赫章县 | 8.90 | 2.99 | 长顺县 | 5.53 | 1.62 |
| 石阡县 | 8.88 | 3.31 | 瓮安县 | 5.52 | 1.88 |
| 七星关区 | 8.61 | 3.24 | 正安县 | 5.20 | 1.94 |
| 桐梓县 | 8.49 | 4.27 | 贵定县 | 5.18 | 1.45 |
| 松桃县 | 8.28 | 3.11 | 开阳县 | 5.05 | 0.92 |

数据来源：贵州省各县（市、区）农业农村局

### 3. 肉牛产业在国内竞争优势

贵州地理形态差异大，不仅有山地、山原和高原，而且有丘陵、坝子和河谷，气候温暖湿润，雨量充沛，无霜期长，四季常青，为畜禽的繁衍提供了优越的自然条件。全省草山草坡多，农作物主产有水稻、玉米、大豆、小麦、油菜、薯类、花生等，可供饲用的农副产品丰富，天然牧草和冬闲田土种植牧草茂盛，野生饲料种类较多，农作物秸秆、酒糟等可利用辅料资源丰富，为发展肉牛产业提供了良好的物质基础。

贵州肉牛发展历史悠久，典型的喀斯特地貌，立体式亚热带季风气候特征，赋予贵州独具特色的草山资源和生态环境，千百年蚩尤、夜郎民俗文化，孕育出关岭牛、思南牛、威宁牛、黎平牛、务川黑牛 5 个黄牛地方品种。它们各具特色，但以体质结实、结构匀称、行动灵活、善于山地和陡坡放牧，耐粗饲、适应性强等为共同特点。贵州黄牛牛肉品质优异、风味独特，呈“两高一低”特点（氨基酸和蛋白质含量高，脂肪含量低）。以关岭牛为例，每 100 克鲜牛肉中氨基酸、蛋白质含量分别比省外牛肉高 2 毫克左右和两个百分点，脂肪含量比省外牛肉低一个百分点，鲜香味十足，为省内外群众所喜爱。这些地方品种资源和农户熟练的养殖技术，对肉牛产业的发展起到了至关重要的作用。

（1）肉牛屠宰加工发展状况

全省牛定点屠宰企业 43 家，设计屠宰能力 71.04 万头 / 年。19 家牛肉产品深加工企业年生产加工牛肉干、熟制牛肉等产品约 2660 吨。以关岭、凤冈、大方、六枝 4 个屠宰场为核心，推行“集中屠宰、低温排酸、冷链运输”模式。在巩固省内市场的基础

上，构建形成“本地屠宰 + 异地分割”供应链体系，形成了明确的产品分类和价格体系，开发出冷鲜、热鲜、深加工产品、调理制品等 39 个产品种类，建成运营上海、东莞、成都三个异地精细分割加工中心，2022 年，销售到省外的牛肉 3.34 万吨左右，销售额超 25 亿元，逐步打通了贵州牛羊产品到长三角、粤港澳大湾区市场的“最后一公里”。培育黄牛产业集团等龙头企业，大力开发熟肉制品、自加热便携式牛肉饭（粉）等高附加值产品。

### （三）肉牛产业市场销售及品牌建设

全省通过绿色、有机产品认证牛企业 26 家，关岭牛、思南黄牛、桐梓黄牛、安龙黄牛、黄平黄牛等五个产品通过国家地理标志保护产品认定，占全国与肉牛相关农产品地理标志的 8%。依托贵州黄牛产业集团，围绕“贵州黄牛”商标注册与地标认定，推进形成“公共品牌 + 区域品牌 + 自主品牌”的多元化品牌格局，注册肉牛产品各类品牌商标 60 余个，培育出“关岭黄牛”“凤牛和记”“牛犇谷”“易享自然”等代表贵州特色的生鲜产品品牌与“帝一牛”“鳛滋味”“牛老大”等牛肉加工制品品牌。“贵州小黄牛”“跑山牛”等贵州黄牛品牌知名度不断提升，“牛头牌”“牛来香”等具有代表性的企业品牌享誉省内外。黄果树“三碗粉”、南山婆红烧牛肉杂粮面、苗姑娘牌牛羊肉粉三家企业产品入选 2023 年全省“十大”黔味预制菜名单。“贵州黄牛”入选全省 10 强农产品区域公用品牌，系列产品已进驻盒马生鲜、大润发等全国 300 多家生鲜超市并设置专售档口，并入驻“品牌消费 杜绝假劣”销售平台全国 100 个品牌产品。构建形成“本地屠宰 + 异地分割”供应链体系，建成上海、东莞、成都三个牛肉精细化分割中心，产品覆盖 30 余个大中城市，年销售到省外牛肉 3.3 万吨。

## 二、肉牛产业科技发展

肉牛产业作为不可或缺的一环，正迈入一个科技融合与创新主导的新时代。近年来，随着消费者对食品安全与品质要求的不断提升，以及全球范围内对可持续发展农业实践的重视，肉牛产业的科技变革显得尤为迫切与重要。从优良品种的选育到精准饲养管理，从智能化监控系统的应用到饲料转化率的优化，每一步科技进步都是对传统养殖模式的重塑。加之，信息化技术的深度融合，使得肉牛养殖不仅在产量上实现飞跃，更在质量控制、疾病预防及环境保护等方面展现出前所未有的潜力。

## （一）国内外肉牛产业科技发展

2022 年，国内外肉牛产业在科技发展方面都展现了多方面的进步与创新。在提升生产效率、保障食品安全、促进可持续发展等方面，国内外肉牛产业都体现了该产业发展与科技创新的完美融合，并积极反馈于需求日益增长的肉牛市场，满足国内外市场对高质量产品的需求。

国内目前的肉牛产业科技发展，主要体现在四个方面：一是遗传改良与育种技术的有机结合；二是饲养管理精准化；三是肉牛疾病的有效防控；四是节能环保养殖。遗传改良与育种技术的有机结合，是国内肉牛产业科技兴农、科技助农政策的具体体现。通过现代生物技术对肉牛进行基因改良，能培育出更适应本土环境、生长更快、肉品质更佳的新品种或新品系肉牛。饲养管理的精准化，是人工智能与农业融合发展的新实践。智能牧场与物联网技术在肉牛养殖中的广泛应用，比如利用传感器监测肉牛的健康状况、营养需求和环境参数等科技手段，能实现对肉牛的精准饲喂和高效的健康管理，这不仅大大降低了饲养过程中的成本，还提高了肉牛的生产性能。而对肉牛疾病的有效防控，也是借助于大数据和人工智能技术这样的科技手段，这些手段大大地提升了养殖过程中对动物疾病的快速反应和防控能力。此外，出于对环境保护和资源高效利用的现实考虑，国内肉牛养殖产业也在转型升级，积极探索生态养殖新模式，实现对环境少污染或不污染，提高养殖过程中各种资源的利用率。

在国外的肉牛产业中，科技融合也成为其发展的主要方向，目前主要体现在以下方面：一是可持续性与减排技术的开发应用；二是自动化与机器人技术的推广；三是区块链技术的应用；四是营养与肉质的研究不断深入。目前国际上肉牛产业科技发展聚焦于减少温室气体的排放，这是该产业为应对日益严峻的全球变暖问题所作出的新发展战略。通过改进饲料配方、开发碳足迹追踪系统等手段，从源头上实现温室气体排放量的有效减少，实现更加绿色的生产方式。自动化及机器人技术的应用，在发达国家也越来越普遍，例如自动挤奶、智能清洁等技术，大大提高了劳动效率，也降低了生产成本。在食品安全溯源方面，国外已经开始使用区块链技术来帮助消费者实现“信任消费”，即从产地到餐桌的每一步骤，都是透明可追踪的。在营养与肉质的研究上，科研机构与企业都做出了努力：关于肉牛品质、营养学的研究不断深入，饲料的配比、生产不断优化，营养价值不断提高……这使得该产业能更好地服务于国内外市场对肉牛的高品质需求。

## （二）贵州肉牛产业科技发展

### 1. 贵州肉牛产业科技创新

贵州省的肉牛产业科技创新主要是利用科技引领和创新驱动来促进肉牛产业的高质量发展。首先是全链条发展策略，贵州大力推动肉牛产业全链条发展，包括草料种植、养殖管理、屠宰加工、市场营销等各个环节，形成了一条完整的产业链条，为肉牛产业的壮大奠定了坚实基础。其次是市场开拓与屠宰加工升级，屠宰加工技术的升级，加快了肉牛屠宰行业的现代化进程；同时，着力于市场开拓的举措，满足了更广泛消费者的需求，提升了产品附加值。最后是科技创新成果应用，贵州省在2022年整体科技创新投资达到1041.83亿元的背景下，肉牛产业亦受益于相关科技成果的应用，如智能化养殖技术、疾病防控、饲料营养优化等方面都有所突破。

### 2. 贵州肉牛产业科技发展

贵州省农科院畜牧兽医研究所联合贵州省黄牛产业集团等单位开展“贵州黄牛种牛提纯复壮及性控精液生产技术研究与应用”“贵州黄牛饲草料生产利用关键技术研究与示范”“贵州黄牛规模化饲养关键技术集成与示范”“贵州黄牛精细化分割分级关键技术研究与示范”“贵州黄牛智能化管控技术集成与示范”“刺梨渣生物资源化利用与示范”等科技攻关项目，围绕贵州黄牛提纯复壮，性控精液生产、饲草料生产利用、规模化饲养、分割分级、智能化养殖管控等关键技术联合攻关，解决肉牛产业科技发展的关键共性技术问题。

依托贵州省农科院畜牧兽医研究所建设的贵州黄牛种牛育种平台，充分发挥高校、企业的优势作用，在贵州黄牛集团推广应用，通过项目运行和科研协作制度的建立，联合建立产学研基地，为贵州黄牛产业化发展提供关键技术支持。联合培养和汇聚人才，围绕贵州肉牛产业建立创新平台和产业化基地，以科研院所、大专院校为技术依托，采用产学研用的联动机制，实现搭平台、建基地、出人才、创团队、出成果、育产业。

### 3. 贵州肉牛产业发展优势与机遇

（1）肉牛产业发展优势

一是肉牛产业发展政策支持有力。近年来，贵州省委、省政府高度重视肉牛产业发展，将其作为全省农业特色优势产业和一二三产融合发展的重要抓手，出台系列政策措施强力推进全省肉牛产业高质量发展。2020 年，省委、省政府再次做出调整，将牛羊产业单列为全省纵深推进农村产业革命的 12 大产业之一，继续由省委常委、省委秘书长领衔推进，连续两年从财政列支 1 亿元支持产业发展。2021 年贵州省农业农村厅、贵州省财政厅印发了《贵州省 2021 年肉牛肉羊增量提质行动计划项目实施方案》，力争到 2025 年项目县牛羊肉产量增幅在 8% 以上，牛羊规模养殖水平提高 10 个百分点以上，供给保障能力进一步加强。以上政策措施的出台为贵州肉牛产业化发展指明了方向、明晰了路径、增添了动力，肉牛产业发展的政策环境处于历史最好时期，迎来了千载难逢的发展机遇。

二是品种开发潜力巨大。贵州有地方牛品种 5 个：关岭牛、巫岭牛（思南牛）、威宁牛、黎平牛、务川黑牛，占国家畜禽遗传资源品种目录普通牛种的 9%。这些牛品种具有适应性强、耐粗饲、产肉性能高、善爬坡等特点，适于农户放牧饲养。引进肉牛品种西门塔尔、安格斯、利木赞、夏洛莱等在贵州具有良好的适应性，与本地品种的杂交后代，兼具外来品种生长快、产肉率高和本地品种营养价值高、口感好的特点，为培育具有贵州特色的肉牛品种、打造高端牛肉生产基地奠定了坚实的种源基础。全省地方品种及杂交后代存栏量 478.95 万头，位居全国第一方阵。

三是品质特色享誉市场。贵州黄牛具有繁殖率高、屠宰率高、出肉率高、氨基酸含量高、蛋白质含量高、脂肪含量低“五高一低”的特点，品质优异、风味独特，特别是呈味氨基酸含量高，每 100 克鲜牛肉中谷氨酸、天冬氨酸和赖氨酸含量分别达到 169.7 毫克、77.6 毫克、88.5 毫克，高于其他牛肉 2 毫克左右，脂肪酸中的硬脂酸和油酸分别达到 30.08%、27.91%，肌肉中蛋白质含量分别达到 23.93%，均高于其他品种两个百分点左右，鲜味和香味十足。阿里巴巴副总裁、盒马鲜生创始人兼 CEO 侯毅赞誉“贵州黄牛肉是全国最好的牛肉”，盒马鲜生将贵州黄牛与澳洲（指澳大利亚）安格斯牛、日本和牛“并驾齐驱”，成为其推广的三大重点品类肉牛之一。

四是饲草料特色资源丰富。贵州有草地 282.45 万亩，天然草地草产量是北方草地的 4 ～ 6 倍。野生植物资源中饲用植物有 1800 余种，位居全国第三位，可开发利用的乡土牧草 260 多种，白三叶等优质牧草在全省分布广泛。年产农作物秸秆等 1238 万吨，其中可收集秸秆量约 995 万吨，综合利用量约 880 万吨，此外还有中药材渣、果渣、刺梨渣等工业副产物特色饲料资源可利用。贵州是中国酱酒的原产地和主产区，规模以上白酒企业年产酒糟 250 万吨以上，为肉牛养殖提供了丰富的饲草料资源。

五是助农增收带动力强。随着国家城市化进程不断加快，农村大量男性青壮年劳动力外出务工，农村“386199 部队”成为农村主要劳动力。据估算，我省 60 岁以上老年人 590 余万人，残疾人 37.8 万人，无法适应高强度农业劳作生产，这部分群众可就地就近利用自留地发展种草养牛，实现牛–粪–草生态循环、绿色发展。牛属于大牲畜，疫病少，规模要求不高，养殖管理技术易于掌握，农户便于参与，深受农户喜爱。近 20 年来，肉牛市场价格稳中有升，农户养殖收益好且稳定，每头牛每年纯利润在 5000 ～ 8000 元，养殖 10 头左右的农户纯利润在 7 万元左右，增收效果明显。

六是资源承载力空间富余。按照农业农村部《土地承载力测算技术指南》，畜禽粪污土地承载力以粪肥氮养分供给和植物养分需求为基础进行核算。经测算，全省土地对畜禽的最大承载量为 5273 万个猪当量（1 个猪当量相当于 0.3 头牛）。2022 年，全省畜禽养殖量为 3817 万个猪当量（其中牛 1641 万个，占比 43%），畜禽养殖在此基础上可增加 1456 万个猪当量，折合可新增养殖牛 437 万头，肉牛存栏 930 万头以上。

（2）肉牛产业发展机遇

一是全球牛肉产销稳步增长。2013—2022 年，全球牛肉平均产量和消费量分别为 6014 万吨、5826 万吨，肉产量和消费量总体平稳，小幅波动。产量位居前 5 位的国家是美国、巴西、欧盟、中国和阿根廷（见图 1），平均产量分别为 1195.1 万吨、977.2 万吨、756.7 万吨、649.7 万吨和 291.6 万吨，分别占世界牛肉总产量的 19.87%、16.25%、12.58%、10.80% 和 4.85%，这 5 个国家牛肉总产量占世界牛肉总产量的 64.35%。消费量位居前 5 位的国家是美国、中国、巴西、欧盟和阿根廷（见图 2），平均产量分别为 1202.1 万吨、819.3 万吨、763.8 万吨、757.3 万吨和 246.2 万吨，分别占世界牛肉总产量的 20.63%、14.1%、13.1%、13.0% 和 4.42%，这 5 个国家牛肉总消费占世界牛肉总消费量的 65.03%。

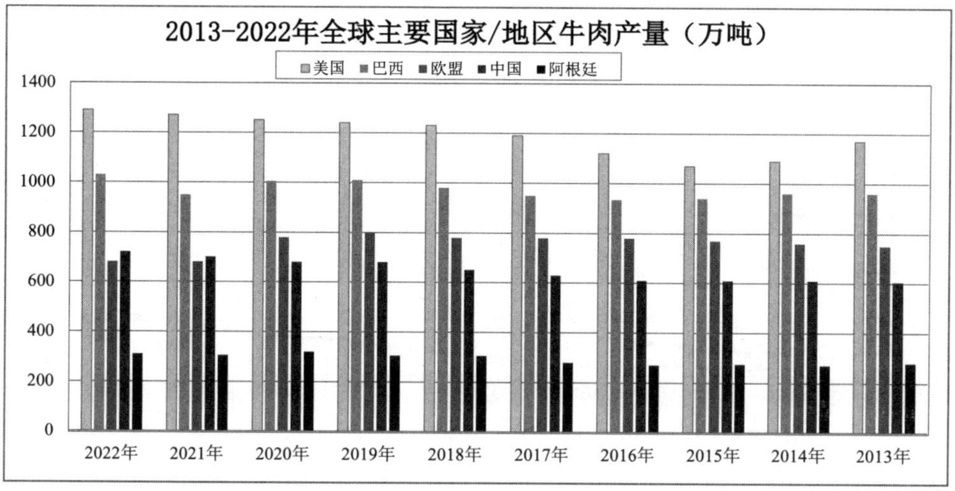


图 1　2013—2022 年全球主要国家 / 地区牛肉产量

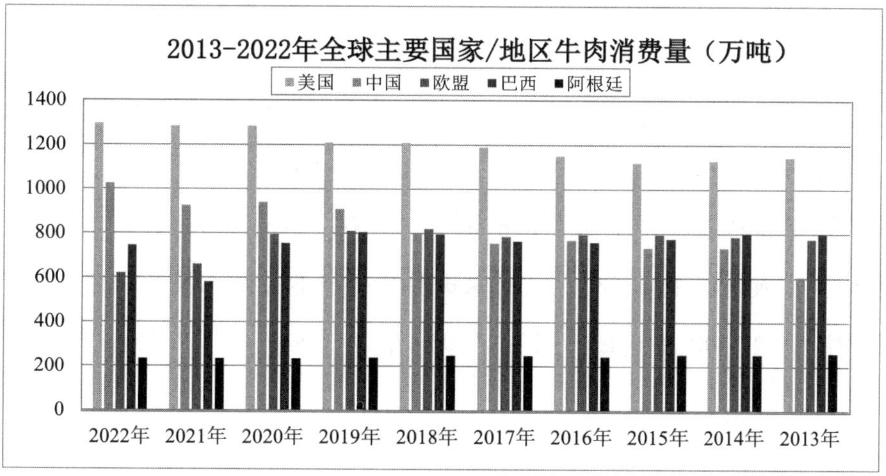


图 2　2013—2022 年全球主要国家 / 地区牛肉消费量

二是我国牛肉市场前景广阔。2013—2022 年，全国年均牛肉产量 649.7 万吨，牛肉消费 876.5 万吨，年均缺口 226.8 万吨，自给率 74.1%（平均每年下滑 3.5 个百分点），2022 年缺口甚至高达 306 万吨（见图 3）。

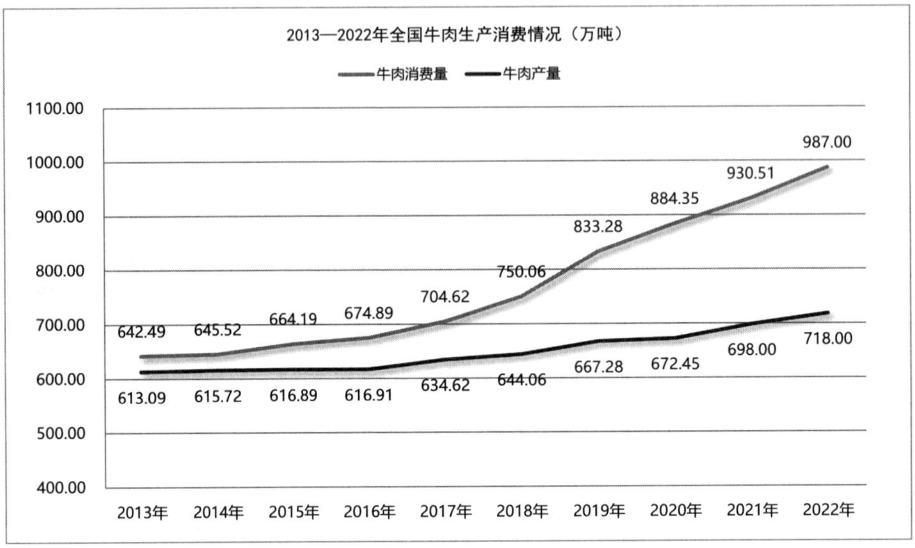


图 3　2013—2022 年全国牛肉生产消费情况

2013 年以来，全国牛肉生产增长了 17.11%，但消费增长了 59.37%，进口量增长了近 8 倍（见图 4）。2019 年以来，我国已成为世界第一进口国。全国人均牛肉消费量从 4.72 千克提高至 6.99 千克（见图 5），但仍落后于发达国家（全球人均牛肉消费量 10.3 千克，发达国家人均约 30 千克）。据国家肉牛牦牛产业技术体系分析模拟预测，2035 年我国牛肉消费量 1400 万～ 1500 万吨，2050 年达 1800 万吨，牛肉生产缺口巨大，供需矛盾十分突出。

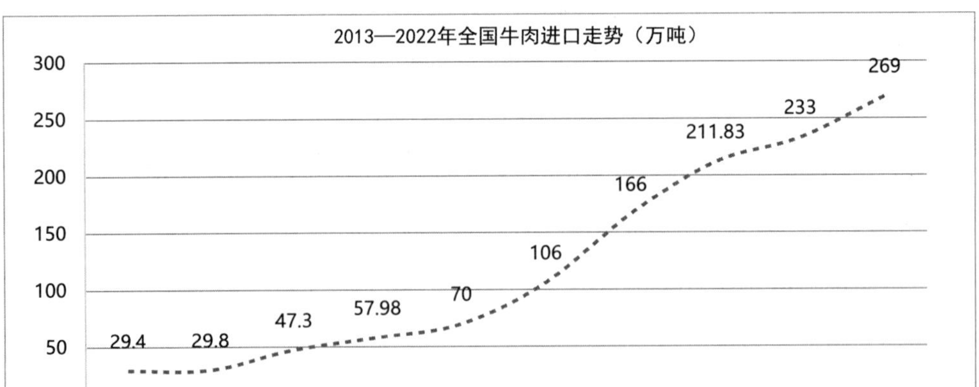


图 4　2013—2022 年全国牛肉进口走势

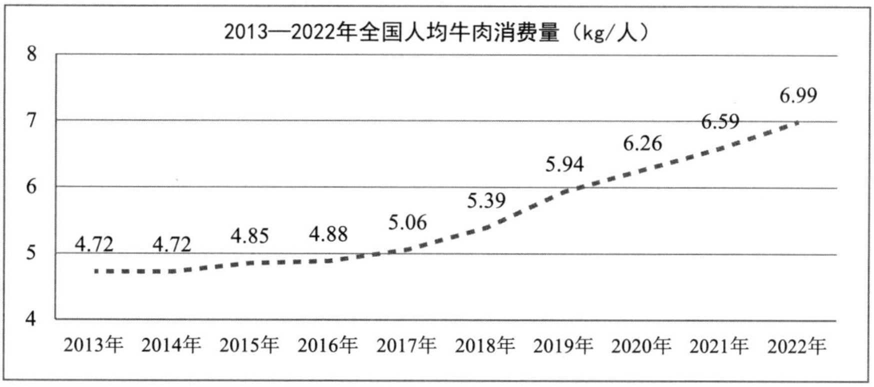


图 5　2013—2022 年全国人均牛肉消费量

三是贵州牛肉价格优势明显。2013—2022 年，全国和贵州牛肉均价分别为 70.76 元 / 千克、74.77 元 / 千克，贵州牛肉价格比全国均价高约 4 元 / 千克。2019 年和 2020 年涨幅均超过 10%，牛肉价格上涨明显（见图 6）。贵州牛肉因品质好价格优势明显，在广东、上海、成都等地甚至高出其他省牛肉 10% 左右且供不应求。国内牛肉缺口逐渐增大的局面为贵州发展肉牛产业提供了巨大的市场空间。

综上，全国牛肉消费缺口日趋加剧，为我省发展肉牛产业带来了良好的发展机遇。国家将贵州定位为潜力发展区，同时贵州具有饲草料资源丰富、市场价格持续向好，养殖基础好、群体大、意愿强，助农增收成效明显等比较优势，通过 3 ～ 5 年发展，可打造成千亿级特色产业。

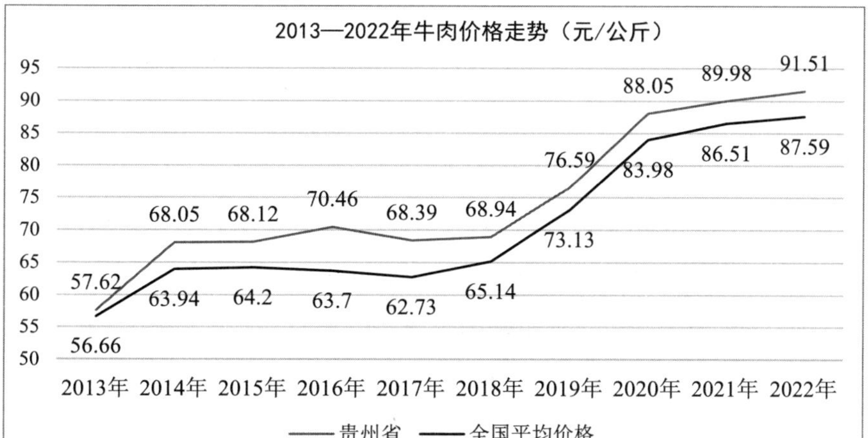


图 6　2013—2022 年牛肉价格走势图（公斤）

## 三、新品种、新技术应用与贡献

在探讨贵州省肉牛产业的科技创新时，不得不提及新品种的培育与引进以及前沿技术的应用，这些正是驱动产业升级、提升产业效能的关键所在；它们不仅重塑了肉牛产业的面貌，更为实现农业现代化、助力乡村振兴战略注入了强大动力。

### 1. 新品种培育推广

持续开展种质资源挖掘与保护利用。2022 年，由贵州省畜牧兽医研究所牵头完成了全省肉牛遗传资源普查、生产性能测定及分子遗传评估精准鉴定，全面调查并分析 7 个牛品种不同种群的分布，开展 5 个地方黄牛肉质检测及相关性状基因挖掘，编制 7 套调研报告，全面摸清全省肉牛遗传资源家底，科学评估其特征特性和生产性能。收集保护一批珍贵稀有濒危资源，制作保存遗传材料，对贵州白水牛等濒危品种实施抢救性保护，编制《贵州白水牛保护方案》，通过国家级评估，促成贵州白水牛、务川黑牛、思南牛地方保种场的建立，有效保存了贵州省本土地方资源，为后续地方牛资源的保护、开发利用打下基础。

种业科技创新平台建设。建设完成贵州省唯一的省级种公牛站，打破我省肉牛产业种源完全依靠省外供给的局面。“省种公牛站”现存栏采精种公牛 64 头，已累计生产优质冻精 254.8 万剂，其中常规冻精 250 万剂（引进品种 230 万剂，本地品种 20 万剂）、性控冻精 4.8 万剂。采用“产业专班 + 产业体系 + 科技创新团队 + 科技特派员 + 基层农技人员”五级联动推广模式，在省内 20 多个县和省外推广 150 万剂肉牛优质冻精，其中性控冻精推广在贵州黄牛产业集团母牛扩群增量中发挥了重要作用，使产母犊率从 50% 增至 85% 以上。

### 2. 肉牛养殖新技术研发与推广

集成与示范犊牛标准化饲养技术，制定《贵州黄牛犊牛标准化饲养管理技术规程》，犊牛成活率从 75% 提高到 87.50%，6 月龄重从 90 千克提高到 135.20 千克。集成示范生产高档牛肉育肥技术，制定《贵州黄牛规模化肉牛育肥技术规程》《贵州黄牛生产管理技术规程》，育肥牛体重从 450 千克提高到 582.36 千克，肌内雪花状脂肪含量从 1A 提高到 3A 级，高档肉块比例从 12% 提高到 17.75%；集成与示范母牛规模化饲养技术，制定《贵州黄牛规模化母牛繁殖技术规程》，开展围生期母牛料、受孕母牛料、后备母牛料三项新型饲料的研制及产业化开发，能繁母牛群年繁殖率从70%提高到85.20%。集成成果《贵州喀斯特地区牛羊生产提质增效技术集成推广》获得2022年全国农牧渔业丰收奖一等奖。成果《贵州地方肉牛生产技术创新与应用》获得2021年省科技进步三等奖，该成果开展多年多点区域试验和生产示范，累计推广出栏优质肉牛528万头，实现平均单位新增纯收益肉牛1258.90元/头，能繁母牛526.80元/头，为助企联农增收和推进乡村振兴做出了积极贡献。

### 3. 疫病防控技术研发与推广

开展贵州山区肉牛巴氏杆菌病、牛支原体肺炎等细菌支原体类疫病、肉牛呼吸道疾病综合征病原生态学及其他相关致病菌的诊断技术研究。建立弯曲杆菌属现场可视化检测技术，实现结果肉眼可判断，该技术实现养殖场、屠宰场现场快速检测，检测结果与实验室结果符合率高，其差异无统计学意义；从病原核酸提取到基因扩增完成，整个检测过程在60分钟以内。建立中兽药为主的防控体系，使细菌性疫病的发生率降低15%以上。推广肉牛放牧与舍饲疫病制度化防控技术体系，累计应用推广肉牛329.8万头。开展贵州肉牛常见疫病防控技术集成与示范，建立肉牛疫病病原基因检测方法8套，申请疫病可视化现场检测技术发明专利两项。研发防治犊牛腹泻中兽药中试产品三个、肉牛运输应激综合征的中兽药中试产品四个，示范推广肉牛11.74万头，使示范点肉牛运输应激综合征发病率从4.43%降低到2.67%。

### 4. 牛肉产品加工与贮藏技术研发与推广

开展贵州黄牛肉质量分级技术集成与示范，借鉴外省黄牛分割标准，精细分割后可达20个部位；通过气相色谱–质谱法测定牛肉中挥发性化学成分，构建贵州黄牛不同等级肉品营养特征品质数据图谱和特征风味物质图谱，共鉴定出68种挥发性化合物。开展贵州黄牛肉质量分级技术集成与示范，不同质量等级贵州黄牛肉品质特征图谱研究，构建了不同质量等级贵州黄牛肉品质特征图谱。从贵州黄牛肉品色泽、口感、气味、滋味等方面，构建了贵州黄牛不同等级肉品感官评价指标量化体系，从肌间脂肪丰富度和屠宰肉牛成熟度等方面构建不同质量等级贵州黄牛肉量化评价体系。加强冷鲜牛肉保存技术研究，编制了冷鲜牛肉保鲜技术规程，采用真空包装和生物保鲜等技术，贵州黄牛肉品在0～4℃条件下保鲜期从30天提高到60天，保持风味和营养品质参数不变。

## 四、贵州肉牛产业发展对策

面对肉牛产业发展的新机遇与挑战，贵州省在积极推动科技创新的同时，也需进一步细化发展战略，以科学合理的对策引领产业升级。考虑到肉牛产业对地区经济和农民增收的重要性，构建从良种选育到精深加工的全产业链条优化策略显得尤为关键。目前，贵州省从人才队伍建设、科研平台建设、体制机制建设等三个方面制定了适宜本土化肉牛产业发展的政策措施。

### 1. 人才队伍建设

（1）加大人才引进培养力度

积极向上级争取引进高素质人才优惠政策和财政补助资金，引进一批高层次创新型的研发人才。通过职称晋升、学历提升、对外交流学习等方式，强化自主人才培养与队伍建设，建成一支专业化团队。加大柔性引才工作力度，给予柔性引进相关政策和资金，积极寻求院士人才团队、领军人才团队等行业内拔尖人才到黔开展技术指导服务。

（2）建立完善能繁体系队伍

完整良繁体系建设包括省种公牛站、市县牛改中心、镇级人工授精站、母牛养殖场（户）。积极构建“省种公牛站＋地方畜牧部门＋冻精输配员＋养殖场（户）”的能繁体系队伍。省种公牛站根据全省肉牛改良政策规划和市场需求，生产和供应良种肉牛冻精，推广牛冷冻精液人工授精技术，为需求地区运送液氮和冻精。市、县牛改中心配置液氮生物容器、液氮运输车、显微镜等。为镇人工授精站统一组织供应冻精、液氮和牛改器材，培训镇、村人工授精员，检查指导镇人工授精站牛改工作，及时总结牛改经验，推广肉牛生产实用技术。镇人工授精站配备液氮罐、输精枪、配种架等牛改设备。对养牛户进行宣传和培训，应用人工授精技术改良配种本地母牛，指导农户进行优质肉牛生产。母牛养殖场（户）饲养能繁母牛，繁殖良种杂交肉牛，为肉牛生产提供优质肉牛源。

（3）建立完善技术推广服务队伍

构建“肉牛配种＋疫病防控＋标准化养殖＋粪污处理＋加工销售”的省、市、县、镇四级联动的技术推广服务队伍。主动加强对养殖户的科技服务，集聚人才、技术、服务等科技资源向基层延伸，在肉牛产业重点示范县（市、区）建立输配站及科技推广服务队伍，提升小散户在肉牛配种、疫病防控、标准化养殖、粪污处理等方面的科学生产水平，提高小散户肉牛养殖技术水平，推进标准化进程，将科技服务送到养殖户家里。

**2. 科研平台建设**

（1）完善省种公牛站建设

以“种公牛站”为种源基地，根据全省不同地区的多样化需求，完善冻精生产平台建设，加大地方牛品种、国外品种的普通冻精、性控冻精生产力度，在全省范围内推广应用，推进肉牛种业振兴，实现种源自主可控。

（2）建立省肉牛育种平台

依托省种公牛站优质冻精资源，构建母牛高效繁殖技术体系，完善省肉牛育种平台建设，加大冻精生产力度，每年可在全省范围内推广应用优质常规冻精 96 万剂、性控冻精 5 万剂，推进能繁母牛 X 性控冻精输配，迅速壮大贵州肉牛产业养殖规模，为全省能繁母牛扩群增量提供坚实保障。

（3）建立省肉牛数据追溯平台

依托贵州省畜牧兽医研究所肉牛创新团队科研力量，联合地方县（市）开展地方品种登记、提纯复壮、动态监测等数据追溯平台建设工作。建设完善地方肉牛保种场，划定保种区，结合“省种公牛站”，构建“三个一”（一场一区一站）保种体系。各个肉牛重点县及发展县应建立数据采集平台，注重肉牛信息数据登记，登记内容应该包含肉牛父母代、养殖、饲料、防疫、屠宰加工、物流等信息，为多措并举推进资源保护，打造硬核农业“芯片”，做好肉牛追本溯源工作提供强有力的数据支撑。

**3. 体制机制建设**

（1）建立政企联合发展机制

省级统筹制定指导意见，县级出台具体政策，推进实施“见犊补母”和外购母牛补贴，建立政企联合发展机制。充分发挥龙头企业资金、技术、资源等优势，引导加快生产方式转型升级，重点发展种源供应、后期育肥、市场建设、技术服务等经营业务，与农户在产业链上优势互补、分工协作，同时带动农户订单式种植饲草，充分发挥农户养殖母牛成本低等优势，快速推动母牛扩群增量。

（2）建立产学研用创新机制

依托省种公牛站和省肉牛产业技术体系，建立由省农科院与贵州大学＋地方技术推广部门+新型养殖经营主体的产学研用科技创新联盟，组织一支肉牛生产一线技术服务队伍，利用好“科技特派员+龙头企业+家庭农场”的科技服务模式，探索建立“肉牛科研试验基地+区域示范展示基地+新型养殖经营主体”的链条式技术推广服务模式，切实发挥好服务产业专家角色，着力普及推广先进实用技术，服务好我省肉牛“十百千万工程”，提升产业发展水平，支撑肉牛产业高质量发展。

（3）建立创新利益联结机制

大力推广“龙头企业+家庭农场”、养殖小区、专业村等发展模式，建立健全利益联结机制，提高“分户饲养、集中育肥、培育品牌、统一销售”的产业组织化程度，形成利益共享、风险共担的利益共同体，实现多方共赢的生产经营格局。

执笔人：莫本田　徐龙鑫　王鑫　武俊达

# 贵州生猪产业科技发展报告

◆ 贵州省农科院畜牧兽医研究所

2022年，贵州生猪产业科技发展迈入了一个崭新的发展阶段，展现出前所未有的活力与潜力。这一年，面对国内外复杂多变的经济形势与持续增长的市场消费需求，贵州紧抓生猪产业转型升级的历史契机，依托科技创新这一核心驱动力，积极探索产业发展的新路径与新模式。贵州生猪产业在科技的引领下，不仅实现了生产效率与产品质量的双重飞跃，也为乡村振兴战略的深入实施贡献了坚实力量。本报告旨在全面回顾与分析2022年度贵州生猪产业在科技研发、技术应用、产业链优化等方面的实践与成就，揭示科技创新如何赋能传统产业涅槃重生，为后续发展提供镜鉴，擘画出一条科技兴牧、绿色发展之路。

## 一、生猪产业发展概述

### （一）国内外生猪产业发展概况

随着社会经济的持续增长和消费者偏好的不断演变，生猪产业不仅仅是关乎食物安全与供应的基础行业，更成为推动农业现代化、促进农民增收的重要领域。从传统的散养模式到现今的规模化、集约化、生态化养殖转型，生猪产业经历了翻天覆地的变化。科技的进步，如基因编辑、智能监控、疾病预防与控制技术的突破，正引领着产业向更高层次迈进。与此同时，产业链上下游的深度融合与品牌建设意识的觉醒，为生猪产业的可持续发展铺设了新的轨道。

#### 1. 全球生猪产业发展简述

2022年，世界生猪存栏量78421.4万头，同比上升4.62%；出栏量125216万头，比下降0.07%。猪肉总产量为10984.6万吨，同比上升2.08%。中国、欧盟和美国的猪肉产量占全世界的比重为78.28%。中国的猪肉产量同比增幅较大，中国的猪肉产量同比增幅较大，为 7.37%，欧盟同比下滑 4.01%，美国同比下滑 1.90%。在猪肉贸易方面，2022 年世界猪肉贸易大幅下滑，全年总贸易量为 959.8 万吨，同比下降 16.90%，中国对进口猪肉需求的减少是世界猪肉贸易下滑的主要原因。中国猪肉进口量由 2021 年的 433 万吨减少至 2022 年的 180 万吨，下降幅度高达 58.43%。中国国内生猪产能的恢复，再加上猪肉产品进口关税的提高，导致进口量的大幅减少。

2. 国内生猪产业发展简述

长期以来我国生猪养殖量居世界第一，伴随着猪瘟疫苗的普及和防疫政策的放宽，我国生猪存栏量和出栏量稳步回升。2022 年，全国生猪养殖量为 45255.73 万头，同比增长 0.74%。猪出栏量为 69995 万头，较上一年度增 2867 万头，同比增长 4.27%；猪肉生产量为 5541.43 万吨，分别占世界总值的 57.71%、52.87% 和 50.45%。由此可见，我国生猪产能的快速恢复是 2022 年全球猪肉产量增长主要因素。

根据各地方政府陆续公布的生猪产能数据，2022 年我国的生猪出栏量前五的省市为四川省、湖南省、河南省、云南省和山东省，其生猪出栏量分别为 6548 万头、6248 万头、5919 万头、4532 万头和 4528 万头，占全国生猪总出栏量的 40% 左右。总体来看，全国各重点省市的生猪产能已经基本恢复至疫情前的水平。

2019 年受非洲猪瘟疫情以及新冠疫情等影响，我国能繁殖母猪的存栏量跌至近年来的最低值，仅 2045 万头；2020—2022 年，我国生猪养殖行业的产能逐渐恢复，叠加上各大生猪养殖企业的产能扩张项目陆续完工投产，我国能繁殖母猪存栏量不断上升。2022 年，我国能繁殖母猪存栏量为 4390 万头，较上一年度增加 61 万头，同比增长 1.41%。

2012—2021 年，我国生猪养殖方式发生了较大的转变，各类生猪养殖方式的占比发生了不同的变化，散户养殖占比连年下降，大户养殖和企业养殖占比持续提升。2021 年，我国生猪养殖散户方式占比为 23.50%，专业户占比 27.50%，大户占比 31.40%，企业占比 17.60%。其中，散户和专业户占比同比 2012 年分别下降 20.4%、1.2%，大户和企业占比同比 2012 年分别上升 12.1%、9.5%。

经过多年发展，我国养猪业已经从散养大国发展为集约化养猪大国，但养猪水平总体还比较落后，尤其是在种猪改良方面，我国优秀种猪目前主要依赖于进口。据中国海关 2022 年统计数据，由于规模化水平提升以及生物安全措施得当，国内种猪数量以及质量得到大幅度提高，自身可以形成内部扩繁体系，对外的引种需求下降，我国进口种猪数量为3522头，同比下降82.88%。

## （二）贵州生猪产业发展概述

### 1. 产业发展历史及特色

贵州省生猪产业发展历史悠久，作为传统农业的重要组成部分，其发展历程可追溯至数百年甚至上千年前。生猪产业是贵州省畜牧业的第一大产业，其产值分别占农业、畜牧业总产值的15%和60%。猪肉是贵州居民最重要的肉类食品。统计数据显示，2022年贵州省猪肉产量166.21万吨，占居民肉类消费的80%左右。生猪产业与全省经济发展及人民生活水平息息相关。

### 2. 发展历程回顾

自古以来，生猪养殖在贵州农村地区就扮演着提供肉食、肥料以及经济收入的重要角色。然而，由于我省地理环境复杂、交通不便等因素，生猪产业长期处于分散、规模较小的状态。进入21世纪，随着国家对农业现代化和产业扶贫政策的推进，特别是近年来实施的农村产业革命，贵州省生猪产业开始步入快速发展的轨道。

传统养殖阶段（20世纪末以前）：贵州省生猪养殖历史悠久，长期以来以分散的家庭养殖为主，生产规模较小，技术水平相对落后。受地形地貌影响，各地区养殖条件差异较大，产业发展较为分散，市场竞争力较弱，生猪产品不足以满足省内消费需求，对外依赖度较高。

规模化、标准化起步（20世纪末至21世纪初）：进入20世纪末，随着农业产业结构调整和市场经济的发展，贵州省开始推动生猪产业向规模化、标准化方向转型。各级政府相继出台《关于2003年畜牧业工作的意见》（黔农发〔2003〕21号）、《关于加快推进山地生态畜牧业发展的意见》（黔府发〔2014〕26号）、《贵州省发展“一县一业”助推脱贫攻坚三年行动方案（2017—2019年）的通知》（黔府办发〔2017〕43号）等一系列政策文件，鼓励和支持大型养殖企业、专业合作社和家庭农场等新型经营主体的发展，推广科学饲养技术和疫病防控措施，逐步提高生猪生产效率和产品质量。

产业革命与转型升级（2010年至今）：自2010年以来，贵州省积极响应中央号召，深入推进农村产业革命，将生猪产业列为农业首位产业，实施了一系列旨在推动产业高质量发展的举措。

政策引导：制定并发布《贵州省生猪产业实施方案》《生猪产业高质量发展工作方案》等文件，明确以推进生猪产业高质量发展为统揽，提出“12345”产业链推进模式，提升“六化”水平（规模化、标准化、产业化、品牌化、绿色化、智能化），强化政策支持与服务体系建设。将生猪产业纳入农村革命的重点领域，纳入省、市、县三级政府的绩效考核，确保政策落地执行。

科技创新：加强与科研机构、高校合作，推动政府、企业和科研机构“金三角”助力生猪产业高质量发展模式实现新突破。深入开展农技人员创新创业行动，以“揭榜挂帅”等形式围绕饲养技术、疫病防控、种养循环等开展实用技术指导。支持围绕新品种培育、新型饲料、疫病防控、精深加工等领域关键技术难题开展联合科技攻关。大力开展人工输配、免疫注射、疫病检测、粪污清掏等畜牧兽医社会化服务试点，提升先进生产技术应用水平。同时，通过举办生猪产业发展培训会，提升从业人员素质，加速现代化猪场建设、服务健康养殖新模式。

模式创新：推广“猪－沼－菜（草、粮、果、茶）”种养循环生态养殖模式、“411”、“1211”等典型合作模式和利益联结模式，“龙头企业＋合作社＋农户”“龙头企业＋中小养殖场”“龙头企业＋家庭农场”“13518”等产业扶贫模式，充分发挥龙头企业的带动作用，整合资源，实现小农户与大市场的有效对接，助力脱贫攻坚与乡村振兴。

标准化与规模化：畜禽屠宰方面，2023 年 9—11 月期间先后修订发布了《贵州省畜禽屠宰条例》《贵州省畜禽屠宰行业发展规划（2024–2030）》，进一步规范畜禽屠宰行业秩序，提升畜禽产品质量安全保障水平。标准化养殖方面，贵州省铜仁市等地大力推进生猪标准化养殖，通过优化养殖设施、提升防疫水平、加强饲料管理等手段，提高生猪生产效率和产品质量，实现规模效益。标准体系完善方面，围绕地方猪种质资源开展国家和地方标准的制定及修订工作。支持企业、社会团体对标粤港澳大湾区等目标市场，研究制定贵州生猪相关团体标准。支持开展猪肉致病微生物、生物毒素等风险监测和评估，建立健全质量监测标准体系，优化质量安全评价标准。

服务升级：贵州省率先在全国建立“省领导领衔、专班化推进”工作机制，以全产业链模式推进生猪产业发展，联农带农成效加快显现。同时，设立生猪产业发展“服务直通车”，提供政策咨询、技术指导、市场信息服务等全方位支持，解决产业发展中的实际问题，保障生猪产业稳定健康发展。近年来，贵州省生猪产业科技服务能力不断提升，产业规模稳步壮大，产业素质不断提升。

3. 产业特色概述

地域与生态优势：贵州地处云贵高原，气候温和湿润，生物多样性丰富，有利于生猪养殖疫病防控和绿色生态养殖模式的推广。此外，丰富的林下资源、草地资源为发展种养结合、生态循环养殖提供了良好条件。随着贵广、沪昆高铁的开通，“县县通高速路”已经实现，在建的“三环八射”省内城际铁路等基础工程建设为提升肉品冷链物流配送能力提供了保障，为“黔猪出山”创造了良好条件。

品种特色鲜明：贵州地方猪种质资源丰富，在《中国猪品种志》中，明确收录的贵州地方猪品种7个，包括黔北黑猪、黔东花猪、江口萝卜猪、白洗猪、香猪（从江香猪）、关岭猪和乌金猪（可乐猪）。与国内其他地方猪种类似，贵州地方猪总体表现出肉质好、耐粗饲的优良性状，具有较高的经济价值和文化价值，正在成为带动地方特色旅游、美食文化的发展重要工具素材。

产业链协同：从稳产保供到产业链建设加快成“势”，贵州省生猪产业逐步形成涵盖种猪繁育、饲料生产、标准化养殖、屠宰加工、冷链物流、市场销售等环节的完整产业链，产业附加值不断提升。

## 二、生猪产业科技发展

目前，生猪产业已站在了转型升级的十字路口。从传统的养殖模式迈向现代化、智能化生产体系，不仅是对产业内部结构的重塑，更是对整个产业链价值的重新定义。此过渡期见证了生物安全防控技术的飞跃、遗传育种科学的突破，以及大数据与物联网技术在养殖管理中的深度融合。这些科技进展如同强大的引擎，驱动着生猪产业向更加高效、环保、可持续的方向加速前行，预示着一个科技引领、创新驱动的生猪产业发展新时代即将到来。

### （一）国内外生猪产业科技发展

国内外生猪产业科技发展近年来呈现显著进步，涵盖了从遗传育种、健康管理、精准饲养到食品加工的各个环节，旨在提升生产效率、保障食品安全、促进环境可持续性。

目前，国内生猪产业科技发展主要集中于四个方面：一是遗传改良与品种创新。中国作为全球最大的生猪生产和消费国，高度重视生猪遗传资源的开发与利用，通过基因组选择、分子标记辅助育种等技术培育出新品种（如瘦肉型猪种），以满足市场需求。二是健康管理与疾病防控。面对非洲猪瘟等重大疫情的挑战，国内加大了对疫苗研发、疾病诊断技术及生物安全体系的投入，利用大数据和人工智能技术进行疫情预警和流行病学调查，有效提升了疫病防控能力。三是智能化、自动化养殖技术的广泛应用，如智能环控系统、自动投喂与粪便处理系统，不仅提高了生产效率，还减轻了环境负担，实现了绿色养殖。四是精准营养与饲料替代。通过精准营养技术优化饲料配方，减少豆粕等传统蛋白原料依赖，推广使用木质素、单细胞蛋白等替代资源，降低成本并减少对环境的影响。

国际上，生猪产业科技发展更加注重于以下方面：一是基因编辑技术，如 CRISPR-Cas9 等基因编辑技术被用于改良猪的抗病性、肉质及生长特性，推动了生猪品种的革命性进步。二是数字化与数据驱动。数字化技术在生猪产业中的应用日益广泛，从个体识别、生长监测到供应链管理，数据收集与分析帮助优化决策，提高生产效率和市场响应速度。三是可持续性与环境友好。国际社会高度关注生猪养殖的环境影响，推动减排技术的研发和应用，如甲烷捕获与利用，以及废弃物资源化处理，实现循环经济。四是国际合作与标准制定。面对全球贸易和动物福利要求，国际合作在制定统一的生产标准、疾病防控协议和贸易规则中发挥着重要作用，促进了全球生猪产业的协同发展。

### （二）贵州生猪产业科技发展

从育种环节、饲料生产环节到屠宰加工环节、精深加工环节，贵州省通过多种措施积极引导，助推生猪产业链条逐渐完善。全国前 20 强生猪龙头企业，已有 16 家在我省 59 个县实施规模为 30 万～ 100 万头的生猪养殖或全产业链一体化建设项目，推动我省规模化养殖水平迈上新台阶。全省有种猪场 62 个，其中国家级生猪核心育种场 1 个（中寨种猪场）。截至 2021 年，贵州创建省级以上生猪养殖标准化示范场 146 个，新增国家级标准化示范场 4 个，创建标准化屠宰场 7 个，创建国家级非洲猪瘟无疫小区 3 个，省级非洲猪瘟无疫小区 23 个。目前，贵州省共有省级以上生猪重点龙头企业 108 家。

全省范围内选派科技特派员开展精准帮扶。2022 年共选派 80 多名生猪产业科技特派员到各县（区）基层开展技术服务。开展技术研发及成果转化，支持科研院所、高校、企业积极开展地方猪品种开发、生猪养殖技术提升、生猪粪便有机肥转化应用等。与省农业农村厅合作打造畜禽粪污处理与资源化利用示范点，积极与产业专班对接，精准征集技术需求。

高校及科研院所充分发挥学科优势、人才优势和平台优势，聚焦我省生态猪特色产业，收集产业技术需求并开展技术研究和服务，开展技术成果应用推广，解决产业发展实际问题；推动“政、产、学、研、金”相结合，依托龙头企业建立示范基地，以产业为核心、项目为载体，熟化技术成果并开展推广应用；持续建设贵州省地方猪保护与繁育基地平台，推进地方猪育种；集成生猪养殖粪污处理与生态循环养殖技术体系，建设示范基地；编制养殖培训技术手册，举办生猪养殖高级管理技能型人才培训班。

**1. 生猪产业集群布局**

（1）全省生猪养殖

2022 年，我省生猪存栏 1542.67 万头，同比增长 0.80%；出栏 1984.73 万头，同比增长 7.30%。贵州省生猪养殖量占全国总量的 3.41%，居全国第十三位。通过各市（州）农业农村局调查结果显示，2021 年末全省生猪存栏量为 1364.06 万头，出栏 1661.79 万头。其中遵义市（存栏量 280.86 万头，出栏量 371.91 万头）、毕节市（存栏量 276.11 万头，出栏量 331.36 万头）、铜仁市（存栏量 183.82 万头，出栏量 229.63 万头）位居前三位（详见图 1）。与全国相同，我省生猪养殖品种主要以大约克、长白和杜洛克及其形成的“杜长大”三元配套为主，2021 行业普查结果显示，我省地方猪品种存栏量约为 91.83 万头，仅为全省生猪存栏量的 6%。省内有 33% 的农户从事生猪养殖，养殖场（户）达 264 万个，部分地区生猪养殖收入占农民收入 30% 以上。目前，全省拥有省级种猪测定中心一个，国家生猪核心育种场一个（贵阳德康牧业有限公司中寨种猪场，2022 年通过评审入选），支撑品种为大约克、长白和杜洛克。

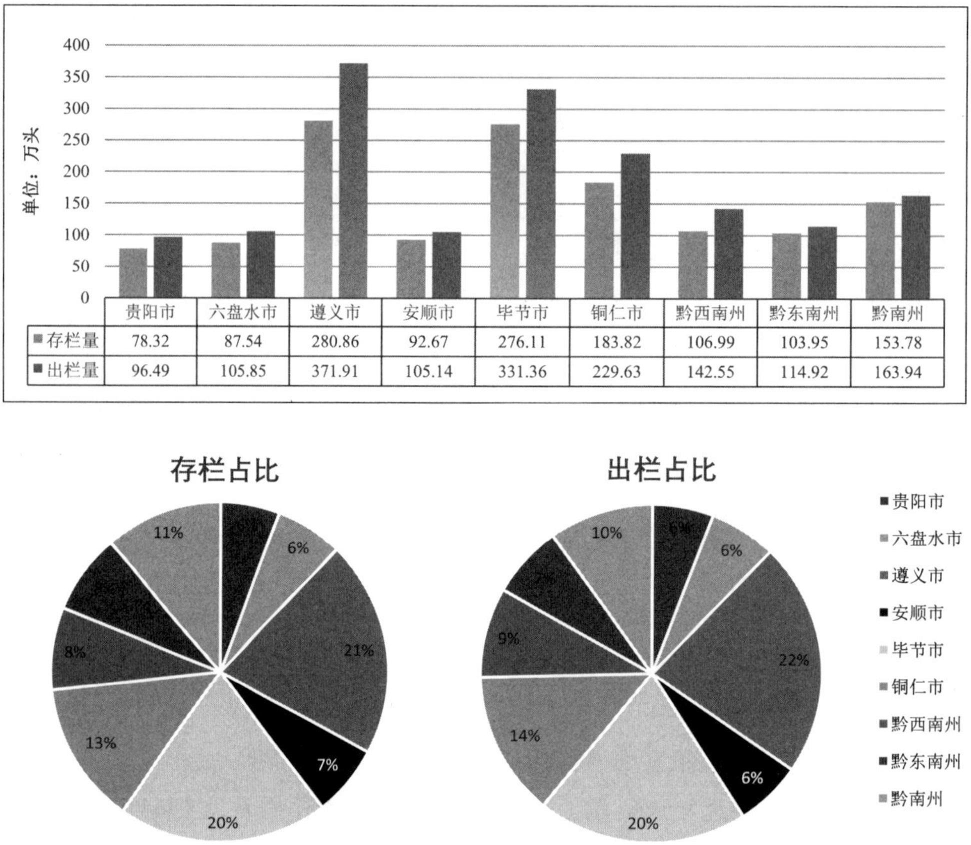


| | 贵阳市 | 六盘水市 | 遵义市 | 安顺市 | 毕节市 | 铜仁市 | 黔西南州 | 黔东南州 | 黔南州 |
|---|---|---|---|---|---|---|---|---|---|
| 存栏量 | 78.32 | 87.54 | 280.86 | 92.67 | 276.11 | 183.82 | 106.99 | 103.95 | 153.78 |
| 出栏量 | 96.49 | 105.85 | 371.91 | 105.14 | 331.36 | 229.63 | 142.55 | 114.92 | 163.94 |

图 1　2021 年末各市（州）生猪存栏量和出栏量

（2）生猪产业集群及功能布局

通过着力构建生猪产业体系、生产体系和经营体系，全省生猪产业已形成功能定位明确的四个区域。

中部融合发展区：覆盖黔中城市群，集合全省 20 强生猪养殖的 12 家企业、20 强生猪屠宰的 8 家企业和 20 强生猪饲料企业的 14 家企业，初步形成一、二、三产业融合发展的格局。

西北部养殖集聚区：主要包括乌蒙山 – 大娄山沿线市县，是全省生猪养殖主要产区，生猪饲养量占全省饲养总量的 40%。

南部潜力增长区：主要位于盘江流域，毗邻粤港澳大湾区，养殖氛围浓，发展资源多，营商环境好，近年来产业化龙头企业先后入驻建立生产加工基地，具有较大的增长潜力。

东部特色产业区：主要集中于苗族、侗族、布依族等少数民族集聚区，是香猪、黔东花猪、江口萝卜猪、白洗猪等贵州地方特色品种的主产区，传统民俗文化与生产养殖充分交融。

（3）生猪产业优势区域分布

"十四五"期间，贵州省按照系统性开发和产业链竞争力整体性提升的要求，着力优化种养加销售全产业链布局，引领特色产业向优势区域聚集，重点打造播州、开阳、习水、金沙、平坝、西秀、独山、黎平、松桃、玉屏、兴义、贞丰等12个产业聚集突破区，岑巩、锦屏、大方、惠水等"三个100万"生猪项目区，纳雍、威宁、赫章、从江、沿河、望谟等乡村振兴夯实基础县。

（4）特色生猪产业带分布

大力推动农业现代化，以产业大招商和产业集群化发展为突破口，加大县域特色产业与城镇化匹配力度，围绕"一县一品""以产兴县"，推进县域特色产业做大做强，打造县域经济发展新的增长点和支撑点。依托黔北黑猪特色产业带（布局区域：道真、湄潭、正安、习水、绥阳）、可乐猪特色产业带（布局区域：赫章、威宁、纳雍、水城、盘州）、香猪特色产业带（布局区域：从江、榕江、剑河、丹寨、雷山、山都、荔波）、宗地花猪特色产业带（布局区域：紫云、长顺）四大生猪特色产业带资源，其中施秉县、黄平县、松桃县和福泉市为招商重点区域，重点招引肉制品及生猪副产品加工企业。

施秉县：依托新希望集团等企业规模养殖资源，引导企业配套建设有机肥厂、饲料加工厂、现代化标准屠宰场、猪肉系列食品加工厂及其配套设施，招引饲料生产、有机肥生产、屠宰加工、肉制品加工、农文旅体验等相关企业，向生猪产业强县发展；强化地方品种保护，特别是对具有国家地理标志品种"白洗猪"进行抢救性保护；推进生猪粪污资源化循环利用，发展循环经济。

黄平县：依托"贵州傲农七环""正邦福猪""黄平弟国生猪标准化规模养猪场"等龙头企业，以集智慧养殖、生态循环和产业扶贫为一体的畜牧养殖产业园为载体，以市场为核心，以品牌为支撑，带动生猪产业标准化、规模化、集约化发展；加快引进精深加工企业，积极培育肉制品精深加工项目，做大做强生猪产业，推进打造黄平农特产品加工产业基地。

松桃县：以德康牧业、铁骑牧业、康正牧业为依托，推进规模化养殖，围绕“生猪良繁体系建设，大力发展家庭牧场，加快屠宰加工产业链建设和条带式全产业链建设”，实施生猪良种繁育工程、饲料保障与屠宰精深加工工程等重大工程建设，加快引进肉食加工企业、猪鬃加工企业、冷链物流企业等，打造百亿级生猪产业。

福泉市：做大做强生猪产业，建设福泉“一县一业”生猪全产业链示范县，以推进生猪规模化养殖为主，构建现代养殖、疫病防控、屠宰加工、市场流通、监管服务、质量溯源为一体的畜禽养殖体系，着力创建福泉生猪品牌，推动生猪产业转型升级，形成特色产业中心。积极推广实施猪 – 肥 – 菜（粮、果、茶）等生态循环农业，打造生猪养殖 – 屠宰 – 配送 – 加工一体化发展模式，促进农牧业全产业链、价值链转型升级。新建清洗消毒中心和养殖粪污集中处理资源化回收利用中心，推进养殖粪污资源循环利用。

**2. 贵州生猪加工业发展**

生猪加工业作为衔接生猪养殖与消费市场的关键环节，对提升产业附加值、保障食品安全、促进就业及拉动地方经济发展具有重要作用。近年来，贵州省在生猪产业实现从“净调入省”到“净调出省”的历史性转变过程中，聚力推进生猪产业“强链、延链、补链”，加快全产业链发展。据统计，目前全省共备案登记生猪定点屠宰场（点）154 个，猪肉制品加工企业 70 家。

饲料加工环节，富之源贵阳综合保税区 150 万吨饲料原料集散及饲料加工中心已正式投产，可降低饲料生产成本 5% ～ 10%；屠宰加工环节，排名全国第三的高金食品集团在龙里县建设 100 万头现代化生猪屠宰和精细化分割生产线，目前已具备生猪日屠宰 3000 头、日分割 1500 头、日精细及调理类产品加工 30 吨、日冻结 60 吨、冷藏量超 2000 吨的综合加工能力，全面投产后将有效提高我省冷鲜猪肉和猪肉预制产品供给能力。

贵州省生猪加工产业是精深加工不足，生猪产品以初加工为主，猪肉精细化分割企业数量不多、规模不大，全省猪肉制品年产量占猪肉总产量的比重不到 2%，且 90% 以上的产品为腌腊肉制品，中高端产品供给、开发力度不够，产品精细化分割和猪肉预制品加工比重低。同时，冷链仓储和流通设施数量相对不足，猪肉以县域内鲜销为主，不能满足猪肉跨地区远距离销售需求。

区域布局：贵州省生猪加工业主要集中在黔中、黔北和黔南地区，这些地区不仅具备良好的生猪养殖基础，同时也是交通物流网络相对发达的区域，有利于原料供应和产品输出。其中，黔中地区依托贵阳市的区位优势和产业聚集效应，形成了集屠宰、分割、冷藏、深加工于一体的生猪加工中心；黔北地区凭借丰富的水资源和较好的工业化基础，发展了以肉类制品加工为主的产业集群；黔南地区则依托丰富的旅游资源和绿色生态优势，重点发展高品质猪肉制品及特色风味产品。

企业类型：贵州省生猪加工业既有如贵州养心食品有限公司等省级生猪屠宰标准化示范企业，也有如贵州富之源农业发展有限公司这样的集养殖、肉食品加工为一体的大型现代化农牧企业。此外，还有众多中小型屠宰厂和肉制品加工厂遍布各地，形成多层次、多元化的企业结构。

产业链延伸：部分生猪加工企业不仅从事屠宰业务，还涉足排酸、速冻、深加工、冷链物流等环节，实现全产业链运营，如贵州养心食品有限公司配备有完善的屠宰车间、排酸车间、速冻冷库、深加工车间、污水处理系统和无害化处理车间等设施。这种一体化运营模式有助于提高资源利用率，降低运营成本，增强企业的综合竞争力。

### 3. 贵州生猪产业发展优势与机遇

（1）生猪产业市场及品牌建设

2021 年，贵州省提出大力实施品牌强农战略，集中力量打造一批全国知名的农产品区域公用品牌、农业企业品牌、农产品品牌，助推“贵品出山 • 风行天下”。目前，全国前 20 强生猪头部企业中已有 16 家落户贵州。这些企业在生猪屠宰、精深加工、品牌打造等方面具有强大的实力和市场影响力，不仅提升了贵州省生猪加工业的整体产值，也为地方经济注入了强劲动力。

近年来立足优质资源禀赋，念好“山字经”，打好“特色牌”，贵州探索出一条品牌强农的新路径，一批高品质、有影响力的“贵”字号农产品区域公用品牌脱颖而出，农业品牌已成为贵州推动农业高质量发展的关键举措。截至 2023 年 3 月，贵州省农业农村厅发布已收入的农产品区域公用品牌共 185 个，其中生猪方面 5 个，分别是盘州市火腿、威宁火腿、威宁乌金猪、剑河白香猪、紫云花猪。2023 年 8 月，贵州省农业农村厅首次组织贵州农业品牌展团参加香港美食博览，现场展示、专场推介全省 16 个区域品牌近 50 家授权企业产品，达成销售意向超 600 桩。同年 10 月，农业品牌精品培育全媒体公益宣展活动把贵州瓮安作为始发站，展现了我省深耕农业特色优势产业的决心。

品牌建设方面：从江香猪荣获“99中国国际农业博览会名牌产品”称号。从江香猪、黔北黑猪、紫云花猪、毕节可乐猪、丹寨黑猪、德江复兴猪、剑河白香猪等获全国地理标志农产品认定。五福坊食品有限公司被纳入农产品（食品）深加工高成长企业和省级千企改造龙头企业、盘州市火腿被纳入中欧地理标志产品互认清单。

市场销售情况：五福坊食品、养心食品等70家猪肉制品加工企业年产量2万吨，开发出火腿、猪肉干、腊肉、香肠等产品。猪肉产品农村电商蓬勃发展，年销售猪肉产品5000余吨，销售收入4.2亿元。配套服务发展迅速，专营生猪销售流通个体工商户6877个，备案登记的生猪专业化运输车辆达15224辆，建设生猪产品存储冷库186个，库容142.5万立方米。

**3. 贵州生猪产业发展优势与机遇**

（1）利用区位优势，市场前景广阔

“粮猪安天下”，猪肉是人民群众的重要食品，我国猪肉消费量占肉类总量的60%左右。贵州省平均每年消费生猪约2000万头，年可供应约1800万头，本地供应缺口仍有200万头左右。随着人口总量增长、收入水平提高、城镇化推进加快，猪肉消费需求还在刚性增长。同时，广东、上海、江苏、浙江等地均为生猪主销区，每年需要从外地调入大量生猪产品满足消费需求，贵州作为大西南地区连接华南、珠三角、大湾区的重要节点，交通便利、资源丰富，区位优势十分明显，市场前景十分广阔。

（2）贵州地方猪品种资源丰富，肉质优良，抗逆性强

我省地方猪品种资源丰富，分别有从江香猪（香猪）、黔北黑猪、可乐猪（乌金猪）、关岭猪、黔东花猪、江口萝卜猪和白洗猪等7个品种被列入《国家畜禽遗传资源品种名录（2023版）》，占全国地方猪品种的11.85%，位居我国西南地区榜首。2023年全国畜禽遗传资源普查结果显示，贵州省新发掘的地方猪新资源有6个，分别是剑白香猪、尧吕黑猪、巫不香猪、糯谷猪、宗地花猪、龙河猪（图2）。贵州地方猪具有耐粗饲、抗逆、肉香细嫩、肥而不腻、基因纯合等特点，不仅是宝贵的种质资源，其高品质、差异化的产品特性，能够满足人民群众对“吃好肉、肉好吃，吃得绿色、吃得多样”的需求，有助于在高端市场抢占份额。

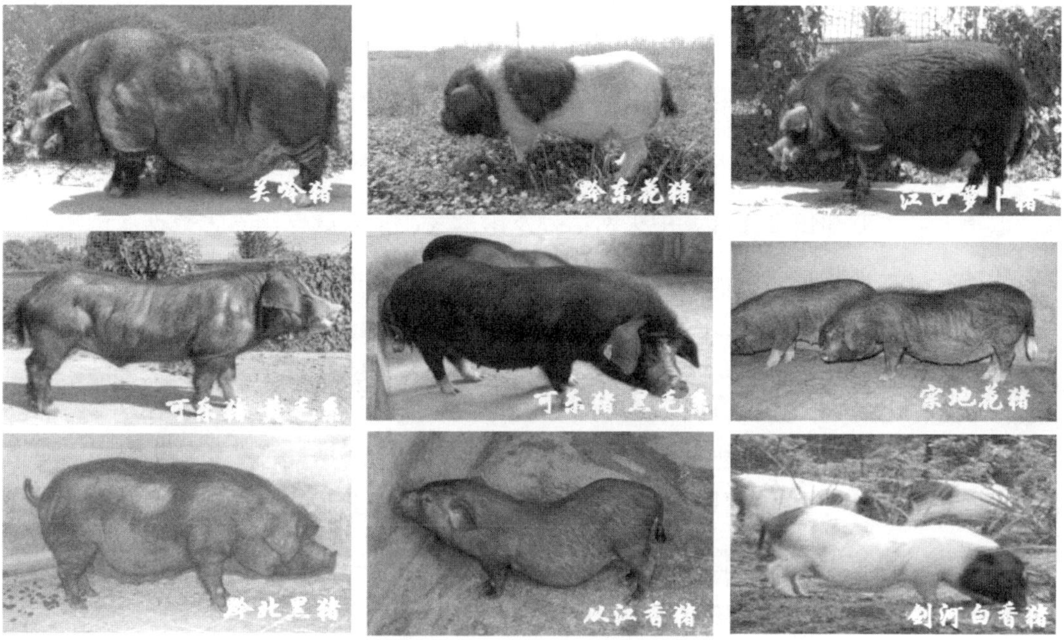


图2　贵州部分地方猪品种

（3）独特喀斯特山地地貌，匹配生态养殖模式

温度、湿度以及水源是生猪饲养主要的环境要求，而贵州省的气候、地貌和自然条件能够为生猪饲养提供适合的天然环境。相比种植业受山地资源限制较突出而言，我省生猪产业资本密集程度更高，技术集约化优势更明显。利用自然地理优势，推广生态循环养殖、林下养殖等模式，生产出绿色、无抗、安全的猪肉产品，顺应了现代消费者对食品安全和绿色生态农业的关注，增强了我省生猪产业的市场吸引力。

（4）独特的少数民族文化底蕴，赋予地方猪资源更多的文化色彩

贵州是中国古人类的发祥地和中国古文化的发源地之一，具有深厚的历史文化传统，在战国、秦汉时期成为夜郎国的中心。贵州养猪历史悠久，据黔西出土的陶猪、赫章县可乐公社出土文物，经考古推断最晚是东汉时期，证明这些地区至少在1750多年以前已有养猪历史。省内世居民族有18个左右，多民族共居、少数民族聚居的社会环境形成了丰富多彩的民族文化。得益于喀斯特山地生态环境，贵州在漫长岁月中育成了宝贵而独特的地方品种资源，如从江香猪、可乐猪、江口萝卜猪、白洗猪等。特有的地方猪品种资源与具有传奇色彩的少数民族文化相得益彰，为我省农产品披上了神秘的文

化色彩。生猪产业与民族特色文化宣传的有机结合，有利于提升我省地方猪的产品附加值。

（5）贵州省大数据信息共享优势显著

2016 年 3 月 1 日，贵州省作为中国首个国家级大数据综合试验区，正式获得国家发展改革委、工业和信息化部、中央网信办发函批复，正式成立国家大数据（贵州）综合试验区。立足现状、面向需求，贵州省人民政府发布《贵州省大数据助推农业产业脱贫攻坚三年行动方案（2017—2019 年）》，提出我省将围绕“一个框架、两大支撑、三个统一、四大体系”的目标，大力提升农业信息化应用服务的深度和广度。“大数据 + 农业”将是贵州省发展现代山地特色高效农业的重要技术支撑，依托平台优势，我省农业与二三产业交叉融合的现代产业体系已见雏形，生猪产业中信息和资源的互联互通成为必然趋势，我省生猪产业将着力于探索降低人力资源成本、扩大生产规模、增加农业产业链价值、提升农产品市场竞争力、促进绿色发展，实现农业现代化的发展模式。

（6）巩固拓展脱贫攻坚成果同乡村振兴有效衔接

脱贫攻坚取得胜利后，要全面推进乡村振兴，这是“三农”工作重心的历史性转移。习近平总书记视察贵州时提出的“在乡村振兴上开新局”重要指示精神，守住不发生规模性返贫的底线，关键是要“做大、做强、做优”帮扶产业。我省生猪产业年产值占全省畜牧业产值的 55% 左右，在乡村振兴中发挥着促进农民就业增收、推动农业全面升级、促进农村全面进步的重要作用。加快发展生猪产业，带动乡村产业振兴，才能实现巩固拓展脱贫攻坚成果同乡村振兴有效衔接。

（7）政策支持力度大

贵州省各级政府对生猪产业高度重视，一系列政策扶持措施的出台落地，为产业发展提供了良好的政策环境。同时，为深入贯彻国家相关文件精神，积极推动种业振兴行动，贵州省委、省政府及各行政主管部门陆续发布了《关于促进生猪产业稳健发展的实施意见》（黔农发〔2022〕7）、《省人民政府办公厅关于印发贵州省加快生猪生产恢复发展行动方案的通知》（黔府办发〔2020〕7 号），《关于加快山地农业现代化推进农业高质量发展的实施意见》《贵州省种业振兴行动实施方案》和《贵州“十四五”农业种业发展规划》等文件，进一步发挥生猪产业对保障市场供应、增加农民收入、促进经济社会稳定发展等方面的积极作用，有助于吸引投资，加速规模化进程，提升技术水平。

“十四五”时期，世情国情农情深刻变化，贵州省生猪产业可持续发展面临着养殖成本逐年增加，生态环境、肉食品安全压力的制约，外源品种渗入、加大疫病防控难度，融资难等巨大挑战。

（8）特色生猪养殖成本的制约

近年来，在全省乃至全国范围内，生猪产业正经历深度调整，大型养殖集团凭借资本、技术、管理等优势快速扩张，市场集中度不断提高。规模化、集约化养殖成为主流趋势，中小养殖户面临更大的生存压力。贵州特色猪肉相较于白猪具有肉质鲜美、肥而不腻的品质。但统计数据显示，贵州省生猪养殖成本逐年增加，尤其是特色生猪成本，长年高居不下。根据 2018 年调研结果，省内特色生猪养殖成本同比增加 4 个百分点，饲料费和仔猪购买费占比较高（图 3），带来的经济效益只有 100 ～ 200 元 / 头。长此以往，养殖户为了追求经济效益，大量饲养白猪冲击市场，地方特色猪产业得不到发展，甚至会破坏优良血统。为此，从多方面来控制特色生猪产业高居不下的成本才是我省特色生猪养殖可持续、健康发展的第一要务。

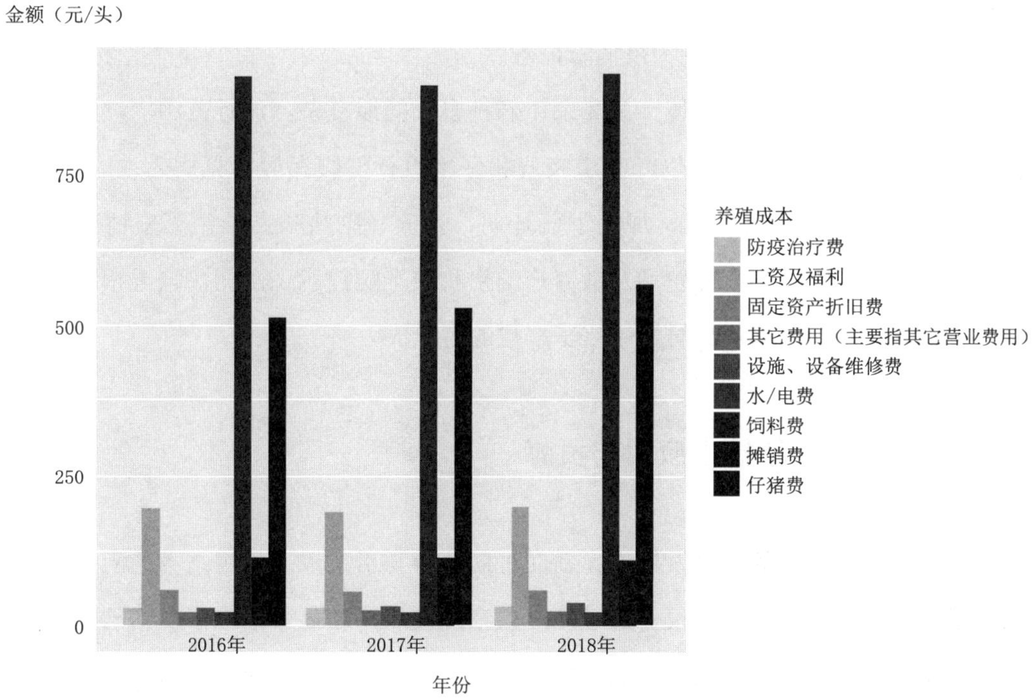


图 3　贵州省生猪产业养殖成本图

（9）生态环境、肉食品安全压力

一是环境压力加大。生猪养殖粪便特别是污水产生量大，处理成本高，污染治理难度大。随着规模化、集约化程度不断提高，农牧结合不紧密和区域布局不合理等问题逐步显现，生猪养殖与环境保护矛盾日益突出，贵州省生猪生产绿色、可持续发展面临严峻挑战。据测算，每头存栏猪年产粪尿约 1.6 吨，按照 2022 年贵州省生猪年底数 1542.67 万头计算，保守估计全省生猪粪尿排泄总量约 2468 万吨。在此情况之下，贵州省严格落实国家颁布的《畜禽规模养殖污染防治条例》《畜禽养殖业污染物排放标准》《水污染防治行动计划》等措施，坚持走环境友好型生猪发展道路，保障生猪产业持续发展道路，粪污无害化利用及处理技术的研发及推广迫在眉睫。

二是肉食品安全压力大。随着经济的发展和人们收入水平的提高，广大消费者更加关注健康消费、食品安全和生活质量。近年来，“注水肉”“人造猪血”“僵尸肉”的连续发生导致消费者对猪肉质量安全信任危机。而猪肉生产与供应涉及饲料、兽药、饲养管理、环境控制、疫病防控、屠宰加工和储运销售等多个环节，复杂的产业链增加了贵州省生猪和猪肉质量控制的难度。

（10）大量引种及调运，加大疫病防控难度

我国生猪疫病流行状况总体十分复杂，病种多，病原复杂，流行范围广，防控形势仍然严峻。贵州省地方猪主要以呼吸道疾病和仔猪流行性腹泻等常见病为主。一方面，随着频繁的省内外引种及调运，加剧了蓝耳病、猪瘟、副猪嗜血杆菌等疫情传播的风险；另一方面，我省中小型养殖场及散养户的生物安全防控意识薄弱，缺乏相对完善的生物安全设施，也给生猪疫病防控带来了严峻的考验。

## 三、新品种、新技术应用与贡献

在贵州省生猪产业的蓬勃发展中，新品种的培育与引进以及先进技术的应用起到了至关重要的作用。这些创新不仅促进了生产效率的飞跃，还显著增强了生猪的疾病抵抗能力和肉质品质，为市场带来了更高的价值。技术革新之下，贵州省生猪产业正逐步实现从量到质的华丽转身，为农民增收与乡村振兴战略的实施注入了鲜活的科技动力。

1. 新品种培育及品牌建设

贵州省畜牧兽医研究所承担贵州省地方猪资源收集整理和保护、地方猪性能测定和种质供给、地方猪遗传改良、地方猪遗传育种、地方猪生态养殖标准制定、技术人员和产业工人及新型农民实训培训等基础性、公益性活动，技术引领我省特色猪产业发展，目前已成为贵州地方猪资源保护与种质创新暨培（实）训基地。截至目前，贵州省畜牧兽医研究所培育出高繁黑母系一个并合成较为成熟的配套系一个（“黔猪配套系”）。黔猪配套系为三系配套，母本母系为合成系（黔猪高繁黑母系），商品猪毛色全黑或额头、尾梢、四肢蹄尖“六点白”，总体进入第六世代。“黔猪高繁黑母系”经产母猪窝均产仔达 13.63 头，2022 年后种群中窝产仔数超过 20 头的个体持续出现，与传统地方猪相比繁殖性能提升 30% 以上；商品代 300 天出栏重达 148 千克，与传统地方猪相比提高 50%；300 天出栏瘦肉率达 53.01%，与传统地方猪相比提高 13 个百分点；肌内脂肪含量达 3.68%，是外来猪品种的两倍；育肥猪日粮中青绿（青绿发酵）饲料占 30% 以上，节粮性能突出，单位饲料成本降低 15% 以上，各主要生产性能性状遗传趋于稳定，阶段性成果市场推广反应良好。土猪风味浓郁，肉质风味特色鲜明，支撑省级农业产业化经营龙头企业一家（贵州自然之园生态农业发展股份有限公司）、带动培育成果转化企业一家（贵州黔粮农夫农业发展有限责任公司），支持特色猪肉品牌建设 4 个（黔秧猪、弥香猪、云上自然生态黑猪、天地自然生态黑猪）。未来三年，“黔猪配套系”有望通过国家畜禽新品种（配套系）审定，实现贵州自主培育生猪品种零的突破。

2. 新技术研发与推广

“猪呼吸系统疫病防控技术研究”获贵州省科技进步三等奖，“贵州省猪主要呼吸系统疫病防控技术推广”分别获国家农牧渔业丰收奖二等奖，贵州省农业丰收奖一等奖。在黔东南、贵阳、铜仁、六盘水、遵义等地开展了猪呼吸系统疫病防控技术、无抗养殖、地方猪种养结合生态循环养殖等技术成果公益性转化，服务企业 20 余家，取得了良好的社会经济效益。

贵州省畜牧兽医研究所研发的“特色猪生态养殖技术”和“生猪健康养殖技术”被贵州省农业农村厅评选为 2021 年贵州省农业主推技术。

## 四、贵州生猪产业发展对策

面对国内外生猪产业的迅猛变革与挑战，贵州生猪产业急需在现有基础上，进一步明确发展方向，细化实施路径。通过科学规划、技术创新与政策引导，加速产业转型升级。以下我们将探讨具体的策略与措施，旨在为贵州生猪产业绘制一幅科技引领、绿色发展的新蓝图。

### 1. 聚焦种业短板，加强种业建设

按照“常规品种出成效，特色品种走高端”的思路，支持企业集团以长白猪、大白猪为育种素材开展联合育种，选育以大体型为特色的“黔系杜长大”品种；支持科研院所围绕中高端消费市场需求，加强贵州省地方猪种遗传资源的挖掘利用，开展深入研发，扩大技术投入；加强遗传资源保护，增建标准化保种场、保种区、基因库等，确保地方猪品种资源应保尽保。积极构建以产业为主导、企业为主体、合作社为依托，产学研相结合，育繁推一体化的现代生猪种业体系。

### 2. 提升规模化养殖水平，加强产业链整合与协作

鼓励和引导中小养殖户通过合作、联盟、股份合作等方式，实现适度规模经营，提高生产效率和抗风险能力。同时，通过政策引导、金融支持等手段，培育和壮大一批具有较强竞争力的生猪养殖企业。聚焦污染防治，推动绿色发展。推动种养结合、饲料加工、屠宰加工、冷链物流等环节的紧密衔接，形成产业联盟或利益共同体，共享资源，降低成本，增强市场竞争力。鼓励企业与农户签订长期购销合同，稳定产销关系，抵御市场波动风险。

### 3. 加强污染防治，推动绿色发展

“绿水青山就是金山银山”，长期看来，生态环境是产业发展之本，也是人类生存的基础。农业农村部等将规模化、标准化养殖确定为2023年的重点工作，规模化、标准化养殖与技术培训将在我省大力推进，依靠科技助力发展县域经济和乡村振兴工作得到加强。党的二十大报告提出，要深入推进环境污染防治，加强污染物协同控制。新修订的《畜牧法》对促进畜牧业高质量绿色发展、做好畜禽粪污无害化处理等方面提出更高要求。以“集中繁殖、分散育肥，种养循环、绿色发展”思想为指导，在菜、粮、果、茶优势产区和核心产区组织实施有机肥替代化肥行动，建立“猪—沼—菜（粮、果、茶、

草）”等生态循环农业模式示范效应，创建生态循环农业示范点，推动农牧结合、种养结合可持续发展。

4. 加快非常规饲料原料研发推广，完善替抗产品评价体系

推动饲料加工企业进行深层次的技术革新与设备更新，全面提升饲料加工厂现代化、自动化装备水平，实现产能扩容、产品质量跃迁的目标。同时，加快功能性饲料产品的研发，增强市场供应能力与技术服务实力。在这一进程中，尤其需要重视“粮改饲”战略的深化实施，通过科学配比低蛋白日粮配方、合理减少微量元素添加，大力研发并推广应用非常规饲料资源，优化粮食种植生产结构，提高饲料养分利用率，降低生猪养殖成本，实现生猪高效精准饲养技术，着力优化生猪养殖成本。

5. 加强品牌建设，提升竞争能力

品牌不仅是产品的标识，更是品质、信誉和价值的象征。通过品牌建设，可以将贵州省独特的生态优势、地方品种资源等转化为品牌价值。品牌建设往往伴随着产业升级的过程，因此我省可推动生猪养殖向更高效、更环保、更可持续的方向发展。这将有助于贵州省生猪产业从传统的数量驱动转向质量驱动，实现产业的现代化升级。应持续培育“盘州市火腿”“黔北黑猪”“毕节可乐猪”“从江香猪”“江口萝卜猪”等区域品牌，集中培育一批知名企业品牌，完善肉制品加工产业链，着力提高产品附加值。大力发展绿色产品、有机产品和农产品地理标志产品。同时，通过品牌延伸，开发系列化的猪肉制品、衍生产品以及相关的旅游、文化产品，如打造生猪主题农庄、美食节庆等，进一步挖掘我省生猪产业的附加值，创造新的经济增长点。

执笔人：王婧

# 贵州肉羊产业科技发展报告

◆ 贵州省农科院畜牧兽医研究所

在广袤的黔山秀水间，贵州肉羊产业正经历着一场由科技引领的深刻变革。随着我国农业现代化进程的加速推进，贵州省政府与各农业科研机构积极响应国家乡村振兴战略，将科技兴农作为推动肉羊产业高质量发展的核心引擎。过去一年中，贵州依托其丰富的自然资源和独特的地理优势，聚焦肉羊遗传改良、健康养殖、精准营养及智能化管理等关键技术领域，取得了显著成果。本报告旨在全面梳理 2022 年度贵州肉羊产业在科技创新方面的最新进展与成效，探讨科技如何赋能这一传统产业焕发新生。

## 一、肉羊产业发展概述

肉羊产业作为畜牧业的重要组成部分，在促进农业结构调整、增加农民收入、保障畜产品供给等方面发挥着不可小觑的作用。近年来，随着消费者对羊肉品质要求的提升和养殖技术的不断进步，肉羊产业正步入转型升级的关键期。从传统的粗放式养殖向集约化、标准化、智能化养殖模式转变，成为提升产业竞争力的必然选择。

### （一）国内外产业发展概况

#### 1. 国外肉羊产业现状

20 世纪 80 年代中期以来，世界肉羊产业开始向多极化方向发展。在国际市场上，羊肉价格每吨 4500 美元左右，从市场需求趋势来看，羊肉的需求量呈日益增长趋势。全世界羊的存栏数、羊肉产量、人均占有羊肉量逐年增加。2021 年，全球山羊与绵羊存栏量分别约为 2.23 亿只和 2.61 亿只。2022 年，全球羊肉产量预计达到 1650 万吨，较 2021 年增长 0.9%。2022 年，全球羊肉出口总量预计为 110 万吨，较 2021 年增长 1.2%，羊肉出口总量增加主要得益于澳大利亚和英国出口供应增加以及出口市场的多样化。2022 年，中国羊肉进口量为35.8万吨，相比2021年同期减少了5.3万吨，同比下降12.8%。

#### 2. 国内肉羊产业现状

肉羊存栏方面，2022年我国肉羊生产继续向好，羊肉价格保持高位运行，羊存/出栏量和羊肉产量创历史新高。国家统计局统计数据显示，近年来，肉羊相关生产数据均稳定上升。2021年，我国年末肉羊存栏31969.0万只，增幅达4.3%。2022年末，全国羊存栏32627万只，比上年末增加658万只，增长2.1%。

肉羊出栏方面，2021年我国肉羊出栏33045.0万只，同比增长3.5%，羊只出栏率达到107.8%；2022年，全国羊出栏33624万只，比上年增加579万只，增长1.8%；羊肉产量525万吨，增加10万吨，增长2.0%。从生产规模及发展趋势来看，2021年中国羊肉产量为514.0万吨，2022年中国羊肉产量为525.0万吨，比上年增加11.0吨，增幅为2.1%。从国际地位来看，我国是养羊大国，羊存栏量、出栏量、肉产量均居世界第一位。国内羊肉供需，2021—2022年，我国羊肉进口量从41.1万吨下降至35.8万吨，下降了14.8%；羊肉进口额从23.8亿美元下降至20.8亿美元，下降了14.4%。2021—2022年，我国羊肉出口量从1989.2吨下降至1607.6吨，下降了19.2%；羊肉出口额从2488.1万美元下降至1932.8万美元，下降了22.3%。2022年，我国羊肉表观消费量达到560.6万吨，较上年增长1.0%；人均表观消费量也从2021年的3.93千克增长到2022年的3.97千克，国内羊肉消费需求旺盛。

### （二）贵州肉羊产业发展概述

#### 1. 肉羊产业发展历史及特色

贵州省地处云贵高原，地理环境独特，年均气温15℃，具有特殊的亚热带暖湿季风气候。居住在山区的农民具有饲养牛羊的传统习惯和经验。近年来，全省肉羊产业总体呈现小幅度下滑趋势。从存栏量看，2022年全省羊存栏359.15万只（全国排第20位），比2018年减少42.38万只，降幅10.55%；从出栏量看，2022年全省肉羊出栏267.44万只（全国排第22位），比2018年减少29.68万只，降幅9.98%；从羊肉产量看，2022年羊肉产量达4.68万吨（全国排第22位），比2018年减少0.35万吨，降幅为6.96%。

贵州省饲草资源丰富，全省可作饲用的植物有1800余种，饲用植物资源数量位居全国第三位，为山羊养殖提供了丰富的饲料资源。此外，贵州省年产农作物秸秆及粮油副产物1100万吨、藤蔓600万吨，其中60%以上可用于养羊。经过长期自然选择和人工培育，形成了黔北麻羊、贵州黑山羊、贵州白山羊、威宁绵羊、黔东南小香羊、贵州黑马羊等贵州优质地方羊品种资源。

**2. 肉羊产业集群布局**

全省现有地方羊品种资源6个（黔北麻羊、贵州黑山羊、贵州白山羊、威宁绵羊、黔东南小香羊和贵州黑马羊），已纳入《国家畜禽遗传资源品种名录（2021版）》的有黔北麻羊、贵州黑山羊、贵州白山羊和威宁绵羊（表1）。2021年，贵州省自主培育的贵乾半细毛羊新品种经国家畜禽遗传资源委员会审定，实现了贵州畜禽品种国家审定“零的突破”。此外，引进品种有波尔山羊、努比亚羊和湖羊等引进品种。

表1　全省主要饲养羊品种与分布情况表

| 分类 | 品种 | 品种特性 | 主产地及分布 |
|---|---|---|---|
| 地方山羊品种 | 黔北麻羊 | 耐粗饲、适应性强、肉用性能好、板皮质优等特点 | 习水、仁怀，贵州北部 |
| | 贵州黑山羊 | 食性广、耐粗饲、适应性和抗逆性强、肉用性能好 | 毕节市，六盘水、安顺、黔西南 |
| | 贵州白山羊 | 产肉性能好、繁殖力强、板皮质量好 | 沿河，务川、桐梓、思南、德江 |
| | 贵州黑马羊 | 无角，头形似马头，具有适应性强、耐粗饲、抗逆性强、肉用性能好等特点 | 赫章县。其他黑山羊产区有零星分布 |
| | 黔东南小香羊 | 具有个体小、膻味轻、肉质细嫩、味鲜可口等特点 | 黔东南西部和南部的雷山、榕江 |
| 地方绵羊品种 | 威宁绵羊 | 体质结实，特别适应贵州高海拔山区饲养 | 威宁，赫章、纳雍等地 |
| 培育品种 | 贵乾半细毛羊 | 羊毛细度56～58支，生长发育快，繁殖成活率高，耐粗饲、抗病力强，毛肉两用，经济价值高 | 毕节市，威宁县、赫章县 |

续表

| 分类 | 品种 | 品种特性 | 主产地及分布 |
| --- | --- | --- | --- |
| 主要引进品种 | 波尔山羊 | 肉用特性好、适应性强，杂交优势明显，常被用作杂交改良品种 | 引进于非洲南部，作为父本杂交在全省各地均有小群体分布 |
| | 努比亚羊 | 体格大、生长发育快、泌乳性能好、杂交优势明显，常被用作杂交改良品种 | 非洲北部和东部，作为父本或母本引入在务川、沿河、思南等有小群体分布 |
| | 湖羊 | 公、母均无角，被毛全白，腹毛粗、稀而短，具有耐高温高湿的特点 | 浙江、江苏太湖流域，在岑巩等也有分布 |

全省肉羊存栏量 50 万只以上的地区有遵义、毕节和铜仁，占全省的 62%。肉羊产业重点县有威宁县、赫章县、习水县、桐梓县、仁怀市、沿河县、水城区和三都县等。

3. 肉羊产业在国内竞争优势

2010—2022 年以来，中国总体羊存栏数、出栏数和羊肉产量均呈波动增长趋势，2010 年全国羊存栏 2.87 亿只，出栏 2.68 亿只，产肉 406.02 万吨；2022 年中国羊存栏 3.27 亿只、出栏 3.36 亿只、羊肉产量 524.53 万吨，同比分别增长 2.06%、1.75%、2.03%。2022 年，中国羊肉产量排名前十的省域依次是内蒙古自治区、新疆维吾尔自治区、河北省、甘肃省、山东省、河南省、四川省、安徽省、云南省、湖南省，前 10 省域羊肉产量占全国总产量的 75.68%。贵州羊肉产量 4.68 万吨，排全国的 22 位，占全国总产肉的 0.89%。2022 年，全省年出栏 1 000 只以上肉羊的规模企业有 21 家，持有“种畜禽生产经营许可证”的种羊场 34 个，省级以上肉羊龙头企业 8 家，年饲养量 700 只规模以上企业 88 家。培育肉羊规模养殖场（设计年出栏 200 只以上）419 个，肉羊家庭牧场（年出栏 30 ～ 199 只）15161 个（表 2）。

表 2　贵州省肉羊存栏前十企业

单位：万只

| 序号 | 县（区、市） | 企业名称 | 2021 年存栏数 |
|---|---|---|---|
| 1 | 岑巩县 | 贵州申安湖羊产业发展有限公司 | 2.16 |
| 2 | 三都县 | 贵州吉尔斯循环农业有限公司 | 0.65 |
| 3 | 务川县 | 务川江一生态畜牧科技有限公司 | 0.46 |
| 4 | 习水县 | 习水县富兴牧业有限公司 | 0.55 |
| 5 | 晴隆县 | 晴隆县草地畜牧业开发有限责任公司 | 0.33 |
| 6 | 晴隆县 | 晴隆卡拉哈生态畜牧业有限公司 | 0.27 |
| 7 | 盘州市 | 盘州市兴胜养殖有限公司 | 0.25 |
| 8 | 钟山区 | 六盘水宏裕农牧有限公司 | 0.22 |
| 9 | 威宁县 | 威宁县牧野养殖专业合作社 | 0.22 |
| 10 | 兴义市 | 兴义市众犇农牧发展有限公司 | 0.19 |

**3. 肉羊产业加工业发展**

2022 年全省羊定点屠宰企业 40 家，其中专宰羊两家，牛羊混宰三家，在生猪屠宰场增设牛羊屠宰线 35 家。全省屠宰羊 10.57 万只，屠宰率 3.77%。全省仅有肉羊加工企业省级龙头企业两家，年加工量 1.81 万吨，加工产值 3.72 亿元。

**4. 肉羊产业市场销售及品牌建设**

当前贵州羊肉消费方式以个体户屠宰，冷鲜肉配送到羊肉粉店或羊肉火锅店为主，占到全省羊肉消费量的 80% 左右，且具有明显的季节性，主要集中于冬季。在羊肉加工制品研发与品牌打造上，根据川渝黔和沿海城市羊肉消费习惯特点，依托黔北麻羊、务川白山羊地理标志产品认证，实施“大品牌、小品类”品牌经营战略，“鳛滋味”在长三角家喻户晓，“习羊鲜”“众鑫”畅销川渝市场，马临羊肉、回龙羊肉、五马羊肉等成为地方特色食品。开发羊肉粉加工品，打造“黔翁之味”“香酥辣”水城黑山羊品牌，完成羊肉原料消耗 400 吨，实现销售额 3620 万元。

## 二、肉羊产业科技发展

在深入剖析贵州肉羊产业科技发展的现状与成果后，我们不难发现，科技创新已成为破解产业发展瓶颈、激发内在活力的关键钥匙。因此，如何进一步优化资源配置，加强产学研深度融合，促进科技成果的快速转化与广泛应用，成为当前肉羊产业科技发展道路上亟待解决的新课题。接下来，我们将探究国内外的肉羊产业科技发展动态，结合国内外肉羊产业科技发展大环境，立足于本省肉羊产业科技发展实际状况，分析该产业的发展优势及机遇所在。

### （一）国内外肉羊产业科技发展

2022 年，国内外肉羊产业科技发展呈现出多元化和加速融合的趋势，科技创新成为推动整个行业转型升级的重要驱动力。

目前国内肉羊产业科技发展主要体现在四个方面：一是遗传改良与新品种培育。国内肉羊产业加大了对遗传资源的开发利用，利用分子生物学技术进行基因组选择和遗传评估，培育出优良的新品种肉羊，提高了肉羊的整体生产性能。二是智能化养殖技术。随着物联网、大数据、人工智能等技术的广泛应用，智能化管理系统在肉羊养殖中得到推广，如自动饲喂、环境监测、健康管理等，大大提高了养殖效率和管理水平，降低了人力成本。三是疾病防控与生物安全。面对动物疫病的挑战，肉羊产业加强了对疾病预警、疫苗研发和生物安全体系的建设，运用现代科技手段提升疫病防控能力，保障了养殖安全和产品质量。四是营养与饲料科学。通过精准营养技术，根据肉羊不同生长阶段的营养需求，研发新型饲料配方，有效利用非传统饲料资源，降低养殖成本，同时也减少对环境的影响。

国际上，肉羊产业科技发展聚焦于四个方面：一是可持续发展技术。国际上，肉羊产业更加注重可持续发展，比如通过改善放牧管理和草地恢复技术，减少对自然资源的压力，同时引入碳足迹追踪等环保措施，提升产业的绿色形象。二是国际合作与交流。在全球化的背景下，国际间在肉羊遗传资源交换、技术研发、标准制定等方面的合作加深，促进了先进科技的共享与应用，加速了全球肉羊产业的科技进步。三是数字化与精准农业。发达国家肉羊产业在数字化转型方面走在前列，通过高级数据分析优化生产决策，实现从农场到餐桌的全程追溯，提高了肉羊产品的透明度和消费者信任度。四是生物技术前沿探索。在克隆、基因编辑等生物技术领域的探索，为肉羊产业带来了新的可能性，例如通过基因编辑技术改良肉羊的特定性状，以应对市场对高品质肉类的需求。

### （二）贵州肉羊产业科技发展

#### 1. 贵州肉羊产业科技创新

2022 年，贵州羊肉产业在科技发展的推动下，取得了显著的成效与进步。第一，贵乾半细毛羊新品种的成功入选国家畜禽新品种名录，标志着贵州在畜禽品种选育上的重要突破，这一新品种适应当地气候和环境条件，提高了羊肉的生产效率和品质，增强了产业竞争力。第二，贵州积极推广牛羊产业智慧云平台的使用，通过建立健全电子养殖档案，实现了从牧场到餐桌的全程智能信息化管理，提升了养殖效率和产品追溯能力，增强了消费者信心。第三，贵州省肉羊产业技术体系的建设与运作，特别是在习水县等主产区的综合试验站，为黔北麻羊等地方特色品种的养殖提供了技术支持，通过现代高效繁殖技术和健康管理，显著提高了羊肉产量和产值。第四，借助现代科技与电商平台，贵州羊肉成功打入省外乃至国际市场，通过精细分割加工和品牌营销，提升了“黔货出山”的影响力，实现了产业增值和农民增收。最后，对贵州黑山羊肉的营养成分分析显示，其具有高蛋白、低脂肪、低胆固醇的特点，这些研究成果不仅提升了产品市场定位，也为健康消费理念提供了科学依据。

该年度贵州羊肉产业在科技的强有力驱动下，不仅在品种改良、养殖技术、产业链整合、市场开发等多个维度实现了快速发展，还有效促进了产业升级和乡村振兴战略的实施，展现了科技助力现代农业发展的广阔前景。

#### 2. 贵州肉羊产业科技发展

自 2019 年以来，我省肉羊产业聚焦“扩群增量、良种繁育、发展模式、产业标准、节本增效”五个环节，重点以黔北麻羊、贵州黑山羊、贵州白山羊等地方品种为素材，充分挖掘地方品种优势性状资源。一是种质资源收集和育种研究。通过支持贵州大学、贵州省农科院等单位，利用常规育种和分子育种技术，开展贵州黑山羊、黔北麻羊、贵州白山羊等地方品种选育与肉用新品系培育。经过几代畜牧人的努力，我省自主培育的贵乾半细毛羊新品种经国家畜禽遗传资源委员会审定，成功入选国家畜禽新品种名录，实现贵州畜禽品种国家审定“零的突破。二是地方羊品种特色性状相关基因的筛选及调控机制研究。以黔北麻羊、贵州黑山羊、贵州白山羊为研究对象，利用全基因组、蛋白组、单细胞组、空间代谢组等组学技术，挖掘、鉴定与山羊繁殖力、肉质、抗病等性状相关基因及SNP位点，通过胚胎移植、同期排卵、定时输精、早期妊娠诊断等山羊高效繁殖技术，创建提高山羊受胎率的山羊繁殖技术体系。三是优质牧草种植与加工利用研究。结合地区饲料资源、保健功能型饲草、非常规饲料资源，开展种羊营养调控技术研究，建立精准饲养技术体系。四是肉羊生长调控与健康养殖。针对畜禽养殖病死率高、疫病防控技术不规范、过度用药造成产品质量安全隐患严峻等重大问题，通过开展细菌性疾病防控和病毒性疾病防控技术，创建贵州省肉羊规模化养殖场羊舍建设方案、氮磷减排、羊疫病综合防控与安全用药等关键技术，集成肉羊健康养殖技术。

3. 贵州肉羊产业发展优势与机遇

（1）品种资源

贵州有地方羊品种6个，具有耐粗饲、善攀爬、食性广、肉质好等优点，为培育地方特色品种、打造知名品牌提供了种源基础。贵州本地山羊品种蛋白质含量平均20.78%，羊肉中含有10余种人体必需氨基酸，富含谷氨酸和天门冬氨酸，且氨基酸组成与人体氨基酸需要模型非常接近，因此贵州羊肉在本地及沿海市场深受欢迎。

（2）饲草资源

贵州省属亚热带湿润季风气候区，冬无严寒、夏无酷暑、雨热同季，赋予了贵州丰富的饲草资源。我省天然草地单产是北方的4～6倍，可一年四季生产青绿饲草。野生植物资源中饲用植物1800余种，居全国第三位，可开发利用的乡土牧草260多种，白三叶等优质牧草在全省分布广泛。全省年产农作物秸秆及粮油副产物1100万吨，藤蔓600多万吨，其中60%以上可用于养羊；规模以上白酒企业年产酒糟230万吨以上，为肉羊养殖提供了丰富的饲草料资源。此外，贵州地方特色的加工副产物饲料资源如中药材渣、刺梨渣、菌渣等亦可利用。

（3）市场与价格

2022年，我国羊肉表观消费量达到560.6万吨，同比增长1.0%，人均表观消费量从2021年的3.93千克增长到2022年的3.97千克。国内羊肉消费需求旺盛，2022年全省从省外净调入羊31万只。羊肉消费需求旺盛，市场需求缺口较大。从2022年年底贵州活羊与羊肉价格来看，活羊 48.74 元 / 千克，全国活羊价格 38.74 元 / 千克，贵州羊肉价格 91.7 元 / 千克，全国羊肉价格 82.7 元 / 千克，贵州活羊与羊肉价格均高于全国。

（4）政策

2019 年，中共贵州省委、省政府领导领衔推进农村产业革命联席会议出台《贵州省农村产业革命羊产业发展推进方案（2019—2021 年）》，同年，为深入推进农村产业革命，中共贵州省委、省政府把生态畜禽产业列为全省重点发展的 12 个特色农业产业之一，出台了《关于加快山地农业现代化推进农业高质量发展的实施意见》（黔党办发〔2021〕13 号）和《贵州省 2022 年牛羊产业发展方案》等文件，努力把贵州牛羊产业培育成为山地特色鲜明、产业链条健全、富民增收显著的乡村振兴支柱产业。

## 三、新品种、新技术应用与贡献

在探索贵州羊肉产业科技发展的征途中，新品种的培育与新技术的应用如同双轮驱动，为这一传统产业插上了飞跃的翅膀。这些科技创新不仅解决了生产端的诸多瓶颈，更在环境保护、资源高效利用及市场竞争力提升上展现出不可估量的价值，为贵州羊肉产业的绿色崛起与可持续发展铺设了坚实的基石。

### 1. 新品种培育推广

目前，省农科院畜牧所持续开展贵州黑山羊优势特色性状基因挖掘，培育高繁、快长贵州黑山羊新品系工作，通过转录组测序发掘一批影响生长、繁殖、肉质等性状基因及分子标记，为基因组选择奠定了基础。培育的高繁群体繁殖性能优异，产羔率达 220%；快长群体羔羊初生重、周岁重提高 50% 以上，成年公羊产肉率高，其净肉率达 35.93%，胴体净肉率达 75.33%。建立精准化饲养系统，为开发新品系营养配套技术奠定基础。参与培育的贵乾半细毛羊新品种经国家畜禽遗传资源委员会审定，成功入选国家畜禽新品种名录。如今贵乾半细毛羊在贵州已有近 20 万只，拥有三个核心种羊场，涉及养殖户近万户，在农业现代化和乡村振兴中发挥了重要作用。

### 2. 养殖最新技术研发与推广

根据贵州地方山羊生理发育特点，结合我省气候、饲养环境、饲料来源特点，对养殖中抗应激技术、营养调控技术、疫病防控技术等进行研究。利用现代分子技术，开展贵州山羊肉质和繁殖相关候选基因的筛选，研究调控肉质和繁殖相关基因的分子调控机理；根据贵州地方山羊生长发育特点，开展贵州地方山羊营养需要研究，主要集中在功能性添加剂、发酵饲料、胃肠道微生物区系、不同生长阶段营养调控以及豆粕替代等方面；充分利用本地饲草（秸秆）资源，因地制宜挖掘农作物秸秆、中药材渣、食用菌渣、酒糟等特色资源，开发非常规饲料配方。构建适宜贵州山区特点的贵州山羊标准化饲养技术体系，在合作社和养殖场（户）进行推广应用，效果较好。

3. 绿色防控技术以及疫病防控技术

传染病、寄生虫病是肉羊养殖的最大威胁，为此省农科院制定了一系列免疫规程以及预防措施，包括引进羊群管理规程、养殖场人员及车辆管理规程、养殖场场地和圈舍消毒管理规程、重大疫情防控规程、病死羊处理规程、羊只驱虫保健程序、羊场免疫程序、疫病诊疗及防控制度等。

4. 机械装备技术

运用现代科技手段和设备，以优化养殖环境、提高饲养水平、增加养殖产出为目标将是未来养殖业的发展方向。目前，在省农科院畜牧所麦坪肉羊养殖基地通过建设精准饲养系统，可以实时监测养殖场环境中氨气、二氧化硫等物质含量，能够监测羊只的活动量，预测发情期，同时监测饮水、饲喂量等数据，可将数据采集至管理平台，实现监测、报警、数据分析等功能，实现肉羊养殖智能化，降低成本，提高牧场效率。

5. 加工技术

目前正在建立完善的肉质评价体系，通过对肉品质量的精确测定，优选高品质肉羊个体，以提高肉质品质和满足市场需求。开展肉羊产品的加工技术研究，推进肉制品的多样化开发，提高附加值和市场竞争力。打好产业基础高级化、产业链现代化攻坚战，完善产业链标准，拓展羊肉深加工市场，延长产业链条。继续拓展羊肉深加工市场，突出抓好屠宰分割、精深加工、信息追溯体系建设，开发更多健康、营养、美味的羊肉加工产品，提高肉羊产品单位产值。

6. 贮运销技术

目前主要使用真空包装技术和低温贮存技术，真空包装可以有效地防止羊肉氧化和细菌滋生，保持食品的新鲜度和口感。低温贮存技术是通过将食品置于低温环境中，减缓食品的新陈代谢和微生物生长速度，从而延长食品的保质期。目前主要采用冷藏和冷冻的方法保存羊肉，但会对口感造成一定的影响。

7. 市场推广及品牌建设

充分挖掘本地特色羊肉品种和资源优势，打造具有地域特色的品牌形象。开展多元化、多层次、多角度的宣传推广，目前省农科院畜牧所已注册“贵育黑薅羊”商标，下一步将瞄准行业标杆企业和一流品牌，集中推广自建品牌，稳步提高品牌影响力和市场占有率，提升贵州省羊肉产品的知名度和美誉度，增强市场竞争力。发挥溯源体系保障作用，借助“互联网＋模式”，建立羊肉产品的溯源体系，增强消费者对羊肉品质的信任感，提升产品的附加值。借助已有的大数据平台，建立基于“互联网＋羊肉”溯源体系，通过 RFID、二维码等技术实现羊肉生产、加工、流通等各环节的信息透明化，帮助消费者了解羊肉产品的生产过程和质量情况，提高产品的市场竞争力。

## 四、贵州肉羊产业发展对策

贵州省肉羊产业在享受科技创新带来的丰硕成果之时，也面临着市场需求变化、资源环境约束等多重挑战。为了持续推动产业健康、高效发展，迫切需要构建更加科学、系统的战略规划和发展模式。因此，结合地域特色与资源优势，提出针对性强、操作性好的发展对策，对于把握新机遇、应对新挑战、挖掘新增长点至关重要。

1. 人才队伍建设

一是培育壮大人才队伍。重视人才培养培训工作，确保人才培养培训经费充足，加强教育培训的宣传力度，进一步提高职工继续教育的意识，提高青年科技人员对教育培训的重视程度。根据肉羊产业发展规划，重点以培育“多羔”和“快长”新品种（品系）为目标，加大提升青年科技人员传统育种和现代分子育种综合利用技术。开展贵州地方山羊新品系培育，根据新品系生长特性，集成相应的营养调控、饲养管理和疫病防控等技术。鼓励有条件的在职青年科技人员继续深造，推荐省农科院青年科技人员到国内外高水平科研院校提升学历。注重人才引进，针对省农科院肉羊产业发展需求，重点引进肉羊高效繁育技术和分子育种、饲料营养调控、疫病防控等研究方向的高素质、专业化人才。二是促进各类人才作用发挥。依据省农科院现有的科技人才力量，将人才分为生产型、服务型，并依据初、中、高三级职称制定相应的工作目标和任务，重点围绕肉羊品种改良、营养调控、疫病防控等方面开展技术研究和技术服务工作。

2. 科研平台建设

整合省内外科研院所资源，一是打造肉羊技术创新中心，主要是以加大贵州地方山羊本品种选育和新品系培育力度，围绕高繁、快长新品系培养目标，利用综合利用传统育种技术和现代分子育种技术，开展贵州地方山羊新品系培育。开展先进配套养羊实用新技术的推广应用，按性别、年龄、生理分阶段分群管理、精准饲喂，逐步提高肉羊饲养的科学化水平和效益。二是搭建产学研平台，通过结合省农科院畜牧所、省内外科研院所和省内规模化养殖合作社的资源，建立肉羊新品种新技术示范应用基地。以“种源基地 + 科研院所 + 企业 / 合作社 + 农户”的“育 – 繁 – 推”一体化良种繁育模式，开展肉用地方山羊新品系良繁与示范。

3. 体制机制建设

建立机制，调控产业布局，在浅山丘陵区，充分发挥草地面积大、养殖密度小、生产成本低的优势，大力发展母畜生产繁育基地，不断增加基础母畜群和仔畜供应数量。依托优势龙头企业，着力打造重点产业化集群，提升肉羊产业发展水平。一是壮大龙头。鼓励规模养殖户在现有产业基础上扩大生产规模，提高产品档次，培育知名品牌。二是建设示范推广基地。鼓励龙头企业依托科研院所联建“种源基地 + 科研院所 + 企业 / 合作社 + 农户”的“育 – 繁 – 推”一体化良种繁育模式示范基地。三是完善链条。重点布局建设肉羊产业专业园区，集中承接饲料加工、品种改良、屠宰加工、熟制品加工、冷链物流运输、有机肥生产等产业化项目，形成上下游协作紧密、产业链相对完整、辐射带动能力较强、综合经济效益达到一定规模的产业化集群。四是加强疫病防控体系和质量安全监管，严格落实源头防控、监测预警、检疫监管、应急管理等综合防控措施。强化流通环节动物卫生监管，落实养殖场（户）、加工企业主体责任，加大对饲料、兽药等投入品的监管。五是创新利益联结机制。均衡各环节利益分配，调动各方生产经营积极性，促进各环节紧密连接，融合发展。鼓励和支持集群产业化龙头企业与家庭牧场、专业大户、养殖专业合作社等新型经营主体有效对接，构建产业链条各类经营主体纵向协作的新型经营模式。六是建立肉羊产业化集群发展激励机制。对建设步伐快、产业链条完整、运行机制科学、综合效益突出的集群，优先安排产业化建设项目和有关扶持资金。深化屠宰管理体制改革，制定肉牛、肉羊屠宰管理办法，合理布局定点屠宰场点，科学设定行业准入标准，加强日常监管，严厉打击私屠滥宰，依法规范屠宰行为。

执笔人：袁超　杨洋　韩勇　粟朝芝

# 贵州家禽产业科技发展报告

◆ 贵州省农科院畜牧兽医研究所

步入2022年，贵州家禽产业正处于前所未有的历史交汇点，科技与创新正成为驱动产业升级、促进可持续发展的关键力量。本年度的贵州家禽产业科技发展报告，是在全球农业转型与乡村振兴战略深度实施的背景下应运而生，旨在全面剖析当前家禽产业面临的机遇与挑战，深入挖掘科技创新在家禽育种、饲养管理、疾病防控、产品质量与安全以及产业链优化中的核心作用。报告综合运用大数据分析、智能养殖技术最新进展，结合贵州独特的地理环境与资源优势，探索适宜本地化发展的新模式、新技术、新策略。

## 一、家禽产业发展概述

从全球视角审视，家禽产业正经历着科技革新带动的深刻转型，高效养殖与可持续性成为主流趋势。转观国内，家禽产业在规模化、集约化道路上稳步前行，产业链不断优化升级，科技应用日益广泛。在此宏观背景下，贵州省家禽产业亦不甘人后，积极响应国家政策导向，依托本土资源与地域特色，大力推进科技创新与产业升级。接下来，我们将细致解析国内外家禽产业的发展脉络，特别是聚焦贵州省在家禽育种、健康养殖、深加工及市场拓展等方面的实践与成就，揭示其在家禽产业发展大潮中的独特位置与战略部署。

### （一）国内外家禽产业发展概况

#### 1. 国际家禽产业发展简述

肉鸡方面，全球肉鸡生产虽然延续了长期以来的增长趋势，但因俄乌冲突引发能源危机，全球禽流感大面积暴发冲击肉鸡生产和贸易，饲料价格持续走高挤压肉鸡养殖盈利空间等多方面不利因素影响，全球肉鸡产量增速进一步下降，仅实现微幅增长。根据美国农业部分析数据，2022 年全球肉鸡产量 10108.6 万吨，增长率为 0.6%。

蛋鸡方面，2022 年美国蛋鸡存栏量、鸡蛋产量略有下降。美国农业部统计数据显示，2022 年蛋鸡存栏量同比下降约 5.5%；欧盟蛋鸡存栏量小幅下降，鸡蛋产量小幅增长，鸡蛋价格大幅上涨。欧盟委员会数据显示，截至 2022 年 10 月，欧盟蛋鸡存栏量约为 15.3 亿只，同比下降 8.38%。

水禽方面，依据中国畜牧业协会与联合国粮农组织（FAO）提供的数据分析及对我国水禽产业市场供求关系推算，2022 年世界肉鸭出栏量约 55.9 亿只，与 2021 年相比有一定幅度减少。其中，亚洲约占 85%，欧洲约占 11%。中国大陆肉鸭出栏重量占世界总量的比重约为 69%。2022 年，世界肉鹅出栏量约 5.3 亿只，与 2021 年相比减少约 18%。其中，亚洲约占 95%，欧洲约占 3.4%，美洲与非洲约占 1.6%。中国是世界肉鹅出栏量最多的国家。

2. 国内家禽产业发展简述

肉鸡方面，新育成自主品种战略作用不断凸显，种源供给得到有效保障。饲料价格创新高，肉鸡养殖成本明显上涨，饲料价格持续大幅上涨，创近 10 年新高。肉鸡价格整体呈现增长趋势，产业链利润白羽肉鸡下降、黄羽肉鸡上升，综合鸡肉价格实现较大增幅，商品肉鸡出栏价格年内波动明显。肉鸡总产量下降，黄羽肉鸡占比持续下降消费市场低迷，全年肉鸡总产量下降。2022 年出栏肉鸡 118.54 亿只，同比下降 7.7%；鸡肉产量 1887.6 万吨，同比下降 8.4%。

蛋鸡方面，祖代蛋种鸡存栏增加，对进口种鸡的依赖性继续下降。产蛋鸡存栏量缓慢增加，整体水平依然较低。2022 年产量约为 1884 万吨，较上年增长约 0.86%。

水禽方面，2022 年全年商品肉鸭出栏 40.02 亿只，较 2021 年下降 2.41%；蛋鸭存栏 1.51 亿只，较 2021 年上涨 0.08%。商品鹅出栏 4.68 亿只，比 2021 年下降 17.88%。受新冠肺炎疫情持续影响，2022 年，我国肉鸭、蛋鸭及肉鹅三大水禽产业的产量都呈下降态势，但由于原料价格继续上涨，市场价格持续走高，三大水禽产业的产值都呈上升状态。

### （二）贵州家禽产业发展概述

按照“上规模、调结构、提品质、增效益、防风险”的总体思路，聚焦产业发展关键节点和薄弱环节，全力抓好种源建设、园区打造、产业基金、金融服务、质量安全、招商引资、产品加工、品牌创建等重点工作，助推乡村振兴。2022 年，贵州省家禽出栏 1.8 亿羽，同比增加 4.2%；禽肉产量 32.7 万吨，同比增长 %；禽蛋产量 33.6 万吨，同比增长 21.2%。

## 二、家禽产业科技发展

在家禽产业的全球科技浪潮中，各国竞相通过遗传改良、智能装备、疫病防控等高新技术，重塑产业格局，提升核心竞争力。贵州省作为中国西南的重要农业基地，紧跟时代步伐，积极借鉴国际先进经验并结合本土实际，不断在家禽科技领域寻求突破。从优化品种资源到构建生态养殖模式，从数字化管理到品牌化建设，贵州省在家禽产业的科技探索中迈出坚实步伐。以下，我们将详细对比国内外家禽产业的科技发展趋势，并深入分析贵州省在此背景下的实践与成效，揭示其在家禽科技转型中的独特路径与宝贵经验。

### （一）国内外家禽产业科技发展

#### 1. 国外家禽产业科技发展

2022 年，国外研发进展主要在禽类养殖、疾病防控、禽类产品应用 3 个方面。

在禽类养殖上，弗吉尼亚理工大学 Jacobs 等学者认为增加环境复杂性和丰富性，例如增加游戏行为可以提高家禽福利水平以及活动水平。美国爱荷华州立大学 Fries-Craft 等学者评估了一种专有的藻类成分对家禽性能、肠道健康、全身免疫和玉米或小麦日粮之间的代谢 / 免疫基因型的影响。埃斯特雷马杜拉大学 Mahmoudi 等学者探讨了角豆树部分替代玉米果肉粉对家禽性能、肠道菌群、胴体性状和肉质的影响。研究发现，角豆果肉粉可以作为非常规饲料以 7% 的比例应用于肉鸡日粮，对肉鸡的生长性能和胴体性状没有负面影响，并且可以增加不饱和度，而不会对氧化稳定性或感官性状产生负面影响。波兹南大学 Perz 等学者研究发现，补充外源淀粉酶的蚕豆种子对家禽具有更大的营养价值。Optum 免疫公司和 AGRITX 公司研发促进雏鸡肠道健康的创新方法，该方法一是利用蛋黄饲料添加剂来降低肉雏鸡的死亡率提高生产性能；二是营养蛋涂层改善雏鸡肠道健康，引起肠道形态、菌群和免疫系统的正面改变，帮助加快雏鸡菌群的发育；三是口服灭活疫苗预防家禽肠道病原体，在肉鸡整个生命周期中多次投入使用，持续改善生长性能。麦当劳公司率先积极推动新的肉鸡福利解决方案应用实施，新的解决方案使用基于视觉和音频的应用技术检测肉鸡个体和肉鸡群，向养殖者预警肉鸡养殖潜在的问题，从而更好地评估肉鸡福利养殖水平，同时提高肉鸡养殖者的生产效率。此外，该福利方案提供的数据自动收集汇总技术也改变了过去人工大量耗时且不准确的问题，更有利于追踪动物福利的量化进程，有效整合养殖者与生产商间的共享信息。

疾病防控方面，加纳大学的 Kayang 等学者研究了加纳当地家禽在感染快速（高毒性）和低速（低毒性）新城疫病毒（NDV）毒株后的反应。国立江原大学的 Hosseindoust 等学者发现，使用抗沙门氏菌噬菌体能够抑制蛋禽感染加里纳鲁沙门氏菌。瓜达拉哈拉大学 Perez 等学者的研究结果表明，墨西哥的禽传染性支气管炎病毒（IBV）多样性是由属于不同基因型的不同谱系的病毒共同传播引起的，且墨西哥 IBV 谱系与马萨诸塞州和康涅狄格州的疫苗株有很大不同，表明墨西哥当期使用的疫苗可能需要更新。美国 TARGAN 公司在球虫病防控方面取得了一项最新进展，即采用传送带式鸡只球虫病疫苗接种系统，能够同时给雏鸡接种球虫病疫苗、新城疫疫苗。

在禽类产品应用上，美国普林斯顿大学创新学院副院长 Craig B. Arnold 领导的团队用鸡蛋清制造了一种气凝胶，这种轻质多孔材料可用于多个领域，包括水过滤、储能、隔音和隔热，例如能够以较低成本去除海水中的盐和微塑料，效率分别为 98% 和 99%。人造肉生产商 Upside Foods 制造的细胞培养鸡肉通过美国食品药品监督管理局（FDA）审查，并计划发布细胞培养肉鸡指南，旨在规范细胞培养肉禽企业生产。

**2. 国内家禽产业科技发展**

肉鸡方面，在一系列育种政策的引导下，我国畜禽良种繁育推广工作取得突破，2021 年 12 月通过国家畜禽遗传资源委员会审定的三个国内自主知识产权白羽肉鸡品种“圣泽 901”“广明 2 号”“沃德 188”，为 2022 年我国抵御引种困难增加了巨大底气，确保了国内肉鸡产业的稳定发展。从目前三个快大型白羽肉鸡新品种推广情况来看，我国自主白羽肉鸡品种市场推广速度远超预期，良种繁育工作取得坚实成果。

哈尔滨兽医研究所禽免疫抑制病团队持续推进的 ELISA 检测试剂盒技术，已获国家一类新兽药证书，被中国动物疫病预防控制中心指定为我国种源性禽白血病检测专用试剂盒，相关技术已在全国约 2/3 的大型育种与养殖企业应用。

农业农村部划定河北美客多家禽育种有限公司等 207 家畜禽养殖场为全国养殖标准化示范场，进一步引导种源疫病净化规范场建设。围绕兽药综合治理问题，中国畜牧业、兽药、肉类等 6 个协会联合发出《全产业链共同实施兽用抗菌药使用减量化行动倡议书》，倡导各部门联动破解产业链重点兽药监管难题，形成部门合力共同推进兽药综合治理工作，为促进兽药用药规范提供了坚强的政策引领。围绕畜禽养殖粪污资源无害化利用，农业农村部、生态环境部联合制定了《畜禽养殖场（户）粪污处理设施建设技术指南》。中国饲料工业协会发布《肉鸡低蛋白低豆粕多元化日粮生产技术规范》团体标准。该标准旨在规范低蛋白日粮技术应用，逐步推广高品质低蛋白日粮技术形成节粮替代，标志着肉鸡饲料减量替代进程迈出重要一步。

蛋鸡方面，开发蛋鸡重要性状选育的分子模块，在育种中发挥更大的作用。应用机器学习算法优化蛋鸡基因组选择模型，基于多种算法的集成算法可以有效提高基因组预测的准确性。对鸡卵泡发育的遗传调控机制研究，circEML1 可通过 miR-449a/IGF2BP3 轴调控蛋鸡卵泡颗粒细胞类固醇激素合成和分泌，内分泌因子组织间通信分析揭示肝脏特异性分泌因子通过调节性腺轴调控鸡的产蛋性能。下丘脑 CNR1 基因可抑制下丘脑 GnRH 基因的表达和 GnRH 激素的合成，从而影响排卵与产蛋。开发美藤果粕、美藤果油饲料资源，开展高粱、小麦、葵花籽粕、低酚棉籽蛋白的精准营养价值评定。研究育雏至产蛋饲养全程日粮中添加棉籽粕与复合杂粕对产蛋鸡生产性能的影响。研究缓释型氨基酸在低蛋白日粮中的应用效果，发现与低蛋白日粮 + 晶体氨基酸相比，低蛋白日粮 + 缓释氨基酸技术可以提高蛋白质利用率，降低粪氮日排泄量 16.7%。

节粮增效型绿色饲料添加剂开发与评价，主要集中于胆汁酸、丁酸梭菌活化菌液、霉菌毒素降解菌、应用效果评价及作用机制研究。新型疫苗研究取得新的进展，研制了重组新城疫、传染性支气管炎和禽流感（H9 亚型）三联灭活疫苗以及鸡新城疫、禽流感（H9 亚型）、传染性法氏囊病、禽腺病毒病（I 群 4 型）四联灭活疫苗，目前已完成新兽药注册申报工作；鸡传染性支气管炎活疫苗（LDL-T 株）临床试验启动，临床试验初步结果表明LDL-T株疫苗安全性好，保护率显著优于已有的商品化疫苗，具备优异的实际应用价值。

农业农村部将新城疫由一类动物疫病调整为二类动物疫病（农业农村部公告第573号），表明新城疫的防控取得了显著成效。蛋鸡健康养殖装备研发与优化，针对蛋鸡养殖装备与动物生理和生产不配套等问题，优化新型蛋鸡福利化栖架立体散养系统及配套福利化设施设备；研发蛋鸡种蛋孵化环境调控关键装备，实现胚胎发育过程中光照、二氧化碳精准调控，有效提高雏鸡孵化质量；研制蛋鸡舍环境精准控制器样机，提出灰色预测模糊系统控制养殖环境的预测调控新方法，实现蛋鸡舍热环境精准调控；研发蛋鸡叠层笼养巡检机器人，实现鸡舍环境及鸡只福利状态实时巡检，显著提升了鸡舍福利化、智能化管控水平；改善层叠笼养蛋鸡产蛋高峰期的产蛋性能和机体健康的养殖工艺，通过改造笼具提升笼养蛋鸡相对活动空间对产蛋中后期产蛋性能和脂质代谢有重要影响。通过多种光谱手段、粒径 / 电位、水分分布、蛋白质含量与组成等指标，揭示了温泉蛋在不同贮藏时间下的蛋清稀化机制。选用蛋白酶作为抗冻保护剂对蛋黄液进行酶解，解析冰蛋黄凝胶化形成机制及关键因子。

水禽方面，规定农安籽鹅的特性、体貌特征、生长性能、繁殖性能及性能测定方法；以黑羽番鸭为研究对象，克隆TNNI2基因并对其编码蛋白质的理化性质及结构进行生物信息学分析；探究北京鸭不同品系参考群的合并对基因组选择准确性的影响，为北京鸭基因组选择提供参考依据。研究烟酸对种鹅生产性能、蛋品质和血清生化指标的影响，以及稻壳用于肉鹅养殖的可行性及合适的添加比例；研究饲料中添加迷迭香提取物对浙东白鹅的促生长效果及对机体健康水平的影响；研究发现，饲粮中添加生物发酵玉米对提高鹅的饲料利用效率、改善脂肪代谢、提高机体免疫能力效果明显；研究不同饲喂模式下饲粮蛋氨酸水平对肉鸭生产性能和羽毛生长的影响；探索益生菌发酵饲料和普通全价饲料饲喂模式下所产鸭蛋挥发性风味成分的差异；研究不同钙、有效磷的添加水平对产蛋高峰期种母番鸭产蛋性能、孵化性能和蛋品质的影响。建立一种能快速、准确检测鸭星状病毒3型（Duck Astrovirus-3，DAstV-3）的SYBR Green I实时荧光定量PCR方法；采用双萤光素酶实验、实时荧光定量PCR、TCID50等技术对解析鸭瘟病毒（DPV）UL41蛋白进行分析，从而解析UL41蛋白在DPV逃逸宿主先天免疫反应的作用及机制；研究鹅星状病毒（GAstV）、鹅细小病毒（GPV）、新城疫病毒（NDV）等鹅主要病原在我国鹅群中的混合感染情况；建立快速检测鸭血清多杀性巴氏杆菌抗体的胶体金试剂条；研究坦布苏病毒（Tembusu Virus，TMUV）抗体保护雏鸭抵抗鸭坦布苏病毒病的能力。

通过乳化和微胶囊化来提高鹅肝油稳定性，从而实现鹅肝油的高效利用；采用传统微生物培养法从皮蛋“爆蛋”样品中分离获得BD菌株，探究皮蛋“爆蛋”原因；通过测量肉鸭胸肌的电子感官指标，为肉鸭风味构建一个相关的数据库。检测北京鸭×连城白鸭梯度血缘群体胸肌中亲水性物质的含量以及种类；以感官评分为指标，通过单因素试验确定辣条鸭排中辣条调料添加量等4个单因素最佳范围；研究不同日龄扬州鹅肌肉营养物质及肌纤维特性肉品质差异。研发大角度翻蛋孵化机及“变角度翻蛋”孵化新技术，可提高孵化性能，大幅度提高鹅鸭苗的质量和生长性能；研究公鹅阉割及睾酮对鹅食欲及肌肉脂肪沉积的调控机制。

我国发布或实施国家标准5项：《蛋鸭营养需要量》（GB/T 41189-2021）、《食品安全国家标准 食品中41种兽药最大残留限量》（GB 31650.1-2022）、《畜禽屠宰加工设备 家禽脱毛设备》（GB/T 41830-2022）、《规模化家禽饲养场流感防控环境管理技术规范》（GB/T 41381-2022）、《规模化家禽饲养场流感防控设施设备配置要求》（GB/T41380-2022）。发布或实施行业标准若干项：《天府肉鹅》（NY/T 4050-2021）、《畜禽肉分割技术规程 鸭肉》（NY/T 3962-2021）、《畜禽养殖场空气源热泵应用技术规范》（NB/T11039-2022）等。

## （二）贵州家禽产业科技发展

贵州属于喀斯特地貌地区，随着交通运输条件逐渐改善，越来越多的企业大力投资贵州家禽养殖产业。因此，贵州的家禽业发展逐步加速，除了本土企业，外来大型养殖企业很早开始布局并发展养殖基地。贵州的大型家禽养殖公司主要通过招商引资进驻贵州，包括温氏、德康、铁骑力士等企业，本地企业有贵州大兴伟业、贵州源生牧业、贵州金禾禽业、贵阳绿源禽业等。

贵州省家禽品种资源丰富，特色鲜明，品质优良。全省共有地方特优家禽品种13个，其中鸡品种8个，分别为长顺绿壳蛋鸡、矮脚鸡、高脚鸡、跨东南小香鸡、乌蒙乌骨鸡、威宁鸡、竹乡鸡、瑶鸡。其中，长顺绿壳蛋鸡、矮脚鸡已列入全国28个国家级重点保护家禽品种。然而，贵州省本地家禽品种养殖较为分散，除绿壳蛋鸡在全省9个市（州）34个县（区）均有养殖外，其余品种主要养殖于原产地。部分优质家禽未得到充分的保护开发和利用。因此，加强贵州地方家禽品种保护，并通过遗传改良培育新的家禽品种（配套系）已迫在眉睫。

目前，贵州省农科院畜牧兽医研究所家禽创新利用团队长期围绕地方家禽种质资源优良特色性状遗传规律及高效开发利用为目标开展研究，育种基地保存有地方鸡资源5个，其中瑶山鸡新种群1000套，建立家系60个，新品系商品代比亲本原种年产蛋量提高14%，年产蛋量增加到162枚；养殖成活率达95.14%，120日龄体重公鸡2.4千克、母鸡1.8千克。选育的新品系肉品质佳、抗逆抗病性强、生产性能好，有较高经济价值和较强的市场竞争力。贵州大学生态家禽团队选育优质鸡新品系——贵州红鸡，该品系具有毛色美观、适应性好、抗病力强、肉质鲜美等特点。在养殖模式上采取“政府+业务部门+金融+保险+企业+养殖农户”六位一体的产业发展模式，形成“政府推动、企业带动、金融助动、农户主动”的产业联动发展机制，实现产业规模、发展模式、融资方式、保险机制、技术集成融合，形成“1个家庭牧场、单批饲养2万羽以上肉鸡、年收益20万元以上”的生态家禽“1220”养殖模式，有效解决了“用地、环保、增收”的现实瓶颈。

### 3. 贵州家禽产业发展趋势与机遇

（1）丰富的家禽品种资源，但利用不足

在长期的地理隔绝和封闭选育条件下，我省形成了丰富的家禽品种资源。查阅《国家畜禽遗传资源品种名录（2021年版）》可见，收录贵州的家禽遗传资源就有11个，占全国家禽遗传资源数的6%。但我省地方品种的开发利用不够，目前还没有通过国家审定的家禽新品种（配套系），也没有国家级保护场、国家核心育种场、国家核心扩繁场。然而与我省交界的四川、云南、重庆、广西、湖南及广东等省份在地方家禽遗传资源的利用上都有突破。根据统计数据来看，我省地方品种存栏少，地方品种发展的动力明显不足，引入品种成为产业发展的主力军。

（2）群众消费基础好，但消费需求缺口大

根据调研分析，我省家禽的消费基础较好，是全国少有的“全域养鸡，全民吃鸡”的省份，比全国平均消费水平高20%。由于我省家禽养殖水平相对较低，目前还不能满足省内消费需求，家禽消费需求缺口还很大。据温氏集团统计，我省每年要从云南、四川、湖南、广西等周边省（区）的温氏分公司调入活鸡3000万～4000万只，每年从省外调进家禽冻肉折合家禽5000万只左右。

（3）产业结构逐步完善，但品牌创建还需完善

据行业统计，2021年全省出栏家禽1.77亿只，其中年出栏1万只以上的规模场出栏总量0.96亿只，规模化率仅为54%。部分地区虽然大力发展地方品种，但没有认真开展市场调研，发展定位不合理。根据市场导向原则，我省家禽产业发展应以大众消费的普通肉鸡为主，兼顾开发利用本地特色优质品种。坚持普通肉禽保民生供给、高端产品创品牌闯市场的思路，因此应合理布局高、中、低端产品的“金字塔”产业结构。同时，随着人民生活水平的不断提升，产品质量将是群众消费的主要参考指标，贵州具有优良的自然生态环境，“生态”是贵州家禽产业发展最靓丽的一张名片，是天然的优势“品牌”。因此，贵州生态家禽未来具有很强的市场竞争优势，产品将逐步辐射省外市场。

## 三、新品种、新技术应用与贡献

贵州省农科院坚持面向世界农业科技前沿，积极抢占科技制高点；坚持面向国家重大需求，全力支撑农业稳产保供；坚持面向现代农业建设主战场，科技支撑乡村振兴；坚持面向人民生命健康，保障农业生物安全与食物营养健康。着力提升科技创新能力、综合发展实力和影响力，加快推动高水平农业科技自立自强，支撑引领全面推进乡村振兴和加快农业农村现代化。

（1）自主培育新品种，解决种业“卡脖子”现状

贵州省畜牧兽医研究所面向全省畜禽产业，为我省地方特色家禽品种资源调查、优质家禽品种保护与开发利用、饲草饲料资源创新利用提供了科技支撑和人才保障，为畜牧业高质量发展提供强有力的支撑。围绕“十四五”期间打好种业翻身仗这一课题，以品种资源挖掘和品种培育为主攻方向，重点开展地方特色家禽种质资源与优良基因挖掘和重要经济性状遗传基础研究。目前，家禽团队在百宜等基地持续开展地方畜禽的选育工作，初步育成黔麻青脚鸡新品系。

（2）搭建科技平台，助力畜禽种业创新

在“十四五”期间，积极引进畜牧专业人才和领域内专家，组建科技创新人才团队，推动实验平台建设。同时，以贵州丰富的地方畜禽资源开展对外合作，与四川农业大学、广东省农科院建立有长期友好的合作关系，充分开发利用贵州优势地方鸡品种，为新品系培育提供技术支撑。

（3）加强院企联合，推动畜禽育种产业化

围绕产学研用深度结合，创新育种组织方式，加强院企联合，建立关键技术支撑服务体系，形成共享协同的创新机制。联合建立院企现代化育种服务平台，加速先进育种技术的应用，加快推进优质鸡核心种源新品种培育，强化种源供给，完善培育体系，推动高效扩繁和产业化发展，提升自主畜禽种业品牌的竞争力。

## 四、贵州家禽产业发展对策

围绕提升科技对产业发展的贡献和作用、科技支撑产业发展的情况等，从科技创新、人才团队建设、平台建设、体制机制等方面提出科技支撑产业的展望。

### 1. 加大种业科技创新，使产业链高效高质运行

种质水平，不仅决定养殖的生产效率、供给能力和产品质量，也决定了产业市场竞争力和养殖场（户）经济效益，是产业高效、高质生产的基础支撑。我国育种取得了突破性进展，但与已有100多年经验的国际发达国家育种水平相比还存在一定差距，仍需在持续提升性能、净化疾病和加快产业化推广等方面做出巨大努力。此外，我省的地方品种应充分发挥在抗病、肉质等方面的突出优势，顺应从活禽销售转为冰鲜上市的必然趋势，加大对适用于集中屠宰、冰鲜上市等市场需求的品种改良和选育。同时加大支持保种和育种所需的基础设施设备投入，促进种业科技创新。

### 2. 提升产业发展质量，促进产业绿色高效转型

“双碳”背景下应加快转变产业发展方式，改善养殖环境，走绿色、高效、优质的现代产业发展之路。需依靠科技进步突破发展瓶颈，加大基层养殖技术推广，不断提高养殖机械化水平和资源利用效率，实现产业增长方式从传统的要素投入驱动型向依靠全要素生产率提升的转变；需大力提升标准化、智能化养殖基础设施建设，加大养殖技

术推广力度，加快产业转型升级；需利用大数据、物联网、人工智能等媒介，借助机器视觉、机器学习等先进技术，推动产业智能化、协同化改造，提高产业生产、加工、销售、流通等环节的融通水平；需完善资源化利用系统，推动提高畜禽粪污处理设施装备水平，加快培育粪肥还田社会化服务组织，把更多养殖户纳入畜禽粪污资源化利用整县推进项目支持范围，促进畜禽粪污循环利用，有效改善资源环境。需健全质量安全监测体系，强化常规的监督检查和抽检监测。

**3. 高效落实人才建设与地方资源开发技术体系**

与当地实际情况相结合，开展专业人员岗前培训。要注重对人员的职业道德、专业素质、技能及服务创新能力的培训，使畜牧工作者更加专业化、系统化，形成稳定、长效性的考核机制。同时，通过高层次人才引进，增设绿色通道，在保障畜牧从业者薪资待遇的同时给予更多优惠政策和创新机会，吸引高素质人才。此外，要继续发挥科研院所及高校的技术核心作用及人才团队优势，快速推进现代育种技术在地方品种保护与开发方面的应用与推广，在品种选育、良繁体系建设、健康养殖、新产品研发等方面加大科技投入，建立较为完善的技术服务支撑体系。

执笔人：韩雪、李亮

# 贵州蚕桑产业科技发展报告

◆ 贵州省农科院蚕业研究所

蚕桑是一个历史悠久的传统经济产业，涉及蚕的养殖和桑树的种植，以及丝绸加工生产。这一产业不仅在经济上具有重要地位，而且承载着丰富的文化内涵。蚕桑产业的主要流程包括桑树的种植、蚕的养殖、蚕茧的收集、丝绸的织造和加工等环节。

## 一、蚕桑产业发展概述

蚕桑在全球多个地区都有分布，主要集中在亚洲的一些国家。其中，中国、印度、日本和泰国等都是蚕桑产业的主要生产国。这些国家的气候条件适宜桑树生长和蚕的养殖，同时也拥有丰富的蚕桑文化和传统技术，使得蚕桑产业得到了广泛的发展。

### （一）国内外蚕桑产业发展概况

2022 年，全球蚕桑产业经历了稳步发展与转型升级，国内如广西、重庆、江苏等地通过创新技术、多元化战略实现了产业增长，侧重高质量升级，国外市场则积极探索贸易合作与技术交流，共同应对国际环境变化，提升全球产业链的稳定性和竞争力。该年成为蚕桑业在挑战中寻找新机遇、深化国际合作的一年。

#### 1. 全球蚕桑产业发展简述

2022 年，全球蚕桑产业在多国共同努力下蓬勃发展，印度借力科技革新追赶中国，欧美市场对可持续蚕丝的旺盛需求加速产业绿色转型，国际科研合作在蚕桑副产品多元化应用上取得新突破。中国则以智能化、绿色生产引领产业升级，共同推动全球蚕桑业向高效、创新、可持续方向迈进，实现了从传统生产到高科技、环保型产业的华丽转身。

中国作为蚕桑产业的重要发源地之一，其蚕桑生产历史悠久，技术成熟，产量稳居世界前列。中国的蚕桑产业不仅在国内具有重要地位，也对全球蚕桑产业产生了深远的影响。

印度、巴基斯坦等亚洲国家也拥有较为发达的蚕桑产业。这些国家的蚕桑产业在政府的支持下，通过引进先进技术和设备，不断提高产品质量和产量，逐渐在国际市场上获得了一定的竞争力。

在欧洲地区，虽然蚕桑产业规模相对较小，但一些国家如意大利、法国等仍然保持着传统的蚕桑养殖和丝绸加工技艺。这些国家的丝绸产品，以其高质量和独特的设计而闻名于世。

此外，一些非洲和拉丁美洲国家也开始关注蚕桑产业的发展，他们利用当地丰富的资源和气候条件，积极引进技术和设备，努力发展蚕桑产业，希望能够成为全球蚕桑产业的新兴力量。

需要注意的是，蚕桑产业在发展过程中也面临着一些挑战，如劳动力成本上升、环境污染、市场竞争激烈等问题。为了应对这些挑战，各国需要采取积极的措施，如加强技术研发、提高生产效率、推广环保技术等，以推动蚕桑产业的可持续发展。

### 2. 国内蚕桑产业发展简述

蚕桑产业是我国重要的传统特色产业，也是民生产业，具有巨大的开发潜力和广阔的应用前景。自 20 世纪 70 年代以来，我国一直是世界上最大的茧丝生产国和茧丝绸商品出口国，近几年来，我国茧、丝产量占比世界总产量的优势日益明显，更是通过蚕桑“四新”（新品种、新技术、新装备、新模式）科技成果的转化与推广，我国蚕桑产业提质增效效果明显。

蚕桑产业具有周期短、见效快、覆盖面广、综合效益高，特别适合山地条件，能够满足非粮食主产区特殊养殖需要等特点。同时，种桑养蚕是一个技术含量高，产业链长，产品丰富，发展潜力巨大的产业。贵州因其得天独厚的环境条件成为国家“东桑西移”后期工程的理想发展区。蚕桑产业作为短、频、快项目，在脱贫攻坚中发挥了重要作用，在乡村振兴中也必将带来良好的生态、经济和社会效益。

2006 年国家实施“东桑西移”工程，逐步将蚕茧主产区从东部地区向西部地区转移，转移速度在连续三年减缓后又呈加快态势。数据显示，2021 年全国桑园面积 1179 万亩。其中，广西、四川、云南、贵州四省（区）桑园面积 700 万亩，占全国的

59.4%；东部传统产区桑园面积持续减少，江苏、浙江分别为47万亩、38万亩，同比分别下降了9.6%、13%。2017—2022年，东部（江苏、浙江、广东、山东、海南5省）桑蚕茧产量占全国的比例由17.56%持续下降至10.67%，中部（江西、湖北、湖南、安徽、山西、河南等）占比稳定在6%左右，而西部（广西、四川、重庆、云南、陕西、贵州、甘肃、新疆等）占比由76.15%上升至82.79%。由此可见，中国蚕桑生产继续向西部地区转移和集中，“东桑西移”工程正逐步完成，蚕桑产业开启了新的生产格局。

我国蚕桑产业历程与社会的发展密不可分，古代丝绸之路的兴衰，往往对应着历史王朝的强盛和衰落、分裂割据。直至到现代，产业规模虽经历了起起伏伏，但始终有部分群体坚持、热衷，始终屹立不倒。2016年，习近平总书记提出推进高质量共建“一带一路”、构建人与自然生命共同体的“绿色丝绸之路”。

江苏是我国茧丝生产传统产区，一直都是高端丝绸纺织品的生产区域，茧丝绸产业知名企业较为集中，其中“富安”“星云”牌蚕丝制品获“中国名牌产品”称号，“鑫缘”商标被认定为“中国驰名商标”。广西开展广西十大生丝、十大蚕丝被品牌评选活动，培育建立广西自主丝绸品牌，其中“宜州桑蚕茧”“南丹瑶蚕平板丝”等获得国家农产品地理标志认证。广东“丝丽”品牌将东方文化与品牌融合，推动自主品牌建设，提升岭南特色丝绸产品的市场竞争力。陕西作为丝绸之路经济带新起点，通过一年一届的“丝绸之路国际艺术节”提升中华文化的国际影响力，积极推动“一带一路”人文交流和文明互鉴，成为唱响丝路起点旅游品牌，推动区域旅游大合作。通过品牌化建设提高蚕桑产品的知名度，刺激市场需求，带动全产业链发展。

2021年春季国内蚕种生产量同比减少3.04%，发种量同比增加3.15%；夏秋季蚕种生产量和发种量同比增加2.26%和2.49%。全年蚕种生产量1281万张，比上年减少4万张；发种量1724万张，比上年增加46万张。但是，广西、山东、云南、四川4省（区）的蚕种产量均超过170万张，合计占全国蚕种总产量的81%，我国蚕种生产进一步向优势区域和优势企业集中。

### （二）贵州蚕桑产业发展概述

我省蚕桑研究主要以贵州省蚕业研究所为主导单位，在贵阳、遵义建有科研试验基地1003亩，办公楼21000平方米，现代化实验室1200平方米，配备有总价值3000余万元的仪器设备。此外，法人单位在遵义、凤冈、惠水建设有三个试验示范基地。在遵义官庄基地建设家蚕原种场，占地3000平方米，配套建设（改建）蚕房、蚕种检疫区、浴消浸酸区等2000平方米，高标准桑园70亩。保育贵蚕4号、贵蚕7号、贵蚕10号和华康2号等16个亲本，开展提纯复壮和引进新品种的适应性选育工作，年生产原种6000张，可提供生产一代杂交种20万张，自育品种的覆盖率达30%，全省良种覆盖率98%以上。

贵州省还注重蚕桑副产品的开发利用，通过科技创新将蚕桑产业与生态旅游、文化产业等相结合，拓展了蚕桑产业的产业链和附加值。例如，利用桑叶开发出了具有健康保健功能的桑叶茶、桑叶粉等产品，深受消费者喜爱。

此外，贵州省还加强与国内外科研机构的合作与交流，引进了先进的蚕桑养殖技术和设备，推动了当地蚕桑产业的升级和转型。这些科技创新成果不仅提升了贵州省蚕桑产业的竞争力，也为当地农民增加了收入，促进了乡村振兴。

“十三五”以来，该单位获各类科研项目立项113项，经费4977.6万元。其中国家级2项，省级43项，其他68项；鉴选叶果两用桑树新品种3个、抗病及多丝量等家蚕品种6个；研发桑园春夏轮伐技术、蚕桑标准化小蚕共育技术、大蚕省力化技术、熟蚕自动上蔟与自动采茧机械研制技术等7项。获各类科技成果奖10项，其中省科技进步二等奖2项，省科技成果转化二等奖1项，省科技进步三等奖3项，其他奖项4项。获授权专利29件，其中发明专利17件，实用新型12件；发表论文178篇。主编《贵州山地高效栽桑养蚕模式与技术》1部，参编《中国家蚕品种系谱》《中国桑树栽培品种》《中国桑树栽培学》3部。

综上，贵州省蚕桑产业科技发展状况良好，通过科技创新和产业升级，推动了蚕桑产业的持续健康发展，有力推动了乡村振兴向好发展。

## 二、蚕桑产业科技发展

2022年，蚕桑产业科技发展迈上新台阶，智能化、绿色化、高效化趋势明显。通过智慧蚕业系统的广泛应用、新型蚕种的培育推广、产业链的多元化拓展以及产学研深度融合，实现了生产管理智能化、资源利用高效化和产品质量优化，有力推动了蚕桑产业的转型升级与可持续发展。

### （一）国内外蚕桑产业科技发展

蚕桑业作为我国农业的重要组成部分，已经具备了较为完善的养殖体系，带领了一部分农民走向发家致富。各界蚕业科技工作者不断创新蚕桑技术，全面推广应用家蚕消毒防病技术、标准化小蚕共育技术、人工饲料小蚕共育技术、省力化大蚕饲养技术、熟蚕自动上蔟技术、自动采茧技术等新的技术成果，使我国蚕桑产业得到更好的发展。2021年是“十四五”开局之年，我国发挥制度优势，在“一带一路”倡议、乡村振兴战略、“双循环”新发展格局、“双碳”目标等背景下持续推进规模化、集约化蚕桑示范基地建设，全国蚕桑生产稳中有升，茧丝价格大幅回升，产业链纵向延伸和横向拓展同步推进，东中西部良性互动协调发展，产业在转型升级中迈向高质量发展。

随着科学技术和现代农业领域的拓展，家蚕基因组研究工作的重大进展，以及基因工程和生物技术的快速进步，蚕桑资源开发与多元利用在丝绵加工、出口以及产品（如丝绒被服、桑枝食用菌、桑果饮料、桑叶食品、桑提取物药品、蚕沙叶绿素、蚕蛹蚕蛾功能食品和饲料桑、医学、美容、电子工业等领域）均取得了突破性进展，蚕桑产业多元化趋势更加突出，更是形成“种桑养人”“种桑养生”“种桑养畜”“种桑养地”的局面，蚕桑资源的多元化利用已经成为促进传统蚕桑产业转型升级的重要抓手，更是把蚕桑产业融合发展推向了新赛道。

（1）茧丝价格大幅上涨

2020年，茧价大幅上涨。2021年桑蚕春茧价格同比上涨63.21%，夏秋茧价格同比上涨37.45%，全年加权平均茧价达2560元/50千克，创历史新高，比上年上涨820元/50千克，涨幅达47.11%。茧价上涨带动蚕茧产值大幅度增加，2021年全国桑蚕茧产值达367.15亿元，比上年增加52.99%，无论绝对值还是增幅，均创历史新高。

（2）真丝绸出口企稳回升

受中美贸易战影响世界经济大幅衰退，欧美市场丝绸消费低迷，2018—2020年我国真丝绸商品出口额和出口量连续三年大幅度下跌。根据中国纺织品进出口商会的数据，2021年我国真丝绸商品进出口总额为17.59亿美元，同比增长32.03%；其中真丝绸商品出口额为13.49亿美元，同比增长25.95%；进口额为4.1亿美元，同比增长

56.94%。从出口商品结构看，丝类出口 2.67 亿美元，同比增长 9.52%，占比 19.79%；真丝绸缎出口 3.94 亿美元，同比增长 45.25%，占比 29.17%；丝绸制成品出口 6.89 亿美元，同比增长 23.75%，占比 51.04%。从进口商品结构看，丝类进口 7075.62 万美元，同比增长 129.79%，占比 17.27%；真丝绸缎进口 2259.24 万美元，同比增长 23.82%，占比 5.51%；丝绸制成品进口 3.16 亿美元，同比增长 49.21%，占比 77.22%。从数量看，我国丝类贸易自 2020 年出现 30 年来第一次进口大于出口 62 吨之后，2021 年丝类进口量继续大幅度增加至 7367 吨，进口与出口的数量差扩大至 1616 吨；进口单价上升至 9.6 美元 / 千克，同比涨幅达 74.86%。

2020—2022 年，西部绸缎产量占比超过 50%，初步实现了“东绸西移”。至此，我国蚕丝产业链的茧、丝、绸 3 个环节都完成了由东部向西部的生产区域转移。2022 年，西部蚕茧、蚕丝、绸缎产量占全国总产量的比例分别达到了 82.79%、63.69% 和 51.89%，西部成为中国及世界最大的茧丝生产和绸缎加工基地。

（3）蚕丝在医学领域大放光彩

蚕丝是自然界最轻最柔最细的天然纤维之一，蚕丝蛋白是具有良好透气与透湿性、无毒、无刺激，与人体相容性强的生物材料。西南大学夏庆友教授领衔的家蚕创制团队利用家蚕丝腺生物反应器体系，创新合成重组人血清白蛋白（rHSA）取得成功，并实现了中试量产。

蚕丝纤维具有保湿性能优良、亲肤性优异、促进细胞再生、生物相容性好、可加工性能好、热稳定性能好等特点。苏州大学现代丝绸国家工程实验室李刚团队利用蚕丝开发出一种长效抗菌功能蚕丝缝合线，该缝合线搭载丝蛋白的载药技术，引用了传统的中医药，可以长效抗菌抗炎，广泛应用于外科手术的缝合伤口、联结组织和结扎血管等。

蚕丝蛋白结构和人体所需蛋白结构相似，所以在人体内具有非常好的生物相容性，可作为人造皮肤、血管、肌腱、韧带、骨骼和牙齿等人造组织材料，以及作为手术缝合线、隐形眼镜、角膜、抗血凝剂、药物控释材料、功能性细胞培养基质、固定化酶载体和生物传感器等生物医学材料。空军军医大学西京医院雷伟教授、冯亚非副教授团队和中科院上海微系统所陶虎研究员团队利用蚕丝共同开发了可降解蚕丝螺钉，能够利用其在人体环境中发生酶解的特性，实现在人体内功能修复的同时逐渐降解，最终不在宿主体内残留，进而避免二次手术取出。蚕丝蛋白作为骨科内固定材料主要具有几个优势：

一是具有骨传导性，修复骨缺损的速度较快，相对基于聚乳酸或者钛合金等同类产品，适用于较大的骨质缺损，可以达到完全骨修复；二是相比聚乳酸，其机械强度足以作为承力部位的骨折内固定材料；三是生物降解速度可控。

（4）蚕丝在美容领域的开发应用

大量研究数据显示，蚕丝材质的面膜更容易补水保湿，有利于有效成分渗透至人的肌肤表层。通过把溶解过的丝蛋白溶液通过高压静电纺丝技术，得到纳米纤维面膜，然后再添加包含补水保湿、抗衰老功能性成分的纺丝原液来达到美容的功效。目前，已有大量相关产品上市应用。

（5）蚕丝在电子工业领域的应用

蚕丝蛋白不仅在医疗器械上大有用武之地，还因其机械性能佳、介电损耗小、能可控降解、可兼容大部分微纳加工工艺等特点，被用作电子器件的基底和介质材料，由此衍生出一个全新学科领域——瞬态可溶电子学。蚕丝蛋白就是国际上首个瞬态可溶电子微系统的基底和封装材料，然后用可降解的镁、氧化镁、纳米硅膜等半导体功能材料集成一系列基本电子元器件。整个微系统放置在生理盐水中，大约十分钟就可溶解完毕。蚕丝蛋白还是一种性能优良的光学材料，受“瞬态可溶电子技术”启发，科学家又提出“瞬态可溶光学技术”的概念，并制造出单色和多彩的蚕丝蛋白光学衍射元件，将其开创性地应用到信息技术和生物医疗领域。

蚕丝蛋白可作为生物光刻胶用于半导体集成电路加工工艺，在人体可集成柔性传感器方面表现出巨大的应用潜力。得益于蚕丝蛋白所具备的易于成膜、兼容大部分微纳加工工艺等特性，结合高精度近场快速读写手段，我国科研人员实现了基于蚕丝蛋白的高容量生物存储技术，研制出“蚕丝硬盘”——通过纳米针尖将红外光聚焦，在纳米尺度下对蚕丝蛋白进行改性，从而达到信息存储和读取的目的。蚕丝硬盘作为一种高容量、高可靠性的新型存储技术，不仅可以像普通半导体硬盘那样存储数字信息，还可为活性生物信息储存提供一个功能强大的平台。新近问世的蚕丝硬盘可同时存储人体 DNA 和血液样本。此外，蚕丝硬盘还能按照预设的时序进行可控销毁，从而用于信息保密。目前，科研人员已用这种技术实现了图像和音频文件准确记录、存储和读取的原理验证。

## （二）贵州蚕桑产业科技发展

2022 年，贵州蚕桑产业稳步成长，聚焦于乡村振兴战略实施。通过扩大种植面积、采用现代养殖技术及绿色防控，实现量质齐升。经营模式创新，促进农户增收，同时深化产业链，发展深加工产品，多元化经营成效明显。整体而言，该年贵州蚕桑产业在技术创新、产业升级及市场拓展上均有重要进展，为农业现代化进程注入强劲动力。

### 1. 贵州桑蚕产业创新

2022 年，贵州蚕桑产业在创新引领下焕发新活力，亮点频现。该年度，贵州积极探索“智慧蚕业”，利用物联网、大数据等现代信息技术优化蚕桑生产管理，实现精准饲养与病虫害智能预警，大幅提升生产效率。在品种创新上，引进并培育适应性强、产丝量高的新型蚕种，为产业提质增效奠定基础。另外，产业链创新延伸成为另一大特色，贵州积极推动蚕桑资源的全链条开发利用，比如开发功能性食品、生物科技制品等高附加值产品，开辟产业增值新路径。通过模式创新，推广“蚕桑 + 旅游”“蚕桑 + 文化”等新兴业态，拓宽产业边界，促进了农旅融合和文化传承。总之，2022 年贵州蚕桑产业在科技应用、品种改良、产业链条拓展及发展模式上的系列创新举措，为传统产业转型升级树立了典范。

### 2. 贵州桑蚕产业发展

2022 年，贵州蚕桑产业经历了快速发展的一年，紧抓乡村振兴机遇，实现了跨越性增长。该年度，贵州大力推广科学种植与高效养殖技术，蚕桑基地规模持续扩大，优质蚕茧产量再创新高。通过建立和完善现代产业园区，吸引了众多龙头企业的入驻与合作，带动了上下游产业链整合与升级。同时，注重生态可持续，推广绿色循环农业模式，实现了环境友好型发展。市场开拓方面，不仅巩固了国内市场份额，还积极探索海外市场，提升了“贵州蚕丝”品牌的国际影响力。此外，通过举办蚕桑文化节、开发蚕桑文化旅游项目等措施，有效促进了产业与文化的深度融合，为贵州蚕桑产业的多元化发展注入了新活力。综上所述，2022 年贵州蚕桑产业在规模扩张、技术革新、市场拓展及文化融合等方面均取得了显著发展成果，展现出强劲的发展势头和广阔前景。

### 3. 贵州蚕桑产业发展优势与机遇

“十三五”以来，贵州认真践行蚕桑高质量发展理念，牢守发展和生态两条底线，以市场为导向，政府为推进主体，科技为支撑，根据“一县一业”“一村一特”等政策，积极筹划不同特色的经营模式，全力服务国家战略和贵州区域经济发展，推动蚕桑产业成为省内部分地区脱贫攻坚的重要产业。

（1）政策形势利好

2020 年 9 月，工业和信息化部等六部委联合印发《蚕桑丝绸产业高质量发展行动计划（2021—2025 年）》，提出大力推进蚕桑丝绸产业供给侧结构性改革，着力构建一、二、三产业协同发展、大中小企业融通发展新体系，增强创新驱动发展新动能，探索产业转型新模式，开创新时代蚕桑丝绸产业发展新局面。2022 年，贵州省发布的《中共贵州省委、贵州省人民政府关于全面推进乡村振兴加快农业农村现代化的实施意见》明确指出，要加快发展林业和林下经济。优化林业产业布局，发挥林业经济功能，重点打造以油茶、竹、花椒、皂角、桑等为主的特色经济林基地。这为我省桑园面积拓展提供了政策导向。在此背景下，我省积极出台相应的招商引资优惠政策，吸引省外企业到贵州落地生根，为蚕桑产业提供了有力的政策支持和新的发展机遇。

（2）环境区位优势明显

贵州生态环境好，几乎无工业污染，发展绿色优质蚕桑生产拥有独特的“五度”生态优势。一是奇妙的纬度。贵州地处北纬 24 ～ 29 度，气候温和，雨热、光照适中，适宜桑树生长与家蚕饲养。二是适宜的高度。贵州平均海拔 1200 米，各地地形交错分布，天然隔离条件好，病虫害相对较少，是发展绿色、有机和地标蚕桑产品的天然理想场所。三是有利的温度。贵州蚕期平均气温 22 ～ 25℃，为典型夏凉地区。适宜的温度有利于桑树和家蚕生长。四是宝贵的湿度。贵州年降水量在 1100 ～ 1300 毫米之间，降水充足，阴天多，日照少，适宜矿物质元素吸收。五是难得的浓度。贵州省森林覆盖率高达 58.5%，负氧离子高，空气质量良好，适宜发展绿色桑蚕产业。

随着综合交通运输体系的建设，贵州已建成高速公路省级通道 18 个，铁路省级通道 15 个，成为西部陆海新通道的重要节点，有力促进了区域经济的合作交流，为本省蚕桑原料、加工产品走出去奠定了良好的交通基础。

（3）贵州蚕桑助推脱贫攻坚贡献突出

在脱贫攻坚过程中，我省蚕桑产业作为部分地区的主导脱贫产业，取得了显著成效。涌现出“多批次滚动集中共育－专业饲养大蚕－集中上蔟－集团售茧－销售服务”“大户带小户－连片栽桑统一技术管理－滚动养蚕－劳动力入股－蚕棚分包”等经营模式，催生了“桑农”“丝婆”职业，提高了当地农民经济收入。很多农户参与栽桑养蚕，依靠弱劳动力养蚕摘掉贫困帽走上致富路。

（4）贵州蚕桑规模稳中求进良性发展

2018年，我省桑园栽培面积22.02万亩。截至2022年，全省规模化桑园栽培面积达32.57万亩，增长47.9%。桑树栽培以农桑和强桑系列嫁接桑为主，桂桑系列杂交桑为辅。主推的几个家蚕品种（如贵蚕1号、贵蚕4号、华康2号、两广二号）年发种量达11.06万张，较2018年（7.18万张）增长54.1%；年产茧5145.05吨，年售茧产值2.23亿元。全省标准化小蚕共育室和大蚕房面积逐步扩大，配套设施逐渐完善，产能稳步提升，年养10张种以上农户5000多户；形成一批具有比较优势的蚕桑生产基地，主要分布在黔北、黔西北、黔东南和黔南等地，其中新蚕区主要集中在黔南布依族苗族自治州荔波、独山、罗甸等热量丰富地区以及毕节市威宁、纳雍等高海拔地区；老蚕区主要分布在毕节市七星关区、遵义市凤冈县等。蚕桑产业分布相对集中，利于我省蚕桑产业标准化、规范化、高质量发展。

（5）蚕桑全产业链趋于完善

脱贫攻坚战推进了贵州蚕桑一二三全产业链融合发展。目前，省内引进培育蚕桑产品加工企业30余家，主要分布于两州两市（黔南布依族苗族自治州、黔东南苗族侗族自治州、遵义市、毕节市），区域布局相对集中；产品加工层次分明，形成多个产学研联盟，产业链逐步完善，产业潜力巨大。随着“桑－旅”模式不断融合增强，桑果采摘、科普教育、休闲旅游、养蚕体验等方式广受欢迎；“桑＋粮”“桑＋菜”“桑＋中药材”“桑＋鸡”等融合发展模式不断涌现，亩桑收益大幅增加；蚕桑资源开发活跃，桑枝食用菌、蚕沙有机肥、削口茧蚕丝被、桑叶面、桑饮品、桑叶面膜等利用渐成气候。

蚕桑生产符合“生态优先、绿色发展”的要求。蚕桑产业链条长、环节多，可容纳劳动力类型多：桑蚕产业链包括种桑、养蚕、采叶、采茧、丝绵加工、缫制生丝、综合利用等等环节，可容纳各种类型劳动力参与（如一些智障人、残疾人，在规范指导下高产地区亩桑养蚕年收入5000多元，其他产业则不具备这种优势）。桑树应用多元驱动，栽培桑树可养蚕、养羊、养牛等；桑树每年修剪的枝条是生产食用菌菌包的极佳原料，还可作压木板等；桑葚、桑叶可做深加工产品，如桑葚膏、桑叶茶、桑芽菜等。蚕桑产业可与文旅融合发展，结合当地旅游实现蚕桑文化和蚕桑美食的多能效附加，符合“西部大开发”和“建设美丽乡村”的产业需求。

## 三、新品种、新技术应用与贡献

2022年，蚕桑产业在新品种培育和技术革新方面取得重要进展，为产业升级提供了核心支撑。新蚕品种的选育与推广聚焦于增强抗逆性、提高产量和优化蚕丝质量，广泛采用了遗传改良和分子生物学技术，显著提升了产业的整体竞争力。同时，集成应用了自动化、智能化养殖系统，以及环保高效的病虫害防控策略，不仅减轻了劳动强度，也确保了生产的可持续性。这些科技创新有效推动了蚕桑产业向高效、环保、高质量发展模式转变，为全球丝绸市场的稳定供应和农村经济的繁荣发展做出了积极贡献。

### 1. 新品种培育推广情况

我省大力推进科技服务及成果转化。由贵州省蚕业研究所创制的家蚕新品种“贵蚕4号”在省内外累计推广152.38万张，平均张种产茧46.08千克，较对照“两广二号”平均张种增产11.42千克，增产率32.95%，总产优质茧7000.74万千克，其中新增优质茧4900.52万千克，农民养蚕新增总产值22.42亿元。总体新增经济效益16.85亿元，新增缫丝及蚕蛹工业经济效益35.81亿元。农业与工业合计新增产值52.66亿元。

### 2. 栽培、养殖最新技术研发与推广

现代化高效饲养技术使得养蚕能够适宜各类人员就业，集中为老弱群体提供就业保障，地方农民养蚕户均年综合收入5.55万元，惠及贫困户983户。在喀斯特非粮食主产区发展蚕业显著改善喀斯特山地绿化面积，提高土地利用效率，取得了显著的社会、经济和生态效益。

### 3. 绿色防控技术与疫病防控技术

家蚕病虫害绿色防控技术：蚕病防治的基本原则是“预防为主，综合防治”。防治最为重要的措施首先是对养蚕环境严格消毒，切断传染源。其次是控制养蚕环境，改善饲养条件，加强饲育管理，这是增强蚕体质、提升蚕抗病力的重要环节。具体来说，一是根据家蚕发育阶段调节室内温湿度，使其偏离病原发育和侵染的最佳环境，有效防止蚕病的发生和蔓延；二是做好蚕种催青保护，大力推行小蚕共育，做到专人专室、专具

专用；三是做到良桑饱食，增强蚕体抗病能力，加强眠起管理，及时饷食。四是培育家蚕抗性品种是蚕病防治最为生态、环保、有效的手段。

桑园病虫害绿色防控技术：桑园病虫害绿色防治的策略是加强桑园病虫害监测，掌握桑园病虫害发生规律，在此基础上采用生态调控、物理防治、生物防治、科学用药等环境友好型方法进行综合防治。具体来说，一是农业生态防治。发展良好生态圈，选育和种植优良桑树品种；发展成片规模化桑园，并在桑园周边设保护行；加强桑园栽培管理；增施桑园有机肥，合理搭配使用高效复合肥，及时喷施叶面肥，促进桑树树势健壮，枝条粗壮结实，提升抗病虫能力；挖除病株，合理轮作。二是物理防治。利用害虫的趋光性，通过杀虫灯诱杀害虫；在桑褐斑病、桑里白粉病、桑疫病等病害发病初期，及时人工摘除“发病中心”病叶，可以控制病原扩散；对桑园害虫进行人工捕杀。三是生物防治。利用害虫性信息素诱杀害虫，无毒、环保、专一性强；利用天敌昆虫对桑园害虫进行防治。四是理化综合防控。病虫害严重时，采取低毒、低残留化学药剂防治，注意农药交替或组合使用，避免害虫产生抗性。此外，还需以物理和生物防治策略配套进行巩固。

4. 机械装备技术

目前，家蚕饲养的机械化应用逐渐成熟。在家蚕饲养过程中，应用智能控温控湿设备可为家蚕精细化饲养提供良好环境。同时，切桑机、桑叶传送带、自动采茧机等设备的使用大大降低了劳动强度。

## 四、贵州蚕桑产业发展对策

围绕提升科技对产业发展的贡献和作用、科技支撑产业发展的情况等，从科技创新、人才团队建设、平台建设、体制机制等方面提出科技支撑产业的展望。

1. 人才队伍建设

依托贵州省蚕业研究所、资源昆虫高效养殖与利用全国重点实验室、广东省农科院蚕业与农产品加工研究所平台吸收和培养优秀人才，加强国内外人才交流，培养核心研究人才和成果推广人才。创新人才引进机制，探索蚕桑产业导师培养方式，实施农技人员特岗计划，针对基层产业发展，加大招考力度，切实解决农技队伍人才缺失问题；在高等院校开设蚕桑专业课程，实施科研及技术推广人员知识更新工程，强化继续教育和技术培训，提升技术人才专业能力。

**2. 科研平台建设**

未来我所将围绕“一中心、三产业带、十五基地县”建设目标（一个中心：家蚕基因组生物学国家重点实验室－贵州高原生态蚕桑研究中心；三个产业带：黔南多批次高效种养产业带、黔北综合利用与文旅结合产业带、毕节生态治理及高品质茧丝生产产业带；十五个蚕桑基地县：罗甸、独山、荔波、凤冈、水城、纳雍、赫章、七星关、大方、织金、剑河、从江、贞丰、安龙、普定），开展特色桑、蚕资源鉴定评价和创制利用；新品种选育、新产品及新技术研发，并重点服务种业创新创制、蚕桑产品加工与品牌化、桑树生态治理三大工程建设。

（1）一个中心

资源昆虫高效养殖与利用全国重点实验室－贵州高原生态蚕桑研究中心（原家蚕基因组生物学国家重点实验室－贵州高原生态蚕桑研究中心）：主要依托资源昆虫高效养殖与利用全国重点实验室团队资源，开展蚕桑应用基础研究，选育各种适应贵州不同条件下的桑树、家蚕品种，研究集成配套种养技术，制定产业发展规划，培养创新型人才。

（2）三个产业带

黔南多批次高效种养产业带：主要布局在罗甸、独山、荔波及辐射区，桑园面积约20万亩，栽培丰产桑品种（强桑5号、农桑14号、桂优2号等），春季和晚秋饲养多丝量家蚕品种（贵蚕4号、贵蚕7号、781×7532等），夏秋季饲养抗病品种（两广二号和华康2号等），推行多批次高效饲养模式，提高蚕桑养殖效率，提升蚕桑效益。

黔北综合利用与文旅结合产业带：主要布局在遵义、凤冈、汇川、新蒲新区等县（市、区）及辐射区，桑园面积约20万亩，种植特色桑品种（强桑1号、强桑5号、农桑8号等），饲养特色家蚕品种（贵蚕10号、781×7532、华康3号、金色211、渝黔黄茧、渝黔绿茧等）。种植果桑品种（无籽大十、红果2号、白玉王等）和观赏性桑树（柳桑、垂桑等），建立桑果采摘基地和蚕桑文化体验馆、蚕桑丝绸博览园等，发展“蚕桑丝绸＋旅游”“蚕桑丝绸＋科普”“蚕桑丝绸＋康养”等新业态。

毕节生态治理及高品质茧丝生产产业带：主要布局在纳雍、赫章、七星关、大方、织金、威宁等，桑园面积约10万亩，在坡度为25°以上坡耕地种植耐瘠、优质桑品种

（强桑 1 号、强桑 5 号、农桑 14 号、女桑等），改善毕节市石漠化。

（3）十五个蚕桑基地县

根据三个产业带的规划，在十五个重点蚕桑基地县（罗甸、独山、荔波、凤冈、水城、纳雍、赫章、七星关、大方、织金、剑河、从江、贞丰、安龙、普定）选择适宜的蚕桑品种，开展“桑＋粮”“桑＋茶”“桑＋药”“桑＋菌”“桑＋鸡”等种养循环模式和经营管理模式，研发区位优势产品，形成各具特色的基地县。

**3. 体制机制建设**

以市场需求为导向，以贵州蚕桑特色资源为基础，通过加工企业建基地、加工品种区域化、加工产品品牌化、企业发展集群化，借助相关政策的大力支持吸引资金和技术，以点连线、以线成网，构建标准化、规模化、品牌化的蚕桑综合开发利用产业体系。

（1）种业创新建设工程

规范建设省级蚕桑种质资源库，引进家蚕和桑树新品种，创制与保存蚕（柞）桑品种资源。建设桑树良种繁育基地和核心蚕种场，集中开展家蚕、桑树资源收集、鉴定及评价，选育实用蚕桑新品种。推进蚕种繁育机械化、智能化改造和桑树良繁基地标准功能分区建设。

| 专栏 1 种业建设工程 |
| --- |
| ◆建设省级蚕桑种质资源库 1 个，引进家蚕新品种 20 个，桑树新品种 10 个，保存家蚕品种资源 100 份，柞蚕品种资源 9 份，桑树品种资源 300 份。<br>◆建设桑树良种繁育基地 5 个，核心蚕种场 1 个，选育、登记蚕桑新品种 6 个；筛选耐旱桑、耐贫桑和菜茶兼用桑等优良品种 3 个。<br>◆示范推广贵蚕 4 号、贵蚕 7 号、贵蚕 10 号等自育品种，实现自育品种的覆盖率 30% 以上，全省良种覆盖率 98% 以上。 |

（2）蚕桑产品加工与品牌建设工程

加强桑叶、桑果、桑枝、蛹油、蛹蛋白、蚕丝蛋白水解物等原料开发和应用，推动蚕桑资源在食品、医疗保健、生物工程等领域的产业化开发力度，延长产业链，提升产业附加值，研制蚕桑新产品。加强地方品牌、企业品牌创建与推介，全面提升贵州本地特色蚕桑高端产品影响力；强化宣传推介，利用国家、省级融媒体平台，依托博览会、农产品交易会等省内外会展资源，宣传展示蚕桑新产品、新技术，促进贸易交流与合作，打造贵州特色蚕桑品牌。大力发展“蚕桑＋旅游”“蚕桑＋科普”“蚕桑＋康养”等新业态，深挖各地蚕桑丝绸旅游资源和文化底蕴，支持有条件的区（县）和企业发展商旅文融合产业，规划建设蚕桑丝绸类旅游产品路线。鼓励支持开展蚕桑生产、丝绸技艺研学旅游，建设集现代农业示范、科技研发、品种推广、生态休闲为特色的蚕桑生态休闲园，打造以蚕桑文化、丝绸文化为主题的蚕桑丝绸博物馆、蚕桑丝绸文化小镇、蚕桑主题科普教育基地，形成一批具有代表性的蚕桑丝绸文化旅游景点。在加强蚕桑丝绸文化传承教育的同时，推动丝绸传统文化向产品和服务转化，进一步巩固现有蚕桑丝绸品牌的美誉度，扩大知名度，做好现有知名丝绸品牌及地理标志产品的维护和提升。

| 专栏 2 加工与品牌建设工程 |
| --- |
| ◆研制蚕桑新产品 3 个。<br>◆引进培育龙头企业 3 家。<br>◆打造贵州特色蚕桑品牌 1 个。 |

（3）桑树生态治理工程

积极引导石漠化地区和矿区复垦区域栽种桑树，在重金属严重污染土壤上改种桑树，加快探索桑树对重金属污染土壤的生态治理与二次污染防控技术研究。通过种桑养蚕稳步推进石漠化治理、矿区复垦和重金属污染土壤的生态治理。力争在石漠化山地、矿区复垦区、重金属污染土壤建立种桑养蚕试验示范基地，形成具有贵州产业特色的以蚕桑产业链为纽带的土壤生态治理安全利用模式。

| 专栏 3 桑树生态治理工程 |
| --- |
| ◆建立 100 亩以上桑树生态治理试验示范基地 10 个。<br>◆示范面积 1000 亩。<br>◆石漠化地区面积减少 10%。<br>◆集成优质、抗旱保水、病虫害绿色防控等桑园管理技术规程三套。 |

执笔人：邢丹 叶占峰

# 贵州蜂产业科技发展报告

◆贵州省农科院畜牧兽医研究所、现代农业发展研究所

## 一、蜂产业发展概述①

蜂产业是现代农业的重要组成部分，是农业生态平衡不可或缺的链环，在国民经济发展中起着独特的作用。中国在世界蜂业的地位毋庸置疑，养蜂数量、蜂蜜产量和出口量稳居全球第一。2023年，全国蜂群量1440万群，占世界蜂群总量的15%，蜂蜜总产量47万吨，蜂产品出口量15.65万吨，占世界蜂蜜产量的1/4以上。"十三五"以来，我国饲养的主要蜜蜂品种中华蜜蜂（以下简称"中蜂"）和意大利蜜蜂（以下简称"意蜂"）种群数量显著增长，蜜蜂授粉、智能化养蜂、蜂旅融合等产业快速发展；国内蜂业科技，包括育种、养殖及蜜蜂生物学等方面取得明显进步。近年来，随着国家乡村振兴发展战略的全面推进，我国蜂业逐步实现从生产到销售的全面转型与可持续发展。

### （一）国内蜂产业发展概述

中蜂是我国的当家蜂种，已在中华大地生息繁衍数千万年，是各种被子植物的主要传粉昆虫。然而，自意蜂20世纪20年代大量引入后，我国中蜂种群数量陡然下降，分布区域日益缩减，全国蜂产业由意蜂主导，中蜂产业一度停滞。2008年，国家建立现代蜂产业技术体系，在全国设立20名岗位科学家和20个综合试验站，为我国蜂产业科技腾飞和可持续发展奠定了坚实基础。经过16年的努力，我国蜂群数量、养蜂技术水平、蜂产品质量均有了较大提升。截至2023年12月，我国蜂数量由2006年的730万

① 杨磊、曾志将、彭文君：《2022年我国蜂产业现状、发展趋势与建议》，《中国畜牧杂志》2023年第3期。

群扩增至 1440 万群。其中，中蜂由 2006 年的不足百万群扩增至 700 万群，全国蜂业结构由外来蜂主导转变为中意蜂均衡发展；蜂蜜总产量由 2006 年的 29.3 万吨提升至 2023 年的 46.7 万吨，人均饲养规模在 200 ～ 350 群，单群中蜂年平均产蜜量约为 5 千克，少部分较高的为 10 ～ 15 千克，单群意蜂的年平均产蜜量约为 50 千克；此外，我国生产的蜂蜜多次荣获国际蜂联大奖赛荣誉，2023 年 9 月，中国三款蜂蜜从 160 个参赛蜜中脱颖而出，获 2 金 1 铜，成为本次大赛获奖数量最多的国家。

我国在蜜蜂育种、养殖、授粉等技术方面也取得良好进展，并广泛应用于全国蜂业生产工作中。蜜蜂育种：我国各研究所、蜂学专家协同合作，从现有各品种蜜蜂中收集、选育繁殖力强、采粉性强、蜂蜜产量高的近交系蜜蜂，应用蜜蜂人工授精技术进行提纯、育王、近交系保存等，并组配授粉蜂种，开展蜂种繁殖性能测定、经济性状测定与授粉特性观察。新培育的授粉蜂种花粉采集能力较本地饲养的意蜂提高 12.6%，繁殖力和产密量分别提高 15.1% 和 38.1%，越冬蜂死亡率和饲料消耗分别降低 21.3% 和 21.9%。

高效养殖：主要集中在降低养蜂生产中的劳动力投入，如集约化中华蜜蜂室内蜂群繁殖方法、自动化饲喂、新型中蜂箱等方面。蜂产业技术将向多信息协同分析、蜂群与环境数据结合研究和养殖智能辅助决策等方面进行研发，逐步向信息化、智能化方向发展，尤其是在蜂群监测方面发展迅速。蜜蜂授粉：目前，市场化应用的授粉蜂以熊蜂为主，熊蜂授粉可显著提高番茄亩产 17.6%，畸形果率降低 9.2%；提高黄瓜产量 9.3%；提高草莓的单果重及营养物质的含量，与人工授粉相比，草莓畸形果率降低了 33.35%，可溶性固性物（12.80%）、可溶性糖含量（11.22%）、维生素 C 含量（81.33 毫克 /100 克）均显著高于激素授粉和人工授粉。

### （二）国内蜂产品生产与贸易概述

我国是蜂产品生产与出口大国。近年来，我国蜂蜜年产量基本稳定在 50 万吨左右，在国际市场上，占亚洲地区总产量的 55% 左右，约占世界年总生产份额的 27%，连续数年都是全球排名第一的蜂蜜生产大国。2023 年，我国对 92 个国家和地区出口蜂蜜 15.26 万吨，出口金额 2.5 亿美元，同比下降 2.1% 和 8.4%，出口前五的国别为英国、日本、比利时、波兰和西班牙。蜂蜜出口价格差异较大，以椴树蜜为例，根据纯度不同，椴树蜜出口价格浮动在 1.3 万元 / 吨～ 1.9 万元 / 吨。蜂王浆：2023 年，我国向 68

个国家 / 地区出口蜂王浆 1036 吨，金额 3275 万美，同比下降 9.84% 和 13.09%，出口前五的国别为日本、西班牙、法国、美国和泰国。蜂花粉：2023 年，我国向 41 个国家 / 地区出口蜂花粉合计 2507 吨，金额 1054 万美元，同比下降 21.0% 和 28.95%，出口前五的国别为韩国、美国、日本、波兰和墨西哥。其他：2023 年，我国向 46 个国家 / 地区出口其他蜂产品合计 339 吨，金额 784 万美元，同比增长 0.2% 和 1.7%，出口前五的国别为澳大利亚、美国、日本、德国和西班牙。

## （三）贵州省蜂产业发展概述

贵州省以中蜂和意蜂饲养为主，还兼顾胡蜂、熊蜂等饲养。目前，贵州蜂产业在政策扶持、技术革新与品牌建设共同助力下，进入了全省养蜂单位大联合、大发展的阶段。依托生态资源，推进现代化养殖、优化蜂种、智能养蜂等技术的应用，蜂产业已然成为全省农村经济的新增长点，成为县域经济的重要组成部分，开辟了乡村振兴的 " 甜蜜 " 路径，实现生态与经济的双赢。

（1）蜂群数量及养殖方式

截至 2023 年年底，贵州省有蜂 90.96 万群，约占全国蜂群总量的 6.31%，其中中蜂 84.35 万群，占全国中蜂总量 12.57%，意蜂 6.61 万群，占全国意蜂总量 0.86%。中蜂在各市（州）均有分布，以北部遵义地区和东南部居多，其中遵义市 33.97 万群、黔东南苗族侗族自治州 17.35 万群、毕节市 8.84 万群、铜仁市 6.88 万群、六盘水市 6.17 万群、黔西南布依族苗族自治州 5.34 万群、安顺市 4.44 万群、贵阳市 3.41 万群、黔南布依族苗族自治州 4.57 万群。意蜂零星分布在铜仁市德江县、黔西南布依族苗族自治州兴仁县等地。另外，全省登记注册蜜蜂养殖场 499 家，合作社 312 家，产品加工及销售企业 123 家。根据贵州省产业发展规划，预计 2025 年建设蜂产业省级示范基地 8 个，养蜂面积达到 170 万亩，养蜂规模达到 120 万箱，实现产值 62 亿元。

全省以定地养蜂为主，小转地养蜂为辅，兼有少量大转地养蜂作为饲养的主要形式，活框饲养技术是当地蜂农采用的主要生产方式。大部分边远山区的散养小户不转地，养殖方式以传统养殖为主，结合部分活框饲养。而大转地的基本为意蜂养殖户，分散在贵州省中部、西部和南部。近年来，部分企业和消费者通过互联网平台开展云养蜂，以贵州夫子蜂农业科技有限公司和贵州杨氏蜂业生物技术发展有限责任公司为例，

2023 年认养模式涉及消费者 430 人，这一模式或成为中蜂养殖高端蜂蜜销售方式之一。

（2）主要蜜源植物种类及分布

典型的山地地貌与立体农业气候特征，赋予了贵州蜜源植物多样性丰富的特点。目前，贵州蜜源植物花期从 11 月中旬至次年 2 月，蜜质好，储量大，夏季的蜜源集中在黔北，冬季的蜜源集中在黔中与黔东南。据调查，全省共有蜜源植物 293 种，其中栽培蜜源植物 53 种，野生蜜源植物 243 种，种类繁多，既有乔木、灌木、藤本，也有多年生和一年生草本。主要蜜源植物按季节分，春有油菜、紫云英、紫花苜蓿、蓝莓、洋槐、柑橘等；夏有白刺花、插田泡、悬钩子、野蔷薇、拐枣、小果冬青、石楠、荆条、乌桕等；秋有荞麦、五倍子、野藿香、胡枝子等；冬有鹅掌柴、柃木、枇杷等，仅柃属类植物多达 18 种，整体而言，贵州每年有 4 个主要蜜源期，除蓝莓外，贵州省春、秋两季主要蜜源在全省均有分布。此外，全省有大面积果树以及丰富的绿化植物。整体而言，贵州野生蜜源植物种类和数量均出现正向变化，养蜂条件优于过去，呈现两个趋势，即传统油料作物面积减少，新型经济作物面积增加，野生草本类蜜源植物减少，城市绿化蜜源植物增加。

（3）蜂产品产量、加工及市场概况

产量：根据贵州省农业农村厅、贵州省养蜂学会、贵州省蜂产品协会调研后统计，2022 年全省蜂蜜产量 0.3621 万吨，2023 年群均产蜜量为 4.5 千克 / 群，较 2020 年群均产蜜量 3.98 千克 / 群提高 0.52 千克，单价 50 ～ 150 元 / 千克。部分企业蜂蜜积压进而降价销售，销量总体较 2022 年偏好，但仍存在产品认可度不高、销售困难等问题。

加工：部分地区全封盖蜜脾蜂蜜波美度达不到 43 度的，将蜜脾统一收集到干燥室内进行仿蜂群自然脱水。目前，贵州省蜂蜜加工技术也随着全国生产趋势更新，2021—2022 年紫云县、正安县新建的蜂蜜加工基地均采用低温浓缩加工技术，收购农户生产的分离蜜进行加工。2023 年贵州夫子蜂农业科技有限公司建成规范化的仿蜂群自然脱水模式蜂蜜采收车间。目前，贵州省养蜂大县正安县已广泛推广成熟蜜生产技术，蜂农将浅继箱封盖蜜脾运回室内，经过干燥后再摇蜜，以此提高蜂蜜浓度。

市场：总的来说全省蜂产品相对单一，以蜂蜜和种蜂群为主，贵州北部为种蜂群主产区。近年来，蜂产业新的销售方式多样化。一是多产业融合，打造蜂旅一体化。结合林地、蜂场、景观、特色蜜源、地方文化等因素开发以蜜蜂科普、智慧蜂场、摇蜜赏花、采摘体验为主题的旅游产品将成为新的经济增长点，尤其是以小企业为代表的果园、蜂场。随着代养蜂群、订购蜂蜜、现场体验、城市蜂业等活动的兴起，养蜂将成为多产业融合的链接点，因此带来的休闲观光收入占比增加。二是蜂业企业开发袋装蜜、勺装蜜等便携式的新型包装，以及瓶装“蜂蜜水”饮品，贵州夫子蜂农业科技有限公司、贵州苗疆蜂业科技发展有限公司等蜂企在2023年建成了“蜂蜜水”生产线，推出了各自品牌的“蜂蜜水”产品。

（4）授粉概况

贵州省受地形地貌、温度气候及授粉昆虫种类丰富等因素影响，蜜蜂授粉业一直处于落后状态。长期以来，除油菜作物以蜂农转地放蜂采蜜传粉以外，全省蜜蜂授粉业基本是空白。2015年贵州省农科院以蓝莓为切入点，开展蜜蜂授粉试验示范研究，发现经中蜂为蓝莓授粉可提高坐果率20%以上，蓝莓亩平均增产26.47%，果实可溶性固形物（13.85%）与维生素C（12.75毫克 / 克）分别为无蜜蜂授粉的1.5～2.2倍，经中蜂授粉的蓝莓果实失重速率相对缓慢，好果率提高25%，有效稳定蓝莓品质，延长蓝莓贮藏保鲜期。经过连续多年的示范推广，目前以麻江县为核心的蓝莓种植基地均在花期引入蜜蜂为其授粉，一方面增加蓝莓产量，另一方面采收商品蓝莓蜜。作为一项双赢的产业，地方政府高度重视，大力发展林下经济，深入推动蜂 – 莓产业深入融合。目前，贵州蜜蜂授粉业初具雏形，多数种植者开始认识到蜜蜂授粉的益处，开始逐渐接受蜜蜂授粉或主动联系蜂农开展授粉，例如枇杷、蜂糖李、油菜制种等。

## 二、蜂产业科技发展

蜂产业科技近年来聚焦智能化、高效化与透明化发展。智能蜂箱通过环境监测优化养蜂管理，遗传改良技术培育强健高产蜂种。高效提取及过滤技术在保持蜂蜜纯度与营养上展现成效，而区块链技术的运用则极大增强了产品从源头到消费终端的可追溯性与信任度。这些综合科技应用不仅提升了蜂产业的整体效率与产品品质，也促进了消费者对蜂蜜产品的信心与市场需求的增长。

## （一）国内外蜂产业科技发展

近年来，蜂产业科技发展聚焦于提升产品质量与安全性，科技创新成为关键趋势。国内蜂蜜市场持续增长，产业逐步转型升级，应对产品同质化挑战，力求通过技术创新增加产品附加值；国外蜂产业在科技应用上取得新进展，侧重于智能养蜂技术的革新与蜂蜜追溯系统的建立，不仅提升了蜂蜜生产的效率与质量监控水平，还进一步增强了消费者对产品的信任与市场的接受度。此外，新型加工技术与产品多样化研发成为推动产业升级的重要动力。

### 1. 国外蜂产业科技发展

蜜蜂是生态系统不可或缺的一环，被多国列入国家战略计划。目前，遗传资源、病虫害预警、特色蜂蜜溯源是世界蜂业发展的重点。欧美多国通过保护地方野生蜂资源，修饰蜜蜂肠道微生物，筛选、鉴别独具优良性状的蜂种。同时，开发 RT-PCR、ELISA 等检测手段，高效预防主要蜂病。利用质谱色谱、代谢组学等方法明确麦卢卡、ERICA 等特色蜂蜜的特征，实现了产地溯源。然而，国际上对蜜蜂的研究多集中在西方蜜蜂，对中蜂关注较少。

### 2. 国内蜂产业科技发展

（1）遗传育种

为探索东方蜜蜂在我国地理环境下的遗传分化和遗传资源分布，从我国所有东方蜜蜂分布区 102 个采样点共采集 6147 头东方蜜蜂工蜂，测定与翅、个体大小、后足和体色相关的 33 个形态特征，进行多变量形态统计分析，划分形态类群，同时对分出的不同东方蜜蜂类群的形态特征及分布模式进行分析。结果表明，我国东方蜜蜂分为 14 个形态类群，有 5 个类群具有较小的个体大小。海南类群个体最小，其次为滇南类群、台湾类群、南方类群和北方类群。这 5 个类群之间在吻长、前翅长、前翅第三亚缘室结构、体色和蜡镜长上存在显著差异。长白类群具有最大的肘脉指数、蜡镜和第 5 背板绒毛带宽，西藏波密类群具有全国最小的第五背板绒毛带宽，西北类群具有最长的后足。川西高原的 5 个形态类群具有个体大、体色黑等特点。其中，巴塘类群肘脉指数（3.0169）全国最小，个体大小全国最大。阿坝类群具有仅次于长白类群的肘脉指数，且翅长和第七腹板最大。德荣类群体色最黑。雅江类群具有独特的翅脉角。川滇类群在川西高原个体最小。研究结果为中国东方蜜蜂遗传资源的保护和遗传资源的开发利用提供了理论基础。

（2）蜜蜂生物学

我国蜂业科学家深入研究采集蜂的采集和跳舞行为，同时检测和干扰采集蜂在采集和信息交流循环关键阶段的脑部生物胺信号，研究成果 *Food wanting is mediated by transient activation of dopaminergic signaling in the honey bee brain*、*Social signal learning of the waggle dance in honey bees* 先后在 Science 上发表，成果揭示了蜜蜂（昆虫）拥有与哺乳动物类似的多巴胺调控的食物欲望系统，以及蜜蜂的社会学习同样塑造着蜜蜂的信号传递。该研究为蜜蜂采集性状相关的分子基础研究和优良蜂种培育提供了新的思路，为高等动物乃至人类基本生理需求食物欲望的比较进化研究提供了创新性的重要科学证据，也为人类多巴胺相关的生理心理和学习记忆障碍等健康问题研究提供了新的生物模型。

我国专家揭示了中蜂雄蜂与蜂王生殖腺的基因表达差异。从中蜂精巢与卵巢中共鉴定出 5312 个差异表达基因，其中 2668 个基因在精巢中表达上调，2644 个基因在卵巢中表达上调。并鉴定了 11 个与性别决定和精子卵子发生相关的候选基因。这些差异表达基因可以归类到 1458 个 GO 功能类别和 132 个 KEGG 通路，其中有 4 个 GO 条目和两个 KEGG 通路显著富集。这些结果为研究中华蜜蜂繁殖的分子机制提供了有价值的基因表达信息。

DNA 序列的多态性是研究蜜蜂种质资源进化和遗传育种等领域的重要分子标记。国内学者对所在地区的中蜂的遗传多样性进行了分析比较，并对分子标记微卫星等参数稳定性进行研究，发现浙江省东方蜜蜂可能经历了群体扩张事件，特别是杭州、宁波等地的东方蜜蜂与周边其他地区东方蜜蜂在遗传分化上存在一定程度的区别，表明东方蜜蜂的遗传多样性可能与其长期生存在特定地区相关。

此外，雄蜂精液保存技术是蜜蜂种质资源保护与开发利用的重要配套技术之一，同时结合蜜蜂人工授精技术，合理地高质量储存和使用雄蜂精液可以缩短蜜蜂新品种培育所需时间。此外，国内学者系统地总结了蜜蜂转基因与克隆、分子遗传标记在蜜蜂遗传育种中的应用。唐相友等利用全基因组重测序技术对青藏高原东缘、东南缘及邻近地区东方蜜蜂样本进行群体遗传多样性与适应性进化研究，结果表明来自川西高原、藏南高原、滇北高原和川北高原等 4 个高原型东方蜜蜂分属于两个进化分支，平均遗传分化指数高于非高原型种群的遗传分化指数。

（3）蜜蜂授粉技术

农业农村部《关于加强蜜粉源植物保护和扩大种植规模促进蜂业持续健康发展的建议（农办议〔2022〕102 号）》中明确指出，加大对蜜粉源植物保护力度，引导蜜粉源植物种植布局向优势产区集中，强化技术支撑服务，推进标准化生产，继续贯彻落实科学绿化理念，指导各地科学规划、合理布局，因地制宜培育蜜粉源植物在内的乡土树种，为蜂业创造良好的发展环境，实施蜂业质量提升行动，持续推动蜂业持续健康发展。截至 2021 年 9 月，经国务院批准，国家林草局和农业农村部发布了修订后的《国家重点保护野生植物名录》，保护物种数量增至约 1200 种，加大了对鹅掌楸、紫椴等蜜粉源植物的保护力度。2022 年，蜂业质量提升行动支持范围扩大到 14 个省区，中央财政新增资金用于蜂授粉技术推广和市场培育，推广集中连片蜂授粉基地，扩大高效蜂授粉专业服务市场规模。

近年来，国内蜜蜂授粉的研究多集中在油菜、苹果、梨、露地西瓜、甜瓜、设施草莓、大田蓝莓、油茶、白刺花、蓝莓、猕猴桃和茶叶等作物的授粉效果和对果实品质影响的研究上，研究结果均表明，蜜蜂授粉后油菜增产 10% ～ 47.5%，苹果增产 5% ～ 30%，梨树增产 15% ～ 30%，同时蜜蜂授粉可以显著提升果实品质和果实产量，对提升农产品的品质和口感均具有显著效果。此外，现代农业产业技术体系横向协助，从国家层面开展蜜蜂授粉关键技术攻关，解决大豆、苜蓿、番茄、向日葵等作物授粉中存在的授粉效率低、成本高等问题，实现农作物高效授粉。

（4）蜜蜂病害防控

科技人员长期开展蜂蜜病虫害绿色防控技术攻关，依托国家蜂产业技术体系这一平台，系统调查和监测蜜蜂病虫感染、农药中毒等情况，并对其开展风险评估，定期发布。中国农科院蜜蜂所专家通过模拟蜂巢氟氯苯氰菊酯可能的暴露途径，研究了杀螨剂氟氯苯氰菊酯对蜜蜂的暴露风险。明确了低剂量的氟啶虫胺腈对蜜蜂的急性毒性，发现亚致死剂量的氟啶虫胺腈并不会对蜜蜂造成明显的死亡，对蜜蜂的取食量无显著影响，但对蜜蜂的生理和神经功能都产生了一定的影响。

（5）蜂蜜鉴别

国内研究人员采用液相串联高分辨质谱技术结合化学计量学方法，构建指纹图谱和化学计量学模型，实现了中蜂蜜和意蜂蜜的昆虫学来源鉴别。通过筛选潜在特征标志物，并利用质谱结构对特征标志物进行解析，确证特征标志物，同时采用液相色谱三重四级杆串联质谱建立特征标志物定量分析方法，进行靶标定量。在此基础上利用大量中蜂蜜和意蜂蜜进行验证，最终确定吲哚-3-乙酸甲酯和3-氨基-2-萘甲酸为中蜂蜜的特征标志物，犬尿喹啉酸为意蜂蜜的特征标志物，并确定了特征标志物浓度范围，实现了中蜂蜜和意蜂蜜的鉴别。该研究提出了中蜂蜜真实性鉴别的新方法，为我国蜂蜜真实性提供了新的研究思路。

## （二）贵州蜂产业科技发展

当前，蜂业已成为全省农村经济的新增长点，成为县域经济的重要组成部分，在乡村振兴工作中发挥了重要作用。智慧养蜂、品种改良、标准化生产、产品创新、电商拓展以及生态养蜂共同推进，不仅提升了蜂蜜质量和产量，还促进了产业链升级和市场扩展，为可持续发展奠定坚实基础。

### 1. 蜜蜂遗传多样性

2015年以来，贵州农业科学院先后收集中蜂样本1300余份，利用三种分子标记分析了梵净山、雷公山等自然保护区中华蜜蜂遗传背景。目前，新发现和上传单体型149条。同时，基于线粒体tRNAleu～COII和COI基因片段对贵州中蜂群体遗传分析，发现贵州东部和西部的中蜂存在中度遗传分化，且西部中蜂的遗传分化与温湿度因子呈显著性正相关。值得强调的是，研究人员对石漠化地区的中蜂开展研究，并在tRNAleu～COII、COI片段上分别发现13种和20种新单体型，单体型多样度为0.6131和0.6669，核苷酸多样度为0.00206和0.00148，平均核苷酸差异为0.724和1.185，结合其形态指标，发现贵州石漠化地区的中蜂经过漫长进化，无论在形态还是遗传上均与其他地区的中蜂表现出显著差异。表明贵州省本土蜜蜂遗传多样性在全国范围内处于较高水平，主要归功于蜂群数量大和饲养方式原始，贵州西部的蜜蜂呈现中度遗传分化，与所处小环境的温湿度密切相关。该研究结果从线粒体遗传标记角度系统揭示了贵州本土中蜂遗传现状，为蜜蜂种质资源保护和合理开发利用提供了理论基础。

### 2. 蜜蜂健康高效养殖

贵州省蜂产业发展以中蜂为核心，2015 年以前传统养殖占比仍然不小，经过近十年的技术推广应用，目前，全省以现代养蜂技术为主。全省养蜂科技以贵州省农科院为主要技术依托单位，该院以国家蜂产业技术体系、中国养蜂学会、贵州省养蜂学会等平台为依托，与省农业农村厅及地方相关单位通力合作，在全省开展中蜂健康高效养殖技术集成与示范。同时，基于中蜂群体遗传研究结果，从现有传统养殖蜂群中筛选出群势强、抗性强的蜂作为核心种蜂群进行扩繁，建立“中蜂良种蜂群高效扩繁技术规程”并进行推广应用。该规程规范了良种蜂群的基本特征、获取途径和高效扩繁方法，明确了以人工育王为培育蜂王的主要方法，规范了人工分蜂的适宜时期、群势以及详细的分蜂操作。此外，在全省建立 5 个示范县，24 个示范蜂场，定期监测病虫感染情况，大力推广中蜂囊状幼虫病快检方法、巢虫生物防治方法，效果显著，大幅提升了贵州省养蜂技术水平。

### 3. 蜜蜂授粉

贵州省蜜蜂授粉业一直处于落后状态。2015 年贵州省农科院以蓝莓为切入点，开展蜜蜂授粉试验示范，经过近 10 年的积累，已形成由授粉蜂群培育、授粉蜂箱改良、蜂群病虫害绿色防控、优质蓝莓蜂蜜生产等关键技术为核心的中蜂蓝莓授粉技术体系，并在全省广泛应用。截至 2023 年，全省推广该技术 10 万群以上，覆盖蓝莓 20 万亩以上，同时同步生产蓝莓蜂蜜，将贵州建设成为全国第一个可规模化生产商品蓝莓蜂蜜的省份，产品特色鲜明，深受消费者喜爱。2021 年以来，贵州农科院蜂蜜研究团队以贵长猕猴桃为对象，以中蜂传粉为手段，对贵州省猕猴桃授粉业现状和猕猴桃花的散粉泌蜜规律进行了调查，并在此基础上开展了粉蜂箱改良、授粉蜂种选择、田间放蜂实验等研究。研究结果表明，利用华中中蜂 + 标准箱 +4.7 毫米巢房巢脾为猕猴桃授粉，相对于人工授粉，可提高其坐果率 17.69%%，结实率 26.9%，同时降低畸形果比率，改善果实外观性状。此外，该研究团队在凤冈县、播州区、黔西市、兴仁市、德江县、正安县等地，集成示范“蜜蜂油菜授粉技术”，连续两年现场测产，结果表明，引入课题组研发的授粉技术，可提高大田油菜亩产 16.29%，促进蜂农粮农双丰收。目前，贵州蜜蜂授粉业初具雏形，多数种植者开始认识到蜜蜂授粉的益处，开始逐渐接受蜜蜂授粉或主动联系蜂农开展授粉。

#### 4. 成熟蜜生产

蜂蜜成熟度低是贵州中蜂蜂蜜的主要缺陷之一，直接导致蜂蜜品质不稳定、贮藏期短、口感不佳。针对该问题，贵州省农科院集中力量对中蜂成熟蜜技术进行攻关，多次实践应用表明，强群饲养 + 浅继箱应用，可显著降低蜂蜜含水量。连续多年测产结果显示，与传统单箱体生产技术比较，该技术能有效提高蜂蜜产量 30% 以上，蜜蜂单群增产 3.8 千克；提高蜂蜜波美度 1 度以上；增加蜂群子脾面积，有利于流蜜期蜂群群势发展。目前该技术已成为优质蜂蜜生产的主推技术。

### （三）贵州蜂产业发展趋势与机遇

2021 年 7 月，中共贵州省委、省政府印发《关于加快推进林下经济高质量发展的意见》，并编制全省林下经济“十四五”发展规划，明确将蜂产业作为林下经济的重要组成部分，在全省大力发展。规划至 2025 年，全省林下养蜂面积达 170 万亩，林下养蜂规模达 120 万箱，实现产值 62 亿元。在地方政策、资金的支持下，2023 年贵州省蜂产业呈现如下发展趋势。

#### 1. 发展速度减缓，规模适度控制

2023 年是实施“十四五”规划的重要之年，关系到全省是否能在 2025 年达到规划目标。在 2022 年 90 多万群的基础上，全年蜂群数量保持缓慢增长的趋势，2023 年贵州省蜂群数量呈现出规模化养殖减少，分散式蜂场增多，蜂群单产提升，总量变化不大的趋势。2024 年，全省蜂业在此基础上，着重以生态优先、市场优先、适度规模作为主要发展思路。

#### 2. 持续优化产业布局，打造养蜂产业带

根据全省蜜源分布与现有养蜂基础，重点打造北部、东南部中蜂产业带，西部蜂群保育带。其中，北部以养蜂基础良好的正安、桐梓、道真、务川、凤岗等县为中心，品种选择华中型中蜂。东南部以蜜源丰富的台江、雷山、麻江、德江、江口、松桃、印江等县为重点，品种选择华中型中蜂。西部以威宁、纳雍、赫章等县为中心，持续开展云贵高原型中蜂的保育与开发利用。

#### 3. 授粉规模扩大，经济效益提升

随着近年来蜜蜂授粉技术的普及，蓝莓、油菜、草莓等作物增产效果显著。在地方

蜂业管理机构、行业协会的大力宣传下，蜜蜂的生态和经济价值逐渐得到涉农企业和农户的认可，当前蜂业不仅成为地方特色农业产业，也成为乡村振兴的有效措施。2023-2024年，仅贵州省正安县就建立“蜜蜂油菜授粉示范基地”36个，示范推广蜜蜂授粉技术5万亩，实现全县油菜亩产提升3.5%以上。

#### 4. 培育龙头企业，加强示范引领

摆脱养蜂“小打小闹”个体经营为主的现状，以龙头企业为引领，联合乡村合作社和农户，完善合作关系，共享信息、技术和生产经验。持续对遵义市、毕节市、黔西南布依族苗族自治州、黔南布依族苗族自治州建设的两个市（州）级示范基地及六盘水市、铜仁市、安顺市、黔东南州、贵阳市建设的一个市（州）级示范基地开展技术指导，发挥净化本地种源、繁衍育种、提供技术培训、构建技术合作交流平台的作用。

#### 5. 加强产品研发，拓展产业发展空间

全省以中蜂养殖为主体，逐步探索增加意蜂养殖规模。在现有产品的基础上，加大产品研发力度，开展蜂蜜酒、蜂蜜饮料等重要产品研究，提升产业附加值。支持铜仁市“中国蜜都”建设，加快整合全省蜂业资源，打造蜂产业一体化改革升级大数据平台，促进蜂业向标准化、规模化、智能化、现代化发展。

## 三、新品种、新技术应用与贡献

国家蜂产业技术体系近年加大对成熟蜂蜜生产技术的示范与推广，在全国养蜂主产区建设成熟蜂蜜生产示范基地170余个，促进了我国成熟蜂蜜的生产水平。同时，针对蜂蜜产品检测，气相色谱、液相色谱和质谱联用更加成熟有效。以单花蜜为对象，挖掘特色蜜中所含特殊生物活性成分，建立相应的产品特征性成分鉴别与溯源方法，进一步提升产品附加值。相关研究团队基于液相串联高分辨质谱（LC-HRMS）和数据后处理技术，开发了一系列适用于蜂蜜产品中农、兽药等污染物的筛查鉴定方法，可显著提升蜂蜜产品质量安全检测的准确性和实用性；基于热敏组分以及蜂蜜自然成熟过程中相关代谢物的变化，形成了以$\alpha$-二羰基化合物等为指标的成熟蜂蜜鉴别方法；构建了细胞模型和动物模型，用于评价蜂蜜产品特色组分的功能活性机制，为开发功能性食品、提高蜂蜜产品多样性和附加值等奠定了基础。

贵州省农科院蜜蜂研究团队采用 GC-MS 非靶向代谢组学对贵州蓝莓蜜、野蔷薇蜜、荆条蜜等特色蜜进行代谢物聚类、功能富集分析，并筛选差异代谢物及功能注释。结果表明，2- 酮丁酸和 3- 己烯二酸分别是蓝莓蜜和野蔷薇蜜的特征性物质，为鉴别蜂蜜真假、蜂蜜溯源识别提供了科学证据。2022 年，该团队建立了五倍子蜂蜜中植物化合物高效液相色谱分离检测方法，并通过 HPCL-MS、GC-MS、NMR 等方法，鉴定出五倍子蜂蜜中含有的 7 种化合物成分，发现其中的“五倍子素”[(1E,4E)-1,5- 二苯基戊 -1,4- 二烯 -3-O- 肉桂酰基肟 ] 为五倍子蜂蜜特有，基于以上 7 类特殊植物源化合物，团队构建了贵州省五倍子蜂蜜标准指纹图谱，并将其用于五倍子蜂蜜真实性及品质评价。

## 四、贵州蜂产业发展对策

2023 年，贵州蜂产业聚焦于品牌强化、市场拓展、遵循最新政策引导与标准化建设，结合地区生态特色推动产业革新，并积极响应市场多元化需求，综合施策，实现了产业升级与国际竞争力的显著增强，为行业的长期繁荣与绿色发展奠定了坚实基础。

### 1. 规范蜜蜂引种，加强蜜蜂良繁体系建设

从省级层面出台文件，限制跨区域中蜂引种，保护发展我省地方优良蜂种。严格按照《贵州省种畜禽生产经营许可证审核发放办法》引导有条件的企业办理蜜蜂良种生产经营许可证，规范蜜蜂良种生产经营，为本地区蜂场、蜂农提供优良蜂群和蜂王。加强我省蜜蜂遗传资源的保护和利用，因地制宜建设云贵高原中蜂和华中型中蜂保种场，保护我省地方优良蜂种。分别在遵义市、黔东南苗族侗族自治州、毕节市建立中蜂蜜蜂良繁场，在养蜂重点县开展蜜蜂良种补贴，挖掘本地中蜂遗传和生产潜能，加强提纯复壮，选育优良地方品种，加快繁育，为当地养蜂（场）户提供良种蜂群，健全我省蜜蜂良繁体系。

### 2. 摸清蜜源资源状况，建设优质蜜源基地

开展我省主要蜜源植物普查，摸清蜜源资源状况。结合我省退耕还林、石漠化治理等项目，根据不同海拔气候和不同季节，优化蜜源植物时空区域布局，大量营造和建设优质蜜源基地，扩大主要蜜源植物的种植面积，确保一年四季蜜源丰富充足，切实提高

全省蜜源基地载蜂量。重点建设黔西市、兴仁市、西秀区、播州区优质油菜蜜源基地，麻江县优质蓝莓蜜源基地，威宁县、赫章县、纳雍县优质藿香蜜源基地、松桃县、从江县、黎平县等优质野桂花（柃木）蜜源基地，正安县、务川县、德江县、荔波县等优质五倍子蜜源基地。

### 3. 重视规划，科学发展林蜂产业

“十四五”以来，贵州蜂产业以林蜂为重要切入口，强调适度规模，以小场多点为推广模式，但发展速度仍然很快。各级政府、企业等机构应汲取前期经验教训，客观认识贵州蜂种资源与蜜源资源的优势和不足，客观分析蜜源林的可利用性和蜜源分布的不均衡性，科学规划林蜂产业。整体而言，应立足贵州优势蜜源，结合草本、灌木、乔木、养蜂技术、人才等资源，综合衡量各地载蜂量，本着生态优先、市场导向的原则发展林蜂产业。同时，在高效利用天然蜜源林、经果林等资源的同时，积极开发地方优质的蜂产品，促进全省林下经济高质量发展。

### 4. 蜂蜜产品加工及品牌建设

扶持培育蜂蜜产品龙头企业，引进国内大中型企业参与我省养蜂产业链建设，培育和壮大蜂蜜产品省级龙头企业。引进国外成熟蜜生产线设备，提高产品档次，促进产品的升级换代。引导和扶持企业开发高附加值蜂蜜产品，如蜂妆、蜂蜜饮料等，促进蜂蜜产品及制品多样化，提高产品质量和附加值，增强产品市场竞争力。引导企业、专业合作经济组织树立品牌意识，打造地标产品、知名品牌，支持创建地域特色突出，产品特性鲜明的区域公用品牌，促进我省蜂产业品牌化发展。

### 5. 蜂旅融合示范建设

依托我省旅游资源，在蜜源植物丰富的景区（如梵净山、小七孔等），建设体验式蜂场，提供养蜂生产操作体验和蜂蜜产品销售。缩短人与蜜蜂之间的距离，提高人们对蜜蜂的了解，增加蜂农收入。结合旅游产业园区建设蜜蜂文化园，提供观光休闲、住宿、餐饮、果品采摘、蜂味餐饮、蜂蜜产品体验、蜂疗保健、蜜蜂文化科普等文化娱乐活动，普及蜜蜂知识、推广蜜蜂文化、促进蜂旅融合。以蜜蜂为主线，结合乡镇特色产业、旅游资源、生产加工企业以及贮藏物流营销服务等，在我省条件具备的乡镇，打造蜂情小镇，促进农村产业融合，助农增收。

**6. 培育人才，创新科技服务方式**

贵州蜂产业经过“十三五”和“十四五”两个阶段的大力发展，规模和数量大幅增加，但从事养蜂生产、销售和管理的人员都严重缺乏，尤其是一线养蜂人员数量与质量都不理想，这导致未来贵州林蜂产业对人才和科技服务的需求巨大。面对基层农技人员缺乏、结构不合理的现实状况，需借助县乡养蜂行业学会、协会、合作社及新型青年农民培训班等平台，发掘养蜂技术人才，对其提供持续的专业理论和实操技术培训，培育土专家、土能手，带动地方林蜂产业的发展。同时，大力培育林蜂产业管理人员与生产销售人员将成为解决产业发展，实施乡村振兴战略的关键。充分利用大数据与各种信息资源，创新科技服务方式，针对不同人群、不同地区的技术需求与文化习俗，灵活、系统、连续地推广人工育王、病虫防治、成熟蜜生产等具体技术将是科技服务的重点。

**7. 加强联动，做好行业监管**

加强与国家现代蜂产业体系、贵州省农业农村厅、贵州省农产品质量安全监督检验测试中心等单位的联动，结合蜂产品溯源管理，建立从蜜源植物、蜂场生产、疫病监测、原料运输、蜂产品加工到蜂产品销售等环节的全产业链产品质量安全检测系统，对蜂产品进行质量安全监控。同时，依托省动物疫病预防控制中心、省兽药饲料监察所及省农产品质量安全监督检验测试中心等单位，结合蜂蜜产品溯源管理，建立从蜜源植物、蜂场生产、疫病监测、原料运输、蜂蜜产品加工、蜂蜜产品销售等环节的全产业链产品质量安全检测系统，对蜂蜜产品进行质量安全监控。同时，与食品药品监督部门联合行动，建立假冒伪劣蜂蜜产品举报和抽检机制，建立良好的蜂蜜产品市场秩序，确保我省蜂蜜产品质量安全。

执笔人：王胤晨　袁扬　韦小平　赵恬　邓梦青　姚丹　贺兴江　周文才

# 其他

除了前述篇章所总结的贵州省农业科技发展报告外，贵州省在农业科技发展各个方面的努力也是有目共睹的。比如农作物营养、种质资源研究和保护等方面，都做出了显著的成绩，为国内外农作物品种研究和新品种开发做出了最大贡献。

本次收集整理的贵州省农业科技发展报告除了贵州经济作物、粮食作物、畜禽养殖等方面外，主要还包括牧草产业、绿肥产业、肥料产业、植物保护以及农作物病虫草害防控等方面，同样是分别从产业发展概述（包括国内、国外及我省）、产业科技发展（亦包含国内外和贵州）、新品种新技术应用与贡献，以及贵州省农作物发展展望和对策等层次加以论述、总结。

贵州省农作物营养、农作物及其相关农产品防控与保护方面，需要研究和探索的课题和难题很多，这些研究及其成果，不仅为当地农民带来了经济收益，也为贵州省农业科技发展和农业产品出口做出了重要贡献。

随着人们对生态环境和食品安全的关注度不断提高，我国农业发展前景十分广阔。未来，贵州省农业产业科技研究将继续努力，绿色、环保、高效的肥料产品将成为未来农业产业科技研发的重要发展方向，更希望为农业生产和生态环境改善做出更大的贡献。

# 贵州绿肥产业科技发展报告

◆ 贵州省土壤肥料研究所

## 一、绿肥产业发展概述

绿肥产业是农业绿色转型的关键一环，目的是通过种植特定作物来改善土壤结构，增加有机质含量，减少化肥使用，提升地力，促进生态农业。当前，绿肥种植趋向多样化，结合地域特点实施科学轮作、间作与套作，既增效又环保。技术革新与政策扶持双轮驱动，不仅推动了种植模式与加工技术创新，还拓宽了绿肥在农旅观光、生态修复等领域的应用，市场需求日益增长。绿肥产业展现出巨大的发展潜力，正逐步成为实现农业可持续发展的有力支柱。

### （一）国内外绿肥产业发展概况

2022 年，绿肥产业国内外发展均展现出积极态势。国际上，绿肥作为减少化肥依赖、应对气候变化的自然解决方案获得广泛认可，国际合作与交流增强，共同探索高效种植模式与增值利用途径，绿肥产业正朝着更加环保、高效、市场导向的方向快速发展。国内绿肥市场在政策鼓励和技术革新的推动下，注重品种选育与种植技术创新，强调土壤生态修复与有机农业的结合，绿肥作物的多元化应用显著增加，尤其是在土壤健康管理、生态循环农业体系构建中发挥了不可替代的作用。

#### 1. 全球绿肥产业发展简述

近年来，国内外农产品品质问题、土壤质量问题日益突出，作物产量也难以持续提高。在绿色安全发展理念的带动下，绿肥再次受到农业相关人士的关注。国外许多国家为减轻农业生产中过度使用化学产品造成的环境危害，更加重视发展生态农业。绿肥成为其中的一项重要技术手段受到重视。美国从2012年至2017年，农田绿肥的种植面积提高了50%，2018年大约三分之一种植绿肥的土地从联邦、州政府或其他项目中获得了财政援助。除此之外，国外绿肥种植规模大而集中、综合利用方式多样，其绿肥种植机械发展迅速，且以大中型机械为主，更促进了其绿肥产业的推广、发展。

#### 2. 国内绿肥产业发展简述

在我国，绿肥作为轮作休耕、耕地质量提升与化肥减量增效的重要技术手段之一，在全国各类农用地的提质增效上发挥着重要作用。2022年，我国绿肥产业的发展主要是国家绿肥产业技术体系通过各岗站在全国各省（市、区）深入开展绿肥生产及利用工作，深度实践了该体系提出的“绿肥+”产业机制，做实了一批“绿肥+”模式和产品，全面服务了县域经济，助力乡村振兴，同时各级政府及农业部门对绿肥产业更加重视，在多项农业政策中提出了对绿肥的利用，如农业农村部种植业管理司《关于做好2022年化肥减量增效工作的通知》。目前，全国已有多家绿肥种子生产及销售公司，绿肥种子价格逐年上涨，其中光叶紫花苕种子销售单价由2017年的8元/千克，提高到2022年的约12元/千克，仍有上升趋势；箭筈豌豆/山黧豆粉丝、绿肥苗菜、“绿肥+”水果/蜂蜜等高值产品也在全国农产品市场占据了一席之地，且价格较普通农产品高，使得国家、农民对绿肥种植的热情逐渐上升。

### （二）贵州绿肥产业发展概述

贵州省绿肥产业紧密结合山地农业特色，依托国家绿肥产业技术体系，通过贵阳综合试验站等平台，为果园、茶园等提供定制化的绿肥栽培技术方案。产业特征体现在利用绿肥实现土壤改良、提高作物抗性、促进农业生态系统多样化以及发展观光农业等多功能用途，符合绿色兴农和质量兴农战略，有效助力脱贫攻坚与乡村振兴，展现出“老树开新花”的发展模式，正逐步形成集科研、示范、应用于一体的绿肥产业发展格局。

#### 1. 产业发展历史及特色

绿肥是我省传统冬季填闲作物，种植及利用历史悠久。新中国成立以来，绿肥生产利用是在起伏中逐渐发展的，近年来，由于高标准农田建设、耕地质量提升、轮作休耕制度等战略的实施，各级政府及农业部门对绿肥产业也更加重视，绿肥种植面积持续增加，2022年专用绿肥面积已增加至33.73万公顷，其中，果园绿肥面积增加尤其显著，夏季绿肥生产及利用也有一定突破。绿肥作物中以箭筈豌豆、光叶苕子、紫云英、肥田萝卜等多作为专用绿肥，蚕豆、豌豆、大豆、杂豆等多作为兼用绿肥使用。目前，绿肥主要与水稻、玉米、烟草、高粱、马铃薯等主作物形成轮作、间作、套作的种植制度，以及在果茶园进行间、套作种植，实现生产上减肥、提质、增效、降本，助力打造贵州特色有机、绿色农产品。

#### 2. 产业集群布局

根据贵州“现代山地特色高效农业”的发展目标，结合产业结构发展不同绿肥利用模式，重点在水果、茶、玉米、烤烟、水稻、蔬菜等方面做实一批绿肥利用模式和“绿肥 +”农产品，为贵州特色农业产业服务，助力乡村振兴。其中以“精品水果”产业为突破口，构建“绿肥 +”精品水果生产模式，提升果实产量和品质，促进贵州“绿肥果园”的打造和优质高端品牌的塑造。

#### 3. 绿肥产业在国内竞争优势度

2017 年农业部正式将绿肥纳入现代农业产业技术体系，围绕绿肥种质资源、养分利用、生产机械化及增值增效等多方面技术进行攻坚，同时建立绿肥种植示范推广基地，为农民提供培训和咨询服务，旨在不断优化绿肥的生产及利用，大力推广绿肥种植，支撑绿肥产业发展，最终推动农业绿色安全发展。我省依托省农科院土壤肥料研究所作为试验站首批加入国家绿肥产业技术体系。此外，我省绿肥种植利用历史悠久，部分地区有种植绿肥传统，适宜绿肥生长的品种丰富，有利于绿肥生产利用模式和“绿肥 +”精品 / 有机农产品的打造，可见我省绿肥产业在全国具有一定的竞争优势。

#### 4. 绿肥产业市场销售及品牌建设

我省绿肥产业致力于“绿肥 +”模式和产品的打造，形成绿肥产品的“教、帮、销”服务链。2022 年，培育罗甸县当地水果企业创建了“绿肥 +”火龙果品牌一个，并依托国家绿肥产业技术体系平台建设的绿肥生活馆，优选 5 家“绿肥 +”产品企业入驻，包括“绿肥 +”火龙果、蜂糖李、大米，“绿肥 +”火龙果更是受到消费者好评，帮助企业实现增收增效。以水果产业作为支柱产业之一的罗甸县，也是绿肥产业发展重点培育县，全县绿肥果园面积约 2 万亩，占全县投产果园面积的 12%。

## 二、绿肥产业科技发展

绿肥产业科技发展聚焦于遗传改良与育种、养分利用机制、土壤微生态调控及精准农业技术等领域，旨在通过现代生物技术提升绿肥作物的适应性、固氮效率与综合农艺性状，同时利用大数据分析优化绿肥种植布局与管理策略，实现资源高效利用与环境友好型农业生产。此外，积极探索绿肥产品的深加工与多元化应用，如功能性食品原料等，延伸产业链，提升绿肥产业附加值，为全球农业可持续发展提供科技支撑与创新解决方案。

### （一）国内外绿肥产业科技发展

2022 年，绿肥产业科技发展在全球范围内强调技术创新与生态效益的双重提升。在国内，绿肥产业积极响应“十四五”规划，国家绿肥产业技术体系深化产学研合作，不仅在健康土壤等关键技术上取得突破，还积极推动绿肥产业与文化产业的融合，形成“科技创新 + 文化引领”的发展模式。贵州等地利用地方特色资源，探索绿肥在特色农业、生态旅游等领域的应用，同时强化技术培训与信息服务，提升农户种植技能，促进绿肥产业的区域协调发展与乡村振兴战略实施。

### （二）贵州绿肥产业科技发展

2022 年，贵州绿肥产业在科技的强劲驱动下，综合发展与创新同步推进，通过国家绿肥产业技术体系的平台支撑，不仅优化了适应本土的绿肥种植结构，强化了生态循环农业实践，还加速了绿肥资源的多元化利用与产业升级，为农业生态系统的优化和乡村振兴战略的实施提供了科技范例，展现了绿肥产业在促进农业可持续增长方面的广阔前景。

贵州省绿肥产业技术主要研发冬季绿肥早播免耕生产模式、冬夏两季绿肥免耕接茬周年覆盖模式、夏季绿肥地表覆盖以草抑草模式、果园绿肥农旅一体观光模式、多年生绿肥轻简化管理模式等。一是围绕贵州省夏季作物——水稻、玉米、烤烟等作物开展绿肥轮作。二是围绕贵州果茶园开展绿肥间、套作。从耕地质量提高、绿肥附加值增长等方面，提升贵州主要农区粮油产能，解决贵州山地较多、耕地面积较少、耕地零碎、水土流失严重等农业生产关键问题，为贵州发展现代山地特色高效农业以及农业现代化提供新思路。

根据贵州省山地农业地形复杂、管理困难、人工成本高、机械化程度低等问题，绿肥技术研发以轻简化生产为导向，促进山地农业节本增效与高质量发展。2020 年以来，针对山地果园土壤培肥、水土保持、夏季杂草等问题，积极筛选本地品种夏季绿肥资源并研发配套生产技术，目前研发冬夏两季绿肥免耕接茬周年覆盖模式、夏季绿肥地表覆盖以草抑草模式等，在山地果园夏季绿肥资源及配套技术等方面有所突破。

## 三、新品种、新技术应用与贡献

2022 年，贵州省绿肥产业在新品种选育与新技术应用上取得重要进展，依托贵阳综合试验站等科研平台，成功引进和自主研发了多适应性绿肥作物新品种，有效促进了土壤肥力与生态平衡，大幅度提高了农业生产系统的可持续性。这些创新成果不仅减少了化肥依赖，提升了农产品质量，还促进了农业生态环境的改善，为贵州省乡村振兴和绿色农业发展做出了显著贡献。

### 1. 新品种培育推广

省农科院土壤肥料研究所现存绿肥资源百余份，随着贵州省果园面积增长较快，建设高质量绿色优质果园的要求也越来越高。绿肥在果园有机培肥、改善土壤质量、抑制杂草生长、降低人工除草成本和化学除草剂使用等方面的效益逐渐凸显，成为山地果园节本、提质、增效的重要技术手段之一。当前冬季绿肥品种资源丰富，技术成熟，应用面积广，但优良夏季绿肥种质资源匮乏，技术研发滞后，急需引进、选育新品种，以满足夏季果园绿色控草的技术需求。

针对山地果园对夏季绿肥的技术需求，在前期果园绿肥技术研究基础上确定夏季绿肥性状目标，以生物量大、生育期长、覆盖度高、抗逆性强、不易缠绕攀爬等为性状要求，通过省外引进、省内搜集野生、逸生资源共计 20 余份。通过大田试验开展不同品种资源的性状观察、比较和评价，筛选出在贵州适应性好、应用潜力较大的夏季绿肥资源 5 份，均为豆科绿肥。其中，三份本地的小黄豆、巴山豆、小饭豆表现较好。此外，针对优势资源还开展了配套高效栽培及繁种技术研究，为大规模推广应用所需的种子生产做好技术储备。同时，将巴山豆引进到罗甸县火龙果园、施秉县李园开展试验及示范种植，研发配套轻简化高效种植技术。结果表明，巴山豆盛花期鲜草产量 1500-4000 公斤 / 亩，刈割覆盖还田可为果园原地提供大量优质有机肥源，大大降低肥料购买、车辆运输、人工搬运、开沟施肥等经济成本，且夏季控草时间有七八个月，控草率 80% 以上，完全可以满足果园夏季培肥和绿色控草需求，节本增效显著。

**2. 种植最新技术研发与推广**

2022 年，贵州省绿肥产业在种植技术领域取得新突破，重点研发与推广了适应性强、固氮效率高的绿肥新品种，以及配套的种植和利用技术。通过国家绿肥产业技术体系贵阳综合试验站的引领，加强了科技成果的转化应用，优化种植模式，提高了绿肥作物的栽培管理水平和土壤改良效果。全省范围内组织的技术培训与现场观摩会，加速了这些新技术的普及，有效促进了农业生态系统的良性循环，为保障粮食安全和推动农业绿色发展作出了积极贡献。

（1）入选我省农业主推技术一项

《玉米轮套播绿肥减化增效轻简化生产技术》入选省农业农村厅推介发布 2022 年粮油主导品种及农业主推技术。该技术针对贵州黄壤地区因偏施化肥土壤质量下降、有机肥源不足、绿肥直接经济效益不显著，机械化程度低、人工成本高，传统绿肥 – 主作物轮作制度费时费工等问题，以绿肥为主要技术环节，围绕“减化增效轻简化”技术要求形成研究体系。通过早播轮套作免耕栽培绿肥，充分利用雨热同期、玉米秸秆遮阴作用，增加绿肥营养生长期光热效应，提高绿肥鲜草产量，减少人工投入；通过播种绿肥翻压还田，实现原地提供有机肥源，降低玉米生产的商品有机肥替代化肥成本；通过光叶苕子旺长期刈割鲜草作饲草养畜，增加经济效益，促进种植养殖业融合发展，实现贵州坡耕地玉米生产的耕地用养结合、化肥减施、提质增效。

（2）为有机肥替代化肥、果园提质增效等做技术支撑

参与 2022 年贵州省化肥减量化工作研讨会，助力农业高质量绿色发展，绿肥作为技术措施之一在全省布局执行，重点在果园内推广应用。助力传统果园向多功能型精品绿肥果园转型升级，得到贵州省土壤肥料总站的认可，并参与各级土肥站在发展绿肥果园方面的技术指导、交流，更好地发展我省绿肥产业。在《贵州省 2022 年主要作物科学施肥指导意见》中强调绿肥在农作物提质增效与化肥替代中的作用。

重点开展“绿肥＋”水果产业关键技术模式并取得一定进展，围绕土壤质量提升、绿肥周年覆盖、轻简化应用、生态控草、多功能利用等关键技术，在火龙果、李、桃、猕猴桃园开展研究和示范。优化箭筈豌豆＋猕猴桃 / 火龙果 / 梨等传统冬季绿肥果园生产模式，还田的绿肥鲜草产量达 1500 ～ 3000 公斤 / 亩，所含养分价值 100 ～ 200 元 / 亩；绿肥覆盖地表抑制杂草可减少人工除草 2 ～ 5 工 / 亩 / 年，降低人工除草成本 120 ～ 150 元 / 亩。火龙果园的冬季箭筈豌豆 / 肥田萝卜＋夏季巴山豆 / 两茬大豆周年绿肥免耕生产与利用技术模式效益显著，全年可为果园提供有机肥源约 5000 公斤 / 亩，绿肥覆盖可减少人工除草 5 ～ 8 次，减少除草费用 375 ～ 600 元 / 亩 / 年，共计节本增效 500 ～ 800 元 / 亩 / 年，同时还可起到保墒降温等优化小环境的作用，促进果树生长，提高果实品质。

（3）初步形成绿肥种子 – 绿肥技术 – 绿肥产品的产业服务链条

区域产业服务初步形成完整链条，在绿肥种子的“产、销、用”，绿肥技术的“研、培、示”，企业绿肥产品的“教、帮、销”上打通渠道。

针对本区域绿肥种子由外地购买，种源质量不稳定的问题，与企业联合搭建贵州绿肥种子购销平台，保障绿肥种子质量稳定、货源充足、量大量小都可以购买，无偿提供绿肥技术咨询，为清镇市烟草公司、息烽农业农村局、贵州煜煌椒农业有限公司等单位提供绿肥品种推荐、技术咨询，涉及绿肥种植面积万余亩，受到绿肥种子购买用户的好评。从而形成绿肥种子的“产、销、用”，做到“有处买、有处问”。

针对我省乡村振兴要求，结合产业结构调整，应对绿肥技术需求，开展山地果园轻简化生产与综合利用技术研发，围绕冬夏两季绿肥接茬周年覆盖生产利用，冬季绿肥早播免耕生产利用，夏季绿肥地表覆盖以草抑草，多年生绿肥轻简化管理利用，绿肥观光利用等关键技术开展模式构建，与国家绿肥体系育种、机械、病虫害、土肥等岗位科学家联动，从种质资源、养分管理、技术模式等方面开展科技创新。与国家食用豆产业技术体系毕节综合试验站、贵州大学精细化工研究开发中心达成技术合作，联合开展夏季绿肥种质资源挖掘，不同绿肥对除草剂的降解作用等研究。建设重点培育县两个，罗甸县全县果园绿肥面积约 2 万亩，施秉县全县绿肥面积约 7 万亩。从而形成绿肥技术的“研、培、示”，做到“有研究、有生产、有样板”。

针对产业发展的企业带动效应，长期稳定服务企业，涉及水稻、水果，形成长效合作机制，实行一对一管理服务，建设样板基地，提供绿肥种子、优化绿肥技术、跟踪产地效益、开展技术培训，优选其中 5 家企业引进体系线上销售平台。其中，绿肥火龙果受到消费者好评。依托核心示范基地创建“绿肥 +”火龙果产业品牌一个。从而形成绿肥产品的“教、帮、销”，做到“有服务、有品牌、有平台”。

（4）绿色防控与疫病防控技术

贵州山地果园坡度较大，不适宜大型农机操作，每年人工除草费用高昂，急需研发高效、省时、省工且绿色安全的除草控草技术。果园林下套种绿肥正是一种经济、高效、安全的“以草抑草”技术。

在贵州低海拔、冬季气温相对较高的地区，冬季绿肥箭筈豌豆地表覆盖时间可从当年 10 月至次年 3 月；在海拔相对较高，冬季气温较低的地区，地表覆盖时间为 11 月至次年 4、5 月，覆盖时长为 6 个月左右，盛花期鲜草产量为 1500 ～ 3000 公斤 / 亩，控草率基本可达 70%，平均每年可减少人工除草 2 ～ 5 工 / 亩，降低人工除草成本 120 ～ 150 元 / 亩。

此外，通过优化果园冬季绿肥种植技术，适当早播和延迟刈割枯草覆盖，还可以增加绿肥地表覆盖时间 15 ～ 30 天，提高控草效益。果园夏季种植巴山豆后，可实现冬夏两季绿肥接茬周年覆盖控草，控草率提高到 80% ～ 90%。夏季绿肥巴山豆一般在箭筈豌豆刈割前或枯萎后种植，生长覆盖至 10 ～ 11 月，覆盖长达半年之久，与冬季绿肥无缝衔接。绿肥周年覆盖后，全年可为果园提供有机肥源约 4000 ～ 5000 公斤 / 亩，每年减少人工除草 5 ～ 8 次，降低除草费用 375 ～ 600 元 / 亩 / 年，同时还可起到保墒降温等优化小环境的作用，促进果树生长，提高果实品质。果园比较难于防治的水花生、鬼针草、白茅等杂草，通过周年绿肥种植覆盖，可挤占杂草生长空间，生长范围逐年缩小，对恶性杂草起到很好的防治效果。

（5）机械装备技术

典型山区的贵州素有“八山一水一分田”之说。区域地形地貌复杂、土地零碎，严重制约了贵州绿肥果园的规模化、标准化发展。山地绿肥果园人工撒播效率仅为 2 ～ 3 亩 / 时，撒播成本 5 元 / 亩，为提升山地绿肥轻简高效水平，国家绿肥产业技术体系贵阳综合试验站与机械岗位科学家合作，积极配合开展设备研发与应用工作。运用国家绿肥产业技术体系水田绿肥生产机械化岗位研发的绿肥无人机撒播装置开展火龙果、蜂糖李、葡萄等果园的绿肥播种示范。根据贵州山地果园地形环境，为无人机撒播装置配置了仿地雷达，大幅度提升其在山地的避障功能。同时，升级自动防堵排堵定量排种装置，提高了作业顺畅性。改造升级后，绿肥种子无人撒播机工作效率为 90 ～ 120 亩 / 时，作业效率提升 30 ～ 60 倍；撒播成本降低至 0.3 元 / 亩，播种成本节约 96%。应用高效、轻简的无人机绿肥撒播技术可提升贵州山地高效农业的发展，有效助力山地绿肥技术的节本增效，未来将进一步加强与绿肥生产机械化岗位科学家的合作，提升无人机绿肥撒播装置在避障功能、路径优化等方面的智能化水平，为贵州绿肥产业腾飞注入新活力。

**3. 贵州绿肥产业发展优势与机遇**

在乡村振兴战略、耕地质量提升大背景下，国家及省级部门出台了多项相关政策文件，在省农业农村厅关于印发《贵州省 2022 年主要粮油作物科学施肥实施方案》《“十四五”全国农业绿色发展规划》，省财政厅省、农业农村厅《关于提前下达 2021 年中央财政农业资源及生态保护补助资金的通知》（黔财农〔2020〕296 号），省农业农村厅《关于 2020 年耕地质量提升与化肥减量增效示范实施方案的批复》《贵州省农村产业革命水果产业发展推进方案（2019—2021 年）》等文件中，明确提到“种植绿肥”，显示各级部门对绿肥产业的重视，为绿肥产业发展提供了难得的机遇。

我省绿肥有悠久历史，绿肥产业发展潜力仍然较大，农区绿肥与果茶园绿肥依然是绿肥产业发展的途径与趋势。一方面，贵州省夏季主要种植水稻、玉米，耕地利用率高，而冬季虽可种植油菜、小麦等，但由于耕作习惯造成闲田较多，农区发展绿肥主要集中在耕地冬闲季节，即稻田 – 绿肥、旱地（玉米、烤烟等）– 绿肥轮作等模式，绿肥种植时间集中在每年 10 月至次年 3 月（共 6 个月），根据 2021 年全省各农作物种植面积的统计数据，贵州农区绿肥潜力面积可达 68.15 万公顷。另一方面，贵州由于特殊的地理环境和气候，适宜发展山地特色果茶产业，近年的果茶园面积逐年增加，根据 2021 年全省果园、茶园种植面积的统计数据，茶园面积 48.21 万公顷，落叶果园面积 64.85 万公顷，常绿成龄果园面积 11.35 万公顷，常绿幼龄果园面积 4.86 万公顷。果园、茶园种植绿肥作物是“以园养园、以短养长”的重要措施之一，不仅能改善土壤质量，提升土壤肥力，减少水土流失，降低农业面源污染风险，还能调节小气候，促进果茶树生长，提升产量和品质，减少病虫草害的发生，将对改善生态环境和促进农业绿色发展发挥重大作用。贵州果园、茶园可实现在冬夏两季种植绿肥作物，采用多年生绿肥或周年多茬绿肥覆盖模式后，实现绿肥周年覆盖，绿肥作物生产发展潜力大。同时，绿肥应用面积增加，对绿肥种子的需求则增大，也将促进我省绿肥种子产业的发展。

## 四、贵州绿肥产业发展对策

贵州绿肥产业正致力于构建一个以人才为核心、平台为载体、机制为保障的综合发展战略。通过汇聚和培养行业顶尖人才，强化科研创新与技术应用，同时，搭建国家级试验站等高水平研发平台，加速科技成果向现实生产力转化。在此基础上，不断创新和完善产业发展的体制机制，优化政策环境，促进产学研深度协同，为绿肥产业的高质量发展铺设快车道，不仅提升农业生态效益，也为乡村振兴和可持续发展目标贡献力量。

### 1. 人才队伍建设

加强与国家绿肥产业体系首席科学家联系，强化绿肥产业体系内岗站联合，引进国内外新品种新技术；扩大省内跨体系合作，与桃、柑橘、高粱、茶等其他产业体系联合发展，并依托企业，打造绿肥标准化样板基地；深入与政府主管部门、农业技术职业学校等交流，共同开展农技人员、农户等技术培训、绿肥科普教育等，强化基层农技人员对绿肥产业的认识。与国内外科研机构、高等院校以及企业建立合作关系，通过技术交流、人才互访、联合研发等形式，共同推动绿肥产业人才队伍建设。

### 2. 科研平台建设

依托国家绿肥产业技术体系贵阳综合试验站的科研平台，在技术创新方面，按照国家绿肥产业技术体系重大关键问题技术攻关的规划，重点开展山地绿肥轻简化高效生产与综合利用技术模式构建、绿肥－主作物用养制度优化创新与一体化养分管理技术研发、果园茶园绿肥减化增效技术研发与应用、旱地带绿免耕种植新型绿肥生产技术、耕地培育及综合利用绿肥技术模式构建等技术创新。紧紧围绕《“十四五”全国农业绿色发展规划》的要求，在耕地质量提升、高标准农田建设、节水农业、果茶园提质增效等方面提供技术支撑。在种质资源创新方面，完善本地绿肥种质资源库与数据库建设，继续挖掘优良夏季绿肥资源，在新品种选育、登记认定上有所突破，并配套高产留种栽培技术研发，实现新品种规模化生产，保障绿肥技术示范，继续引进功能型绿肥品种，耐旱、耐瘠、耐酸等抗性好的品种，以及高固氮、高解磷等功能性品种，扎实做好我省绿肥种质资源储备。在品牌创新方面，继续构建绿肥产业路径，培育“绿肥+”企业，建设“绿肥+”产业样板基地，协同推进“绿肥+”产品上线、入市，深化品牌影响力。

**3. 体制机制建设**

省农科院层面聚焦绿肥产业的科研攻关，搭建科技创新平台，联合作物类研究所，促进基础研究与应用技术的结合。通过深入研究绿肥作物的生物学特性、土壤改良作用以及与农田生态系统的相互作用，为绿肥产业提供科技支撑。同时，梳理总结形成各项关键技术，积极申报主推技术、地方标准等扩大技术应用效应。另外，省农科院还需联合农业主管部门，为农技推广项目、主要粮油作物科学施肥实施方案、果园提质增效行动方案等提供技术方案。旨在提升绿肥产业的科技含量和市场竞争力。此外，从省农科院自身层面为绿肥产业发声，通过学术会议、科技展览、媒体宣传等提高绿肥产业的社会认知度和影响力，争取政府部门的认可和支持。最后，建立与企业的合作关系，推动绿肥产业的产学研用一体化发展，加速科技成果的转化应用，提升绿肥产品的市场竞争力，推动绿肥产业的商业化和产业化进程。

执笔人：秦松　张钦　姚单君　况胜剑　廖恒

# 贵州肥料产业科技发展报告

◆ 贵州省土壤肥料研究所

## 一、肥料产业发展概述

肥料产业作为农业发展的关键支撑，历经多年发展，已形成多元化、高效化、环保化的趋势。传统化肥如氮肥、磷肥、钾肥等依然是基础，但随着现代农业技术的进步，生物肥料、有机肥料、缓控释肥料等新型肥料产品不断涌现，旨在提高肥料利用率，减少环境污染。技术创新和绿色可持续理念的融入，推动了肥料产业向精准施肥、功能化和生态友好型方向转型。此外，全球化竞争与合作并存，市场整合与产业升级加速，促使企业加强品牌建设，优化供应链管理，以应对资源约束和环境挑战，满足全球粮食安全和质量提升的需求。未来，智能化、定制化肥料解决方案将成为行业新的增长点，进一步促进农业现代化和可持续发展。

### （一）国内外肥料产业发展概况

肥料产业全球发展聚焦高效环保，从基础化肥向生物肥、有机肥等新型肥料转型，科技创新引领精准施肥、生态友好趋势。国内外市场经历产品多样化、技术革新阶段，强调可持续性与资源循环，智能定制成为新热点。全球合作竞争并存，共同应对农业现代化挑战，确保粮食安全与环境可持续。

#### 1. 全球肥料产业发展简述

肥料是粮食的粮食，全世界每年化肥施用量在 2 亿吨（$N+P_2O_5+K_2O$ 养分量，（折纯，下同）左右，对粮食增产的贡献率超过 40%，对保障全世界粮食生产与安全发挥着重要作用。我国是世界上最大的生产国和消费国，氮肥、磷肥和钾肥的生产量分别占全球总量的 26%、30% 和 14%，消费量分别占 23%、21% 和 26%。化肥在农业增产上起到至关重要的作用，全球作物增产有 50% 源于化肥的施用效果，我国农业增产有 21.7% 源于化肥的施用效果。

2. 国内肥料产业发展简述

随着我国化工业和农业的快速发展，化肥行业发展迅速，化肥施用量也随之增加。1980—2020 年，我国粮食单产和总产分别从 2734 千克 / 公顷和 3.2 亿吨增长到 5734 千克 / 公顷和 6.7 亿吨，而农用化肥用量从 1269 万吨增长到 5251 万吨，化肥的投入在粮食增产中发挥着巨大的作用。但由于化肥过量的投入，我国化肥施用量由 1990 年的 174 千克 / 公顷增长到 2014 年的 362 千克 / 公顷，约为发达国家上限的 1.6 倍，然而过量的化肥施用虽然能短期内保证粮食产量的提高，但长远看来过量的化肥施用，不仅导致粮食产量和肥料利用率的降低，而且造成大量资源浪费以及土壤养分流失，同时生态环境还会受到污染等问题，化肥减量施用问题势在必行。

为实现化肥使用量“零增长”目标，2015 年，农业农村部印发《到 2020 年化肥使用量零增长行动方案》，拉开了我国化肥使用量“零增长”的序幕；为加快推进化肥农药减量增效，健全化肥农药减量化机制，2022 年农业农村部印发《到 2025 年化肥减量化行动方案》和《到 2025 年化学农药减量化行动方案》。因此，推进化肥农药减量化是全方位夯实粮食安全根基，加快农业全面绿色转型的必然要求，也是保障农产品质量安全、加强生态文明建设的重要举措。

据统计，我国 2021 年农作物播种面积 16869.5 万公顷，化肥总施用量 5191.3 万吨，其中氮肥 1745.3 万吨、磷肥 627.1 万吨、钾肥 524.8 万吨、复合肥 2294 万吨，平均化肥施用量为 20.52 公斤 / 亩。全国 2020 年农作物播种面积 16748.7 万公顷，化肥总施用量 5250.7 万吨，其中氮肥 1833.9 万吨、磷肥 653.8 万吨、钾肥 541.9 万吨、复合肥 2221 万吨，平均化肥施用量为 20.90 公斤 / 亩。全国 2021 年平均化肥用量比 2020 年每亩减少 0.38 千克，比 2015 年 24.13 公斤 / 亩每亩减少 3.61 公斤 / 亩。全国 2022 年农用化肥产量 5573.4 万吨，2021 年农用化肥产量 5543.6 万吨，2022 年全国化肥产量比 2021 年增长 0.54%，比 2015 年 7431.0 万吨减少 25.0%。由此可见，自“十三五”实行化肥零增长以及减量以来，我国化肥施用量与化肥产量均大幅度降低。

### （二）贵州肥料产业发展概述

随着国家化肥“零增长”的进行，“十三五”期间贵州省农用化肥施用量实现连续下降，2020 年农用化肥施用量为 78.78 万吨，较 2015 年的 103.69 吨减少 24.91 万吨，降幅 24.0%。虽然化肥施用量不断调减，但氮磷钾的施用比例还未趋于科学合理，同时重化肥轻有机肥、重大量元素肥轻中微量元素肥的现象较为普遍；同时由于贵州地形特殊，个别地区大型机械化操作较难，农户普遍采用传统的人工施肥方式，导致化肥施用量过大，肥料利用率不高。

据统计，贵州省 2021 年农作物播种面积 542.3 万公顷（建议转成万公顷），化肥总施用量 76 万吨，其中氮肥 30.9 万吨、磷肥 8.5 万吨、钾肥 6.8 万吨、复合肥 29.8 万吨，平均化肥施用量为每亩 9.34 千克。贵州省 2020 年农作物播种面积 547.6 万公顷，化肥总施用量 78.8 万吨，其中氮肥 32.5 万吨、磷肥 9 万吨、钾肥 7.3 万吨、复合肥 30 万吨，平均化肥施用量为每亩 9.59 千克。贵州省 2021 年平均化肥施用量比 2020 年减少 0.25 千克。我省 2022 年农用化肥产量 247.4 万吨，2021 年农用化肥产量 336.2 万吨，我省化肥产量 2022 年比 2021 年下降 26.4%。

## 二、肥料产业科技发展

2022 年，肥料产业科技进步突飞猛进，着重于生态智慧与精准营养供给。这一年见证了生物工程技术优化的微生物肥料、大数据支持的定制化施肥方案以及融合纳米科技的缓控释肥料的广泛应用，显著提高了作物吸收效率并减少了资源浪费。环境友好型产品的研发，如回收废弃物转化的有机肥料，体现了对可持续发展目标的积极响应。国际合作在推动农业科技交流、共享绿色生产技术中起到关键作用，助力全球农业向高效、低碳、循环的发展模式转变，保障食品安全同时维护地球生态平衡。

### （一）国内外肥料产业科技发展

我国是世界上最大的化肥生产国家和消费国家，部分发达国家将化肥施用的安全上限规定为 15 公斤 / 亩，我国 2021 年为 20.52 公斤 / 亩，高于部分发达国家 36.8%。近年来，我国土壤肥料科技工作者为提高肥料利用率做了大量的工作，如测土配方施肥、水肥一体化、新型肥料的研究以及化肥减施等科学研究，推动了科学施肥的进步。

## （二）贵州肥料产业科技发展

2022年，贵州省在肥料产业科技领域取得重要进展，致力于技术创新与应用，重点发展高效、环保型肥料产品，以及推广智能施肥管理系统。通过集成现代生物技术、信息技术与传统农业实践，实现了精准农业的深入实施，促进了农业生产的可持续性和资源利用效率的显著提升。这些努力不仅推动了贵州省农作物产量的增长与品质的提升，还为保护生态环境、实现绿色农业发展做出了积极贡献，展现了贵州省在新时代背景下推动农业转型升级的决心与成就。

### 1. 贵州肥料产业科技创新

2022年，贵州肥料产业在科技创新的驱动下迅猛发展，聚焦于环保高效肥料的研发与应用，比如智能缓释肥与微生物肥料，通过政企学研合作机制，加速技术成果转化。这一年，贵州借助大数据与智能化技术，推进精准农业策略，实现了肥料生产与施用的个性化定制服务，不仅提升了农作物产量与品质，还促进了农业生态的可持续性。全省科技创新总投资超千亿，直接助力肥料产业转型升级，成为绿色、高效的现代农业支撑力量，彰显了科技创新对于传统行业变革的关键作用。

### 2. 贵州肥料产业科技发展

2022年以来，贵州围绕主要粮油作物和特色优势作物，大力开展“三新”技术示范、化肥减量增效技术示范，测土配方施肥技术示范工作，建成“三新”技术核心示范区10万亩，示范带动“三新”技术集成推广80.5万亩，建立测土配方施肥技术示范区156个，面积12.6万亩。通过“三新”技术推广，逐步改变了农户长期的传统施肥结构、施肥方式，实现科学施肥目的，提高了化肥利用率，提升了耕地质量，减少了农民不合理化肥使用。

### 3. 贵州肥料产业发展趋势与机遇

我省2021年平均化肥施用量为9.34公斤/亩，仅为全国化肥平均施用量45.5%；2020年平均化肥施用量为9.59公斤/亩，仅为全国化肥平均施用量45.9%。由此可见，我省化肥平均施用量远低于全国平均施用量，说明我省化肥施用量还存在总量不足的问题，存在施用不均衡问题。我省 2022 年规模以上企业农用化肥产量约占同期全国规模以上企业农用化肥产量比重为 4.5%，2021 年规模以上企业农用化肥产量约占同期全国规模以上企业农用化肥产量的比重为 6.2%。我省规模以上企业农用化肥产量远高于我省化肥施用量，产量为施用量的 4.4 倍，我省化肥生产工业具备良好的发展前景。

## 三、新品种、新技术应用与贡献

贵州省农科院土壤肥料研究所主要以山地特色农业高质量发展为目标，结合贵州山地特色农业生产特点和需求，开展贵州特有生产条件下的作物需肥规律、养分调控、新型肥料研发等科学研究，以生物质废弃物（畜禽粪便、酒糟、中药渣等）肥料化利用为基础，创新喀斯特山区肥料资源高效利用技术，为贵州山地特色农业绿色发展提供技术支撑。

贵州“八分山水一分田”，是全域生产绿色优质农产品的理想之地。省委书记徐麟在今年省委农村工作会议上强调，要发挥比较优势，加快提升农业质量效益和竞争力，大力推进农业“接二连三”，建设现代山地特色高效农业强省。绿色优质农产品的生产必然需要持续稳定地投入高质量绿色投入品，以“生物质废弃物”资源化利用为基础的特色作物养分高效管理，既是实现我省绿色优质农产品产量和品质提升的有效手段，保障绿色生态农产品的持续发展，也是践行习近平总书记“绿水青山就是金山银山”“两山”理念的重要保障。

2022 年，贵州省农科院在主要相关项目的支撑下，开展了玉米、果树、蔬菜、辣椒等多种作物养分高效管理技术研究，研究集成了系列作物养分高效管理技术，通过试验集成的“贵州大豆玉米带状复合种植技术”“贵州马铃薯小型机械化生产技术”“贵州高粱－油菜周年绿色高效生产技术”“贵州中海拔地区‘一年多茬蔬菜’高效种植技术”“贵州早茶产量品质双提升配套集成技术”“贵州辣椒轻简化绿色高效栽培技术”“贵州红托竹荪菌包脱袋覆土栽培技术”等 7 项技术并入选 2022 年贵州省十大农业主推技术，推动了我省科学施肥技术的发展。

贵州省农科院土壤肥料研究所通过田间试验与示范，创新集成了“威宁‘三白’绿色高效养分管理关键技术”“黄壤旱地绿肥利用与化肥减施增效综合技术”等多项关键技术，并进行相关示范，同时与省内多家有机肥企业合作研究农业废弃物资源高效利用技术，研发了酒糟资源化利用技术一套、城市污泥资源化利用技术一套，为企业提供有机无机肥配方四个。

近年来，贵州省农科院土壤肥料研究所明确贵州主要粮油作物、特色蔬菜养分需求规律，揭示生物炭在黄壤氮素上的转化与调控机制，优化生物质废弃物资源化利用工艺，开展贵州生物质弃物降解型微生物菌剂研发。近5年授权国家发明专利7件，发表学术论文40余篇；研究集成农林废弃物资源化利用技术模式5个，为贵州多家有机肥企业提供技术服务；集成特色作物化肥减施与绿色高效养分管理技术模式7套，在玉米、油菜、马铃薯、辣椒等作物上示范30余万亩。在项目实施区域，这些科学研究成果通过各种技术手册的发放、各种形式培训以及大面积的示范，已经起到了良好的效果，在一定程度上改变了当地种植户对化肥、有机肥的认识，也认识到科学施肥的重要性。

## 四、贵州肥料产业发展对策

贵州省在农作物施肥过程中，总体存在肥料施用不均衡等情况，主要表现在不同地区施用不均、不同作物施肥不均、不同时期施用不均；在肥料施用种类上也存在不均衡情况，存在重化肥、轻有机肥，重氮肥、轻磷钾肥，重大量元素肥料、轻中微量元素肥的情况。

### 1.人才队伍建设

我省大部分地区因缺乏土壤肥料学科技术人员，缺乏科学的引导，施肥很大程度上还存在盲目性。通过科技重大专项、重点项目、重点基金等，针对贵州资源特点培养资源高效利用人才团队；针对贵州省种植产业培养山地特色农业绿色、生态施肥技术人才团队。组织省内外科研单位、高校、农（林）肥料产业企业和基层农技部门共同参与，实现部分全国优势科研资源在我省的整合，聚集贵州省长期肥料研发、植物营养、高效施肥技术研究的科研人员、技术研发人员、成果推广人员，吸纳一批年轻优秀科技人员参与，培养一批优秀科研骨干人才，打造创新能力、研发能力和工程化能力强大的研发团队。

### 2.科研平台建设

我省创建了特色生物质废弃物的“生物质废弃物综合利用研发平台”。该平台的建设一方面可以全面掌握我省生物质废弃物资源种类、数量以及特征，提高生物质废弃物利用价值、拓宽利用途径、加快利用步伐，为山地特色农作物提供高品质绿色投入品。另一方面还可以避免因过量、盲目施肥导致山地特色农产品产量、品质下滑的现象，同时减少不合理施肥、生物质废弃物随意处置引起的农业面源污染现象。以此促进贵州山地特色农业绿色、生态、可持续高质量发展，进一步促进贵州农业稳产增产、农民稳步增收，农村人居环境改善，助力于全面推进乡村振兴。

因此，我们的科技创新还需要向我国种植先进地区看齐，建设农业废弃物资源高效利用与新型肥料研究平台，加快研发适宜于我省不同地区生态环境条件以及不同作物的有机无机专用肥，减少种植户施肥盲目性；建设我省主要作物定位施肥观测点，观测土壤大、中、微量养分与生态环境变化情况，为我省主要作物科学施肥提供长期的数据支撑，以便及时调整养分投入种类与投入量；加强科学研究技术团队、肥料生产企业、技术推广团队有机结合，将科研成果进行物化，并及时在生产上进行转化及应用。

**3. 体制机制建设**

实行产学研用相结合的运行机制，根据我省肥料资源特点以及山地特色高效农业产业发展的重大关键性、基础性和共性技术问题，按照“有所为，有所不为”的原则，选择重点领域优先发展，以需求为导向、面向生产、着眼应用，立足解决产业健康持续发展的主要瓶颈问题，通过优化重组、系统集成，促进产学研用多种形式结合，建立产学研用一体化研究开发、人才培养和成果转化机制，促进各部门、各生产单位之间高度共享，高效互动，使技术创新与生产实践一体化。加快研发适宜于我省不同地区生态环境条件以及不同作物的有机无机专用肥，减少种植户施肥盲目性；建设我省主要作物定位施肥观测点，观测土壤大、中、微量养分与生态环境变化情况，为我省主要作物科学施肥提供长期的数据支撑，以便及时调整养分投入种类与投入量；加强科学研究技术团队、肥料生产企业、技术推广团队有机结合，将科研成果进行物化，并及时在生产上进行转化及应用。促进高附加值领域新技术、新产品开发，提升我省肥料产业与种植特色产业核心竞争力，推动我省现代山地特色高效农业持续、快速、健康、高质量发展。

执笔人：芶久兰　魏全全　柳玲玲　张萌　顾小凤

# 贵州植物保护科技发展报告

◆ 贵州省植物保护研究所

植物保护可以保护植物免受病、虫、草、鼠等有害生物的危害，以期保证食物安全、人类营养和健康。植保科技作为保障农业高质量发展的关键环节，围绕农作物病虫草害发生与绿色防控、生物防治、农产品质量安全、农药安全使用等领域开展科学研究和技术研发，为贵州省农业高质量发展提供重要的支撑。

## 一、植物保护概述

植物保护的历史悠久，经历了从简单防治到科学治理的演变。新中国成立后，植物保护事业逐步发展，建立了完善的组织体系和技术体系。植保工作不断迭代创新，实现了对重大病虫害的有效控制，为保障国家粮食安全做出了重要贡献。随着科技进步，植物保护正朝着绿色、可持续方向发展。

### （一）国内外植物保护概述

农作物病虫害是我国农业灾害之一，具有种类多、影响大、时常暴发成灾等特点，其发生范围和严重程度对我国农业生产造成了非常大的影响。近年来，受全球气候变暖及国际农产品贸易增多等影响，农作物病虫害暴发频率不断增高，外来有害生物传入概率不断增加，对粮食安全及主要农作物生产安全构成威胁。全球范围内每年病虫害造成作物产量损失在 20% ～ 40%，病害造成经济损失达 2200 亿美元，虫害造成经济损失达 700 亿美元，综合防控（IPM）仍是防治作物病虫害的重要措施。我国每年有 1600 余种病虫害威胁农作物的健康，造成产量损失在 37% 以上，防治措施主要为绿色防控技术，病虫害防控是我国保障粮食安全和农产品有效供给的重要举措。国家已通过上位立法，推进病虫害防控，先后制定了《农作物病虫害防治条例》《农药管理条例》等，对保障我国粮食安全、农产品质量安全和农业生态安全具有重大意义。

病虫害的防控工作在整个农业作物生长过程中都具有非常重要的作用，是直接影响农作物品质和产量的重要环节。数据显示，通过病虫害防控，我国2009—2018年共计挽回粮食损失8300万～11000万吨，平均挽回粮食损失9602万吨，占粮食总产量的15.6%。2022年，经河南、山东、河北和安徽等12个省份植保体系组织开展田间试验测定，在有效控制杂草危害的基础上，小麦、水稻、玉米三大粮食作物病虫害防控的平均植保贡献率为20.19%。其中，小麦、水稻、玉米分别为24.17%、19.23%和18.74%。据此测算，共挽回小麦、水稻、玉米产量损失分别为3328.84万吨、4009.36万吨和5107.30万吨，合计挽回三大粮食作物约1.25亿吨，粮食作物病虫害防控总体植保贡献率为20.19%。

随着全球经济一体化的深入发展和人民生活水平的不断提高，农产品质量安全产业发展已经成为世界各国关注的重点。在国际市场上，农产品的贸易规模逐年增长，农产品的质量与安全已成为各国竞争的关键。欧美等发达国家重视农产品质量安全，实施严格的监管制度，保障消费者利益；亚洲、非洲等发展中国家也在努力提升农产品质量安全水平，以适应国际市场的需求。在国内，特色农产品质量安全作为农业产业链的重要组成部分，得到了国家及地方政府的高度重视。政策扶持力度加大，产业标准逐步完善，市场监管逐渐加强，使得农产品质量安全得到了较好的保障。当前，我国特色农产品质量安全产业发展呈现出良好的发展态势，品种繁多、地域特色鲜明的特色农产品不断涌现，为我国农业增效、农民增收提供了有力保障。

## （二）贵州植物保护概述

### 1. 农作物病虫害发生情况

贵州是农作物病虫草害多发重发省份，造成严重损失的有30余种，主要粮油作物水稻、玉米、小麦、马铃薯、油菜、茶叶、果蔬、中药材等病虫草害年均发生面积约1亿亩次，尤其是流行性病害、迁飞性虫害和恶性杂草发生持续加重，严重影响农产品生产安全和质量安全。2022年，全省主要农作物重大病虫害中等至偏重发生，发生面积8056.17万亩次，水稻、玉米、马铃薯等主要粮食作物重大病虫害呈偏重发生态势，蔬菜、茶叶、果树主要病虫害发生范围较广，局部危害程度重。尤其是流行性病害、迁飞性虫害和恶性杂草发生持续加重，严重影响农产品生产安全和质量安全。如水稻病虫害发生面积1726.86万亩次，主要病虫有稻飞虱、稻纵卷叶螟、二化螟、稻秆潜蝇、稻瘟病、纹枯病、稻曲病等；蔬菜病虫害发生面积1690.94万亩次，主要病虫有小菜蛾、横纹夜蛾、蚜虫、疫病、病毒病、炭疽病、白粉病等。目前，贵州优质稻的稻瘟病仍然存在暴发流行风险，玉米新发病害白斑病面积逐年扩大，小麦条锈病、马铃薯晚疫病连年呈高发态势，火龙果、猕猴桃、柑橘等果实蝇危害呈加重趋势，溃疡病严重威胁猕猴桃产业发展。

2. 农作物病虫害绿色防控

长期以来，化学防治仍然是防治病虫草害的主要手段，在保障粮食等重要农产品有效供给中发挥着重要作用，但是由于农药不合理使用，也会造成农产品农药残留超标等潜在风险。贵州农作物要产业化，病虫草害防治既要保住产量，又要保证质量，需要依靠绿色防控技术来支撑和实现。贵州以“农药减量控害，农产品提质增效”为目标，从农作物整个生态系统出发，集成应用以农业防治、理化诱控、生态调控与科学用药等为主的绿色防控技术措施，有效减少化学农药用量，确保了农产品产量和质量安全。贵州粮经主要作物病虫害绿色防控技术推广面积逐年增加，全省累计实施水稻、茶叶、蔬菜、果树、马铃薯等病虫害绿色防控示范推广面积由2010年的30.2万公顷上升至2019年的195.4万公顷，绿色防控覆盖率由12.91%上升至31.89%，增加了18.98个百分点，取得了显著的经济、社会和生态效益。2022年，贵州省主要农作物病虫害绿色防控面积4679.23万亩，覆盖率达到了53.18%，其中水稻为55.58%，茶叶为65.5%，蔬菜为51.34%。

3. 农产品质量安全

贵州省是我国重要的特色农产品产区，特色农产品资源丰富，品质优良。在全国范围内，贵州茶叶、长顺高钙苹果、威宁苹果、贵州脐橙、贵州贡米、六马蜂糖李等特色农产品享有盛誉。近年来，贵州省政府高度重视特色农产品质量安全产业发展，通过实施一系列政策措施，推动了特色农产品质量安全产业的快速发展。贵州省政府制定了一系列农业产业发展规划，着力推进特色农产品质量安全产业化，实施质量工程、标准化工程、品牌工程等重点工程。例如，贵州省实施了长顺高钙苹果、威宁苹果、贵州茶叶产业化等一系列特色农产品产业化工程，提升了特色农产品质量安全水平；贵州省政府加大财政扶持力度，设立了贵州特色农产品质量安全产业发展专项资金，支持特色农产品质量安全产业发展。例如，为贵州茶叶、长顺高钙苹果、威宁苹果等特色农产品提供了技术研发、品牌推广、市场拓展等多方面的支持；贵州省政府强化产业标准体系建设，制定了一系列特色农产品质量安全标准，推动特色农产品质量安全产业规范化、标准化。例如，制定《贵州省茶叶质量安全标准》等，为特色农产品质量安全产业发展提供了有力保障；贵州省政府加强特色农产品质量安全产业监管，建立完善的农产品质量安全监管体系，不断提升农产品质量安全监管能力。例如，贵州省成立农产品质量安全监管局，加强对特色农产品质量安全的日常监管，保障消费者利益。

贵州特色农产品质量安全产业发展面临着广阔的市场需求、政策支持、产业链整合和科技创新等多方面的机遇。应进一步完善特色农产品质量安全产业发展政策体系，通过制定相应的法规、标准、规范等，提高特色农产品质量安全水平，通过设立专项资金、实施优惠税收政策等方式，加大对特色农产品质量安全产业发展的扶持力度；应加强特色农产品质量安全产业链的整合，推动上下游企业的合作与协同发展。通过整合生产、加工、销售、物流等环节，提高特色农产品的品质和市场竞争力，进一步扩大市场份额；应积极推动特色农产品质量安全产业的科技创新，培育一批具有自主知识产权和核心竞争力的特色农产品质量安全技术和产品。加强农业科研机构与企业的合作，推动科技成果转化，提升特色农产品质量安全水平；应进一步提升特色农产品质量安全产业的监管能力，加大对农产品质量安全的执法力度，确保特色农产品质量安全风险得到有效控制。通过加强对农产品质量安全违法行为的打击，提高违法成本，保障消费者的合法权益。

**4. 农药安全性**

贵州是典型的喀斯特地形，土地零散破碎，农作物与灌木丛、山林、果园等纵横交错，在使用农药防治植物病虫害时，农药可能会通过土壤迁移、喷雾漂移等多种途径对周围的植物及有益生物等带来潜在的风险。目前，贵州不同地区在防治病虫害的同时，存在混用的农药对蜜源植物的残留及暴露风险。

# 二、植物保护科技发展

## （一）国内外植物保护科技发展

### 1. 农作物病虫害绿色防控技术

20 世纪 40 年代以来，化学农药的研制开发和广泛应用，让植物保护走上了“病虫一扫光”的工业化快车道，但同时也带来了农药残留与生态环境污染、病虫害抗药性与再猖獗等严重问题。20 世纪 70 年代以后，国际上提出了有害生物综合治理（Integrated Pest Management，IPM）的防治策略，病虫害防治的思路 和理念逐步扭转。我国于 1975 年提出“预防为主、综合防治”的植物保护工作方针，2006 年进一步确立“公共植保、绿色植保”的理念，使病虫害防治从传统的以消灭病虫为目的的短期行为，发展到着眼于农业可持续发展、提升生物灾害预防控制能力的长远考虑。2011 年全面推动农作物病虫害绿色防控技术，绿色防控是一项持久的植保系统性工程，是以促进农作物安全生产、减少化学农药使用量为目标，采用生态调控、生物防治、物理防治，结合科学用药等措施，来控制有害生物的有效行为。

### 2. 生物防治

生物防治是利用有益生物或其产生的次生代谢产物抑制有害生物的发生、发展或减轻其为害严重度的方法，能在不污染环境的条件下防治植物病虫害，具有对人类安全、无残留、特异性强等优点，有助于保护生态环境、实现农业增产，具有生态和经济双重效益。生防菌的研究与应用多集中于美国、日本、澳大利亚等发达国家，主要生防菌种类有芽孢杆菌、木霉菌等，主要作用于土传真菌病害如镰刀菌、曲霉菌等引起的豆类、棉花和花生的根部病害，立枯丝核菌、尖孢镰刀菌和青枯菌引起的番茄病害，或蔬菜、樱桃、葡萄、葫芦和胡桃白粉病、霜霉病、疫病、灰霉病等病害的生物防治。许多筛选得到的有效菌株能得以商品化生产应用许可而进入大面积推广应用。我国利用生防菌防治植物病害的应用研究已持续多年，其中枯草芽孢杆菌的应用达到了世界先进水平，但木霉菌生物防治方面的研究还局限于木霉菌对植物病原菌拮抗机理的分析，拮抗菌株的筛选，发酵条件的优化等。目前，以芽孢杆菌为主要活体成分已经开发出一批生防作用优良的枯草芽孢杆菌菌株及其产品。如江苏省农科院植物保护研究所陈志谊等筛选获得的菌株 Bs-916 对多种病原真菌和水稻白叶枯病菌都有显著抑制作用，1991 年至今对水稻纹枯病田间防效稳定在 60% ～ 81%，累计推广应用面积达 800 万公顷。南京农业大学生防菌 B3（商品名麦丰宁）对小麦纹枯病田间防效 50% ～ 80%；云南农业大学和中国农业大学共同研制的微生物农药“百抗”（10 亿孢子 / 克枯草芽孢杆菌可湿性粉剂），已获得农业农村部登记注册，累计推广面积约 4667 公顷，用于防治水稻纹枯病、三七根腐病、烟草黑胫病等。当前国内登记生产木霉菌制剂的企业也在逐渐增加，主要剂型有粉剂、可湿性粉剂和水分散粒剂。木霉菌制剂在市场上的销售增长较为迅速。虽然近些年木霉产业迎来了迅速发展，但面临着挑战与发展瓶颈，存在整体产业规模偏小、产品剂型单一、生产成本偏高的问题。

天敌昆虫方面，国外研究及产业化均起步较早，尤其是欧美国家，天敌昆虫在农林草害虫防控上应用广泛、商业化规模大、技术含量高，已经形成了稳定的产销链。目前，国外天敌昆虫生产及技术服务公司有 500 多家，荷兰的 Koppert、比利时 Biobest、美国 Arbico、以色列 BioBee、肯尼亚 Dudutech 等规模较大的天敌公司可商业化生产的天敌产品种类有 350 余种，广泛应用于温室、果园和大田作物害虫的绿色防控。我国天敌昆虫研究起步晚，但发展迅速。目前已发现的天敌昆虫 7 千余种，但商业化的种类不多，仅赤眼蜂、蚜茧蜂、盘绒茧蜂、黑卵蜂、瓢虫、小花蝽等得到大规模扩繁。同时，在天敌饲料、饲养工艺及设备、发育调控技术、天敌昆虫生理 / 生态适应机制以及天敌昆虫相关的配套使用技术等研究近年来发展迅速。

### 3. 农药的精准施用及安全性

农药不仅可防治农业有害生物，也影响其他非靶标生物。近年来，农药对授粉昆虫蜜蜂的影响备受关注。相关研究表明，高浓度的甲酸和双甲脒对意大利蜜蜂工蜂具有较强的致死效应。在苜蓿花旗喷施阿维菌素 5 天内会缩短蜜蜂单花访问时间，减少蜂群中蜜蜂数量，阿维菌素胁迫会导致蜜蜂急性死亡，剂量越高，死亡数量越多，未死亡的采集蜂通过提高自身解毒酶活力来发挥解毒作用；甲氰菊酯能显著降低蜜蜂的生存率和糖水取食量，同时可以显著抑制蜜蜂相关基因的表达。尽管杀虫剂对蜜蜂群体健康的总体风险似乎处于可接受的水平，但危害商 / 危害指数（HQ/HI）值表明，拟除虫菊酯显然是最有影响的因素。经过噻虫胺包衣的油菜种子，会对大黄蜂的大小、数量、繁殖等产生影响。氟虫腈可以使幼虫化蛹率显著降低，成蜂死亡率高达 65.0%，并对蜜蜂具有一定的时间累积毒性。拟除虫菊酯类农药对中华蜜蜂的毒性比对意大利蜜蜂的毒性更高。

吡虫啉会损害蜜蜂体内糖的代谢功能。农药对蜜蜂的乙酰胆碱酯酶、过氧化氢酶、谷胱甘肽 S- 转移酶和碱性磷酸酶有显著的影响，目前农业生产中使用的农药混合物可以极大地影响蜜蜂的生化参数。

农药对蜜蜂的毒性评价通常是以单个农药产品为主，而农业生产中经常将杀虫剂、杀菌剂、植物生长调节剂等多种农药混合使用，此外还包括肥料、微量营养素和助剂等物质。在欧美等发达国家已经开展了多农药混用对非靶标生物的风险评估研究，可以为农业生产中科学用药提供理论支撑。

## （二）贵州省植物保护研究所植物保护科技发展

### 1. 病虫草害绿色防控

（1）水稻病害发生现状与防治技术集成应用

“三病二虫”（稻瘟病、纹枯病、稻曲病、稻飞虱、稻纵卷叶螟）是威胁贵州水稻安全生产的重要病虫害，发生为害较重。我所科研人员针对“三病二虫”综合防治的药剂选择、关键防治时期，明确了穗颈稻瘟和稻曲病的防治关键时期为破口前至破口抽穗初期，纹枯病为病斑扩展至倒数第三叶鞘的时期，防治稻瘟病、稻曲病、纹枯病的有效药剂均为肟菌酯的各种剂型。建立贵州独特生态环境条件下的水稻主要病害“一喷三防”创新绿色防治技术，形成水稻稻瘟病、稻曲病、纹枯病农药减施增效防治技术，并在安顺、六盘水组织现场防控应用示范，示范面积 2000 余亩，通过 2023 年 9 月 15 日调查，综合防治效果在 85% 以上，有效保障了示范区水稻的产量和质量。

（2）贵州小麦条锈病流行规律及治理新技术研究与应用

小麦是贵州重要的夏收粮食和酿酒原料，近年来由于小麦条锈菌小种发生变化，贵州生产超过 90% 的主栽品种表现感条锈性，造成条锈病频繁流行危害并更加依赖化学防控措施。针对当前贵州小麦条锈病发生的初始菌源来源不清楚，生物防治技术缺乏问题，研究明确贵州小麦秋苗条锈病发生的菌源来自云南、四川和贵州，年度间存在差异。明确贵州小麦条锈菌主要为杂 46 致病类群，主要生理小种为条中 32，探明了贵州主要小麦材料对条锈病的抗病性，鉴选出对小麦条锈菌具有较重寄生作用的生防菌株，对小麦条锈菌具有较好预防作用的植物源农药并明确用药关键时期；集成一套利用化学药剂控源头和治核心菌源地的策略，在有机小麦生产区域种植“抗（耐）病品种 + 植物源农药＋生防菌”的适期联合使用，形成了以控制病菌的传播、侵入和扩展的贵州有机小麦安全生产条锈病的绿色防控技术。

（3）中药材产业有害生物发生情况与创新防控技术应用

贵州中药材黄精病虫草害发生普遍、危害严重，每年因病、虫、草害的发生都将对中药材造成非常大的影响，大多数的种植户或种植团队想同时有效解决病虫草害的为害非常困难，基本没有建立起病、虫、草害全程绿色防控的综合配套技术措施，传统的药剂防治既增加种植成本，而且还存在影响中药材品质的风险，同时也缺乏登记在中药材上的农药品种，存在用药不规范，加大剂量使用等现象，给中药材产业的可持续发展带来了显著的不利影响。针对中药材产业发展过程中病虫草害的影响，在长期研究的基础上，结合黄精生长特性，充分利用优质抗病品种的示范种植推广，在不使用化学农药的前提下，利用作物多样性控制病虫害的原理，根据黄精的生长特性，结合空间竞争、化感控草、绿肥固氮、有害生物群体稀释效应、物理阻隔效应、微生态效应等作用，利用抗病优质的多花黄精、鸡头黄精与绿肥的间套（轮）作种植模式，选择豆科绿肥与黄精进行科学轮作，通过改变田间微生态环境，有效降低越冬病虫基数，提升土壤肥力、增加土壤有益微生物多样性，利用绿肥干扰杂种子萌发的生活习性，推迟杂草种子发芽；利用绿肥组织的化感作用抑制杂草种子萌发。创新黄精与豆科绿肥轮作控制病、虫、草害的可持续发展模式，保障黄精产业高效健康持续发展。目前已经在遵义、安顺、毕节、六盘水等不同生态区进行了试验示范，面积300余亩，实现全年基本不进行人除草，全年不施用农药和肥料的目标。

（4）草害绿色防控

随着社会发展和农业生产需求，农田杂草防控必须走规范化、标准化、绿色化防控之路。习近平总书记在视察贵州时提出要坚守发展和生态两条底线，大力发展现代山地特色高效农业，对贵州农业发展提出了新要求。为推动“黔货出山”，提高特色农产品质量，减轻有害生物危害损失，杂草绿色防控是保障特色农产品安全生产的重要环节之一。杂草作为农田生态系统中植物多样性的重要组成成分之一，一方面发挥着重要的生态功能，另一方面农田杂草与农作物争水、争肥、争地、争空间而影响作物正常生长，造成作物减产。因此，草害防控对农业稳产增产意义重大。

在农业生产中，由于长期、单一选用化学除草剂，导致作物田间杂草抗药性产生，田间杂草群落发生变化，一些非靶标杂草、耐药性或抗药性杂草上升为优势杂草，例如在烟草田长期施用砜嘧磺隆导致藜、阿拉伯婆婆纳上升优势杂草，辣椒田长期施用酰胺类除草剂导致香附子、打碗花、空心莲子草等非靶标杂草上升为优势杂草，休耕地或果园长期施用草甘膦导致耐药性杂草皱叶酸模、甜根子草、乌蔹莓、小飞蓬等杂草发生严重。种植制度、耕作方式的改变，造成田间杂草群落结构复杂，特别是水田转为旱作或改种果蔬以及免耕方式的发展，田间恶性杂草发生呈上升趋势；在水改旱田间双穗雀稗发生严重；种植经果林后田间耕作劳动频率减少，对杂草的干扰减少导致田间多年生杂草何首乌、马兰、蕨类植物等发生严重；免耕方式导致耐药性杂草甜根子草、小飞蓬等发生严重；种植蔬菜其产品种类较多，化学除草难度增大。另外，一些外来入侵杂草（如胜红蓟等）在区域内上升为田间优势种群，危害严重。

研究明确贵州玉米地、茶园、猕猴桃园等杂草发生危害种类及优势种群，形成白三叶草、黑麦草等替代控草技术，黑色生态防草布（地钉固定）等覆盖控草技术，控草效果均在 93% 以上，每年可节省人工除草劳动力投入用工 1/3 以上。另外，通过茶园行间间套作白及、半夏等复合经济种植模式，以益补牢，间接进行茶园行间杂草管理。生态控草措施的应用，实现茶园节本增效，避免化学除草剂的应用，实现茶园经济效益与生态效益双赢。

### 2. 农产品质量安全

通过分散固相萃取技术（QuEChERS）等处理方法的技术集成和提取溶剂及净化试剂的优化，建立了简便、快速、低成本、安全、高稳定性的识别农产品中风险因子（农药残留）的定性、定量检测方法。该技术在贵州特色作物（辣椒、马铃薯、中药材、核桃等）的农药残留登记试验上得到广泛应用。

建立快速、简便的邻苯二甲酰亚胺在土壤、茶叶中的残留分析方法，该方法准确度、灵敏度、精密度均符合农药残留分析要求，定量限（LOQ）达到欧盟灭菌丹残留限量标准。探明茶中 PI 污染是种植环境、加工过程、包装储藏多因素共同作用的结果。其中，加工过程杀青环节或烘干后的堆积摊晾是 PI 污染的主要因素种植环境以及储藏环节 PI 外源污染会少量迁移至茶叶中。为了降低茶叶生产过程中 PI 污染，从源头控制、生产线改造以及包装材料等方面针对性地提出茶叶中 PI 污染控制措施，为贵州省茶叶出口残留风险控制提供了借鉴。

筛选出一种抑制水稻植株镉吸附的水溶性机质，能有效降低大米中镉的含量。在实验室环境下，向赤红壤和水稻土两种土壤中添加由稻秆提取的水溶性有机质，会使土壤对镉的最大吸附容量和吸附率明显降低。在土壤中添加水溶性有机质能够提高土壤中镉的移动性，使土壤中镉的主要存在范围由原来的 0 ～ 20 厘米扩展至 0 ～ 40 厘米。

### 3. 农药精准使用及安全性评价

以高分子材料为农药载体材料，制备了具有良好缓控释作用的 0.2% 甲维盐高分子凝胶缓释颗粒剂。田间试验表明，0.2% 甲维盐高分子凝胶缓释颗粒剂对重大入侵害虫草地贪夜蛾有良好的防治效果，能够有效解决草地贪夜蛾隐藏在玉米喇叭口，世代重叠严重等问题，实现草地贪夜蛾的精准靶向防控。在田间药效试验中，0.2% 甲维盐高分子凝胶缓释颗粒剂在 500 克 / 亩用量下，第 21 天对草地贪夜蛾的防治效果为 82.86%，具有良好的持效性，达到了一次施药，持续控制的效果。

### 4. 生物防治

在重要生防天敌方面，针对小花蝽和螳螂等，从食物、产卵基质、饲养器具、储藏运输条件等多方面开展系统深入的研究，获得了系列成果：通过繁育流程优化处理，缩减小花蝽的繁育成本；在国际上首次成功构建“小花蝽 – 蚕豆 – 蚕豆蚜”储蓄植物系统，提高了天敌在田间的定殖效率和控害功能；已具备年繁育螳螂、小花蝽等天敌昆虫 300 万头以上的产能。

在生防微生物资源的评价应用方面，先后开展毛壳菌、木霉菌等重要生防资源的抗病机制研究、发酵工艺研究及抗菌活性物质鉴定和关键基因挖掘等工作。先后筛选保存重要生防资源菌株 688 株，分离纯化出有效抑菌活性新化合物三种，获得授权发明专利两项；研究集成的以生物防治为主的“以菌治菌”绿色防控技术对辣椒、猕猴桃、草莓及其他果蔬上发生的枯萎病、疫病、根腐病等土传病害平均防效超过 80%。

## 三、贵州省植物保护研究所新技术应用与贡献

在农作物病虫草害防控的前沿阵地，新品种与新技术的应用正引领一场静悄悄的革命。贵州作为这一领域的积极探索者，不仅致力于提升农作物的先天抗病能力，通过科学的抗病性鉴定筛选出坚韧不拔的绿色卫士；更是在建立一套高效、精准的检疫性有害

生物及转基因作物快速检测技术体系等方面迈出了坚实步伐。这些努力不仅加固了农业生产的生物安全防线，更为推动可持续发展贡献了不可或缺的力量，书写着农业科技助力绿色兴农的新篇章。

1. 贵州农作物抗病性鉴定

通过对农作物病虫害防控技术研究，逐步形成贵州主要农作物抗病性鉴定技术体系、标准，建成的国家农作物品种测试站（贵州）平台，每年可为贵州水稻、玉米、小麦、马铃薯、大豆、辣椒、蔬菜等作物品种（材料）审定、登记、认定、备案提供所需的抗病性鉴定与评价数据，为种源安全提供抗病性保障。

2. 建立检疫性有害生物和转基因作物快速检测技术体系

建立检疫性有害生物和转基因检测技术体系，其中番茄溃疡病、柑橘溃疡病、瓜类果斑病菌、马铃薯环腐病菌、马铃薯青枯病菌等真菌病害，番茄环斑病毒、黄瓜绿斑驳病毒、辣椒轻斑驳病毒、马铃薯 A 病毒、马铃薯 Y 病毒 5 种病毒，马铃薯金线虫，以及水稻、玉米、大豆、油菜、马铃薯转基因成分检测能力，通过了中国检验检疫科学研究院认证，为贵州重大植物检疫性有害生物和转基因作物的快速处置提供技术支撑。

3. 集成主要作物病虫草害绿色防控技术体系

开展贵州主要粮油作物、精品水果、蔬菜、中药材等作物的主要病虫草害的发生流行规律、防治技术研究和培训示范等，集成了水稻稻瘟病、马铃薯晚疫病、小麦条锈病、辣椒疫病、茄科蔬菜病毒病、十字花科蔬菜根肿病、中药材黄精根腐病、草地贪夜蛾绿色防控技术体系，以及油菜、玉米田杂草绿色防控技术体系等重大病虫草害防控技术，病虫草害绿色防控试验示范面积 20 余万亩，培训农民及农技人员 3000 余人次，为贵州粮油及特色农业产业安全生产贡献植保力量。

4. 开发生防天敌产品和微生物资源

研究发现天敌昆虫小花蝽的替代猎物，将小花蝽饲养过程中的“植物 – 猎物 – 小花蝽”三级营养模式缩短为“猎物 – 小花蝽”的二级营养模式，降低了小花蝽的繁育成本 80%，提高了小花蝽的繁育效率。目前建立了天敌昆虫规模化生产线两条，年繁育小花蝽 300 万头、螳螂 1000 万头；筛选保存重要生防资源菌株 688 株，分离纯化出有效抑菌活性新化合物三种，获得授权发明专利两项；研究集成的以生物防治为主的“以菌治菌”绿色防控技术对辣椒、猕猴桃、草莓及其他果蔬上发生的枯萎病、疫病、根腐病等土传病害平均防效超过80%，为贵州生防天敌资源的转化利用及生物防治技术的推广应用提供技术和产品支持。

#### 5. 评估农产品质量安全风险因子的危害识别、膳食风险

形成了优质稻、茶叶、辣椒等作物农药及其代谢物残留、生物毒素和品质的农产品质量监测技术体系。开展了农产品农药残留、生物毒素、品质等的检测与评价，完成贵州施秉珠光米、天柱高酿大米、三都九阡李、三都羊肚菌等农产品品质检测，被全国名特优新农产品目录收集登录，为发掘贵州农产品特色优势和打造地方品牌提供数据支撑。

#### 6. 建立病虫草害靶向防治技术助推农药安全使用

筛选草地贪夜蛾防控药剂及生防产品，提出农业控害技术措施。获得防治草地贪夜蛾新型绿僵菌菌株，筛选出短稳杆菌、甘蓝夜蛾核型多角体病毒、甲维盐、氯虫苯甲酰胺等高效低风险防控药剂；提出在玉米、高粱连片种植区“错峰播种”“玉米诱杀”等农业控害技术措施，为草地贪夜蛾绿色防控提供关键技术。

## 四、贵州植物保护发展对策

针对贵州独特的地理气候条件与农作物生产现状，我省融合传统智慧与现代科技，提出一系列针对性强、操作性强的综合防控对策，旨在保障农业生产安全，促进绿色可持续发展。

#### 1. 科技创新

加大农业科技研发投入，提升科技创新能力。为保障病虫害绿色防控、农产品质量安全、农药研究，贵州省可加大农业科技研发投入，支持农业科技创新项目，鼓励农业科研院所、高校、企业联合攻关，为特色农产品质量安全产业提供有力的科技支撑。

推动农业科技成果转化，提高农业科技产出效益。加强农业科技成果与产业的对接，落实科技成果转化激励政策，推动农业科技成果在病虫害绿色防控、农产品质量安全、农药中的应用，提高农业科技产出效益。

加强国际科技合作与交流，引进国外先进技术。充分利用国内外科技资源，加强与国际农业科技领域的合作与交流，引进、消化、吸收和创新国外先进农业技术，为贵州病虫害绿色防控、农产品质量安全、农药科技发展提供国际化支持。

### 2. 人才团队建设

制定并实施植保科技人才发展规划，加大对植保科技人才的培养和引进力度。通过设立专项基金、提供科研条件、优化职称评审等措施，吸引和留住国内外优秀人才。同时，加强本土人才的培养，通过继续教育、学术交流、实践锻炼等方式，提升现有植保科技人员的业务能力和创新能力。

提升人才培养质量，加强人才队伍建设。完善农业科技人才培养体系，加强与国内外知名农业科研机构、高校的合作，提升农业科技人才培养质量，为病虫害绿色防控、农产品质量安全、农药发展提供人才保障。

### 3. 平台建设

建设一批病虫草害绿色防控技术研发平台。加快建设一批具有国际先进水平的病虫草害绿色防控、特色农产品质量安全科技创新平台，为农业科技创新和成果转化提供平台支持。

完善特色农产品质量安全产业技术服务体系。建设一批覆盖全省的病虫草害绿色防控、特色农产品质量安全产业技术服务体系，为农业科技创新、成果转化和产业发展提供技术支持和服务。

### 4. 体制机制

政府应进一步加大对植保科技的财政投入，确保植保科技的基础研究、应用基础研究、技术研发和试验示范等各项工作有充足的资金保障。加强植保科技体制创新管理，规范项目资金、项目目标、执行进度的管理，确保有限的资金用在刀刃上，充分发挥资金的作用，提高研究质量和研究水平。

执笔人：陈文　何海永　李鸿波　叶照春　朱峰　段婷婷　卯婷婷　孟若雪